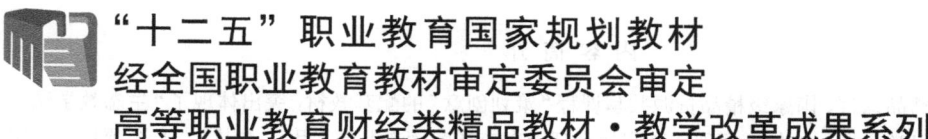

"十二五"职业教育国家规划教材

经全国职业教育教材审定委员会审定

高等职业教育财经类精品教材·教学改革成果系列

营销策划创意
（第3版）

黄 尧 主 编

李文君 副主编

电子工业出版社

Publishing House of Electronics Industry

北京·BEIJING

内 容 简 介

本书是国家级精品课程、国家级精品资源共享课程"策划创意"的配套教材,突出体现了"生态教学法"、"过程训练法"和"教学做一体化"等现代高职教育理念在市场营销专业的运用。本书共 11 个项目,分别为导论、策划创意工作过程、创意思维训练、广告策划创意实训、非投资性产品营销策划创意实训、投资性产品营销策划创意实训、促销策划创意实训、品牌策划创意实训、公关策划创意实训、整合营销策划创意实训以及创业策划创意实训。本书采用工作手册式新型体例,项目 1~3 为策划和创意理论部分,根据内容特点设置"学习导航篇"、"基础知识篇"、"创意理念篇"/"学习方法篇"/"训练技巧篇"、"巩固练习篇"、"训练总结篇" 5 个环节进行呈现;项目 4~11 为分类实训部分,设置了"学习导航篇""基础知识篇""实训操作篇""改进提升篇""巩固练习篇""训练总结篇" 6 个环环相扣的环节进行策划创意能力的培养和训练。同时,每个项目以"活页"形式导入丰富案例、呈现有梯度的"训练任务",方便教与学。

本书既可作为高校市场营销专业教材,也可作为工商管理、国际贸易等相关专业教材,还可供市场营销机构培训、营销从业人员自学使用。

未经许可,不得以任何方式复制或抄袭本书之部分或全部内容。
版权所有,侵权必究。

图书在版编目(CIP)数据

营销策划创意/黄尧主编. —3 版. —北京:电子工业出版社,2021.4
ISBN 978-7-121-37733-4

Ⅰ. ①营… Ⅱ. ①黄… Ⅲ. ①营销策划－高等职业教育－教材 Ⅳ. ①F713.50

中国版本图书馆 CIP 数据核字(2019)第 240263 号

责任编辑:贾瑞敏　　文字编辑:王宝熠
印　　刷:固安县铭成印刷有限公司
装　　订:固安县铭成印刷有限公司
出版发行:电子工业出版社
　　　　　北京市海淀区万寿路 173 信箱　邮编:100036
开　　本:787×1 092　1/16　印张:16　字数:409.6 千字
版　　次:2012 年 3 月第 1 版
　　　　　2021 年 4 月第 3 版
印　　次:2024 年 12 月第 5 次印刷
定　　价:49.80 元

凡所购买电子工业出版社图书有缺损问题,请向购买书店调换。若书店售缺,请与本社发行部联系,联系及邮购电话:(010)88254888,88258888。
质量投诉请发邮件至 zlts@phei.com.cn,盗版侵权举报请发邮件至 dbqq@phei.com.cn。
本书咨询联系方式:(010)88254019,jrm@phei.com.cn。

前　言

营销策划是我国社会主义市场经济中独具特色的行业。20多年来，中国企业、社会公众逐渐认可并推动了营销策划行业的蓬勃发展。现在几乎每个企业都会有营销策划部门或营销策划岗位，优秀的营销策划人才也已经成为炙手可热又难以招募到的稀缺人才，企业往往筑巢引凤，人才待价而沽。

21世纪，策划已经从最初为营销出点子、出构思、出概念，发展到现在为商业模式进行系统、全面的分析和策划。创意是策划的核心，又是最难以表述其概念、训练其能力的营销策划职业能力。但是，没有创意就没有策划。

2004年，任教于首批28所国家示范性高职院校南宁职业技术学院的黄尧教授在营销与策划专业首创了"策划创意"课程，这门课程先后入选国家级精品课程、国家级精品资源共享课程。2007年，该专业首届毕业生廖冠蘅成功创业，现已成为广西房地产策划行业新锐领军人物和广西劳斯莱斯车友会会长，他从2014年起每年出资8万元现金回报母校资助贫困学生，成为全国高职院校就业创业的典型代表之一。

黄尧教授通过该课程带领南宁职业技术学院的学生获得有"国际商科奥林匹克"之称的DECA大赛美国总决赛金牌，在南宁职业技术学院和商丘师范学院等高校先后培养出三届全国冠军、三届全国特等奖、四次全国一等奖，为各高校培养的成功创业或就业的毕业生更是不胜枚举。

"策划创意"课程从无到有、从有到精，在课程标准、资源配套、实训体系和师资素质等方面已经逐渐成熟并得到广泛认可，影响力不断提升，越来越多高校开设"策划创意"课程，呈现出勃勃生机。应全国广大高校教师的请求，在国家级精品课程"策划创意"配套校本教材基础上，由编者进一步优化，教材结构以"教学做一体化"理念为指导思想，教学内容以"项目""实训""过程""生态"为关键词，教学情境以"工作过程任务"为真实项目，建构职业能力的知识和技能体系，将市场环境、策划任务的真实生态引入课程教学，展现国家级精品课程"生态教学法"和"游泳训练法"教学的创意构思，取得很好的教学效果。本书现已成为中国市场学会营销策划师职业资格证书考试的指定用书。

自本书第 1 版和第 2 版出版以来，承蒙全国各高校市场营销教师与学生的厚爱，引起强烈反响，多次增加印刷数量。

各校师生反映本书的优点如下：

1．贴近实战，按照理实一体化的教学情境编写教材，深受师生欢迎。

2．案例鲜活，按照"生态教学法"选取的真实案例生动鲜明，时效性强。

3．权威性高，编者黄尧教授依照全国唯一一门营销策划创意类的国家级精品课程的核心教学方法、教学内容、教学手段和教学实践编写。

本次第 3 版修订继续本着"适度、够用、适时"的原则，在保持"教学做一体化"特色不变的前提下，努力在资源时效性、教材生动性方面进行更新和充实。修订的主要内容如下：

第一，顺应互联网时代营销策划创意的变化、中国特色市场营销理念与理论的创新，在知识、概念、案例等方面进行补充和完善。

第二，通过修订，力求做到给学生更具体的实训指导，追踪行业前沿、职业前线、业务前瞻，展现丰富的典型案例和实操技巧。

第三，对存在的纰漏和差错进行订正，力求做到资料鲜活、概念准确、表述正确、数字精确。

第四，对案例资料进行更新，力求实现贴近当前、导入精准、参考性强。

第五，按工作手册式思路对有关内容和条目进行调整、充实，强调实战、强调技能、强化过程。

第六，在分类实训各项目中增加了"改进提升篇"、"巩固练习篇"和"训练总结篇"，力求给学生更具体的策划引导、作业练习和实训指导。

第七，将全程贯通式的"游泳训练法"真实项目实训作业命名为"学做一体作业"，特将实训项目调整到每个项目开头，力求做到在实践中学、在过程中学、在项目中学、在市场中学。

第八，充实二维码资源库里的影音、图像、作业指导资料，让书网互动深度融合。

本书由南宁职业技术学院营销与策划专业创始人黄尧教授担任主编，安徽国防科技职业学院李文君担任副主编。作为营销与策划职业能力训练的核心课程，"策划创意"是市场营销专业的必修课程，也是国际贸易、商务管理、连锁经营和工商管理等专业的必修课程。本书所配备的丰富教辅资源可登录华信教育资源网（www.hxedu.com.cn）免费下载。

在本书第 3 版的修订编写过程中，参阅了国内多位专家、学者的论文、著作及译著，也参考了同行的相关图书和网络案例资料，在此对他们表示崇高的敬意和衷心的感谢！

由于作者的水平有限，加上时间仓促，书中疏漏和不妥之处在所难免，恳请专家、同行和读者批评指正。如果各位读者有对本书内容改进的建议，可直接发邮件至 185534244@QQ.com 和 jrm@phei.com.cn。

编　者

本教材特色及使用说明

在高校市场营销专业大学生就业能力调查中,发现"知其然,不知其所以然"的毕业生居多,这大大影响了他们职业生涯的发展。

市场营销是一项理论看似简单、实操却异常复杂的综合职业能力。大学生虽然系统学习了"市场营销学"课程的理论,但在实际工作中却发现其所学几乎没有用武之地,只能按照师傅的指令去执行任务,自己却无法提出建议和意见,也很难写出完整可行的营销方案。究其原因,正如 18 世纪法国著名哲学家维柯所说,"人们只能理解自己亲自建构的一切",学生如果无法运用理论知识解析营销工作任务并重构营销策划流程,到了工作岗位要么只会纸上谈兵,要么只能机械行动,无法从事营销策划,仅能充当机械推销者的角色。

本书的教学目标是让学生亲自建构营销策划职业能力的一切,在做中学,在学中做,知其然更知其所以然!

1. 教材编写目标的特色

市场营销职业能力的核心是营销策划,营销策划是中国市场营销的使命向纵深发展所迫切需要的人才职业素养。本书肩负着不断培养中国市场营销人才策划能力以"做中学,学中做""工作过程为导向"的教学方法,将营销策划创意内化为营销素养和行动本能。

虽然一些新编的营销策划类教材已经脱离了理论与实践两层皮的形式,内容上也大大增加了实训的分量,但距离真正帮助学生掌握职业能力的要求还存在着很大差距,许多内容仍然是"市场营销学"的"压缩饼干"或"怪味豆",学生看到教材的第一反应是"又学一次营销学?",教师面对这样的教材也深感无从教起。

在本书的帮助下,学生既消化了"适度、够用"的理论知识,又养成了"能说、会做"的行为能力;既能理解营销任务的准确要求,又能掌握完成任务的工作过程;既能提出独到的营销创意,又深谙沟通的商务礼仪;既有远大的职业目标,又有脚踏实地的职业能力。

2．教材结构的特色

本教材结构采用"翻转课堂"的思路来设计，其独特的指导思想是"重复的是过程，重复的不是内容"。从全书的结构来看，分为策划理论、创意理论和分类实训三大部分；但细看会发现，每个部分均是按照"工作手册"式思路来编排内容的，前两个部分又根据具体内容的不同设置不同特色环节，如项目1导论在"基础知识篇"后设置的是"创意理念篇"，项目2策划创意工作过程在"基础知识篇"后设置的是"学习方法篇"，项目3创意思维训练在"基础知识篇"后设置的是"训练技巧篇"，而非千篇一律的一刀切。分类实训部分，训练思路是一致的，仅实训内容不同，所以项目4~11，设置了"学习导航篇""基础知识篇""实训操作篇""改进提升篇""巩固练习篇""训练总结篇"6个固定环节，层层递进，方便进行深入策划创意能力培养与训练。

每个项目的开头都布置一个"学做一体作业"，当老师在布置这个作业时，应做到从市场中选取真实项目，按流程完成实训，融理论与实践于一体；每一次作业都是营销策划全过程的实训，每一次实训都要邀请企业专家参与点评。

3．教材使用的特色

由于教材结构体现了"学做一体"，真正将理论与实践糅合到一起，实训项目始终以解构知识的逻辑贯穿前后。本书对学生的课程学习活动安排犹如将一个人泡在水里去学游泳，因此也被称为"游泳训练法"。

这种结构是对传统教学的一种颠覆，很多老师可能一开始会不适应，不过没有关系，因为学生在"游泳"的过程中，自我应激反应会促使他们学习进步得很快，独立能力也进步很快，老师的教学会越来越轻松，正如《论语》中对教学方法提出的要求：不愤不启，不悱不发。

我们在每个项目的"训练总结篇"安排了几种不同深度、不同难度的典型策划创意案例训练，老师可以有意识地强调这部分内容的重要性，要求学生学会举一反三。

同时，我们还在分类实训部分的项目中安排了"实训内容与实施、自检要求"内容，要求学生在实训中对照自检，老师只需在项目4做示范讲解，其后要求学生务必照做即可。学生反复不断练习后就能熟悉流程、融会贯通，既能抓住营销策划的工作重点，又能不断创新创意，他们未来的能力一定会深受企业欢迎。

黄 尧

目 录

项目1 导论 …………………………………………（1）
  1.1 学习导航篇 …………………………………（2）
  1.2 基础知识篇 …………………………………（4）
    1.2.1 策划的意义 ……………………………（4）
    1.2.2 营销策划创意的概念 …………………（4）
    1.2.3 策划创意常用的理论
          工具 …………………………………（15）
  1.3 创意理念篇 …………………………………（21）
    1.3.1 创意三作用 ……………………………（21）
    1.3.2 创意三要素 ……………………………（21）
    1.3.3 创意三原理 ……………………………（22）
    1.3.4 创意三思维 ……………………………（23）
  1.4 巩固练习篇 …………………………………（24）
  1.5 训练总结篇 …………………………………（26）

项目2 策划创意工作过程 …………………………（29）
  2.1 学习导航篇 …………………………………（29）
  2.2 基础知识篇 …………………………………（31）
    2.2.1 策划创意工作过程的
          环节 …………………………………（31）
    2.2.2 资讯的准备和消化 ……………………（31）
    2.2.3 创意的灵感和修正 ……………………（32）
    2.2.4 策略形成 ………………………………（33）
    2.2.5 撰写行动计划 …………………………（36）
    2.2.6 效果预测 ………………………………（37）
  2.3 学习方法篇 …………………………………（38）
    2.3.1 职业能力的训练方法 …………………（38）
    2.3.2 工作对象的学习方法 …………………（39）
    2.3.3 模拟公司的组织方法 …………………（39）
    2.3.4 项目学习的行动方法 …………………（40）
  2.4 巩固练习篇 …………………………………（41）
  2.5 训练总结篇 …………………………………（43）

项目3 创意思维训练 ………………………………（47）
  3.1 学习导航篇 …………………………………（48）
  3.2 基础知识篇 …………………………………（49）
    3.2.1 创意思维的基本概念 …………………（49）
    3.2.2 创意思维的训练 ………………………（50）
  3.3 训练方法篇 …………………………………（63）
    3.3.1 求异创意的训练 ………………………（63）
    3.3.2 捕获创意的训练 ………………………（63）
    3.3.3 关联创意的训练 ………………………（64）
    3.3.4 活跃思维的训练 ………………………（64）
    3.3.5 头脑风暴的训练 ………………………（64）
    3.3.6 信息交合创意的训练 …………………（65）
    3.3.7 强制联想的训练 ………………………（66）
    3.3.8 扑克牌创意的训练 ……………………（66）
  3.4 巩固练习篇 …………………………………（69）
  3.5 训练总结篇 …………………………………（71）

项目4 广告策划创意实训 …………………………（77）
  4.1 学习导航篇 …………………………………（78）
  4.2 基础知识篇 …………………………………（80）
    4.2.1 广告策划 ………………………………（80）
    4.2.2 广告策划创意 …………………………（80）
  4.3 实训操作篇 …………………………………（81）
    4.3.1 概述 ……………………………………（81）
    4.3.2 广告环境分析 …………………………（82）
    4.3.3 汇集创意 ………………………………（84）
    4.3.4 创意确定 ………………………………（87）
    4.3.5 修正创意 ………………………………（89）
    4.3.6 创意文案和提案制作 …………………（89）
    4.3.7 创意评价 ………………………………（90）
    4.3.8 自我总结 ………………………………（91）
  4.4 改进提升篇 …………………………………（91）
    4.4.1 视频广告策划创意 ……………………（91）
    4.4.2 平面广告策划创意 ……………………（92）
    4.4.3 广播广告策划创意 ……………………（92）
    4.4.4 口碑广告策划创意 ……………………（93）
    4.4.5 整合传播广告策划创意 ………………（94）
  4.5 巩固练习篇 …………………………………（95）
  4.6 训练总结篇 …………………………………（97）

项目5 非投资性产品营销策划创意
     实训 ………………………………………（99）
  5.1 学习导航篇 …………………………………（100）

·Ⅶ·

5.2 基础知识篇…………………（102）
 5.2.1 非投资性产品营销策划创意的基本概念……（102）
 5.2.2 非投资性产品营销策划创意的特点…………（102）
 5.2.3 非投资性产品营销策划创意的真实工作流程……（102）
5.3 实训操作篇…………………（104）
 5.3.1 概述……………………（104）
 5.3.2 市场调查分析…………（104）
 5.3.3 汇集创意………………（108）
 5.3.4 创意确定………………（111）
 5.3.5 修正创意………………（114）
 5.3.6 创意文案和提案制作……（114）
 5.3.7 创意评价………………（116）
 5.3.8 自我总结………………（116）
5.4 改进提升篇…………………（116）
 5.4.1 卖点产品营销策划创意……（116）
 5.4.2 功能产品营销策划创意……（117）
 5.4.3 竞争产品营销策划创意……（117）
 5.4.4 空白产品营销策划创意……（117）
5.5 巩固练习篇…………………（117）
5.6 训练总结篇…………………（119）

项目6 投资性产品营销策划创意实训……（123）
6.1 学习导航篇…………………（124）
6.2 基础知识篇…………………（126）
 6.2.1 投资性产品营销策划创意的基本概念……（126）
 6.2.2 投资性产品营销策划创意的特点……………（127）
 6.2.3 投资性产品营销策划创意的真实工作流程……（128）
6.3 实训操作篇…………………（128）
 6.3.1 概述……………………（128）
 6.3.2 市场调查分析…………（129）
 6.3.3 汇集创意………………（132）
 6.3.4 创意确定………………（134）
 6.3.5 修正创意………………（134）
 6.3.6 创意文案和提案制作……（135）
 6.3.7 创意评价………………（135）
 6.3.8 自我总结………………（136）
6.4 改进提升篇…………………（136）
 6.4.1 艺术投资品营销策划创意……（136）
 6.4.2 家具投资品营销策划创意……（136）
 6.4.3 酒茶投资品营销策划创意……（137）
 6.4.4 玉石投资品营销策划创意……（137）
 6.4.5 房地产投资品营销策划创意……（137）
6.5 巩固练习篇…………………（138）
6.6 训练总结篇…………………（140）

项目7 促销策划创意实训……（144）
7.1 学习导航篇…………………（145）
7.2 基础知识篇…………………（147）
 7.2.1 促销策划创意的基本概念……（147）
 7.2.2 促销策划创意的特点……（147）
 7.2.3 促销策划创意的真实工作流程……（148）
7.3 实训操作篇…………………（148）
 7.3.1 概述……………………（148）
 7.3.2 市场调查分析…………（149）
 7.3.3 营销战略确定…………（150）
 7.3.4 汇集创意………………（150）
 7.3.5 创意确定………………（153）
 7.3.6 创意文案和提案制作……（154）
 7.3.7 创意评价………………（155）
 7.3.8 自我总结………………（156）
7.4 改进提升篇…………………（156）
 7.4.1 淘宝促销策划创意……（156）
 7.4.2 微圈促销策划创意……（157）
 7.4.3 坐商促销策划创意……（158）
 7.4.4 行商促销策划创意……（158）

7.5　巩固练习篇……………………（159）
　　7.6　训练总结篇……………………（161）
项目8　品牌策划创意实训……………（164）
　　8.1　学习导航篇……………………（165）
　　8.2　基础知识篇……………………（167）
　　　　8.2.1　品牌策划创意的基本
　　　　　　　概念………………………（167）
　　　　8.2.2　品牌策划创意的特点……（168）
　　　　8.2.3　品牌策划创意的真实
　　　　　　　工作流程…………………（168）
　　8.3　实训操作篇……………………（169）
　　　　8.3.1　概述………………………（169）
　　　　8.3.2　市场调查分析……………（169）
　　　　8.3.3　品牌战略确定……………（172）
　　　　8.3.4　汇集创意…………………（173）
　　　　8.3.5　创意确定…………………（175）
　　　　8.3.6　创意文案和提案制作……（176）
　　　　8.3.7　创意评价…………………（176）
　　　　8.3.8　自我总结…………………（176）
　　8.4　改进提升篇……………………（177）
　　　　8.4.1　品牌核心价值创意………（177）
　　　　8.4.2　品牌符号创意……………（178）
　　　　8.4.3　品牌人格创意……………（178）
　　　　8.4.4　品牌故事创意……………（179）
　　8.5　巩固练习篇……………………（179）
　　8.6　训练总结篇……………………（182）
项目9　公关策划创意实训……………（185）
　　9.1　学习导航篇……………………（186）
　　9.2　基础知识篇……………………（188）
　　　　9.2.1　公关策划创意的基本
　　　　　　　概念………………………（188）
　　　　9.2.2　公关策划创意的特点……（188）
　　　　9.2.3　公关策划创意的真实
　　　　　　　工作流程…………………（189）
　　9.3　实训操作篇……………………（190）
　　　　9.3.1　概述………………………（190）
　　　　9.3.2　公关环境调查分析………（191）
　　　　9.3.3　公关战略确定……………（193）
　　　　9.3.4　汇集创意…………………（193）
　　　　9.3.5　创意确定…………………（195）
　　　　9.3.6　创意文案和提案制作……（196）
　　　　9.3.7　创意评价…………………（196）
　　　　9.3.8　自我总结…………………（197）
　　9.4　改进提升篇……………………（198）
　　　　9.4.1　建设型公关策划创意……（198）
　　　　9.4.2　维系型公关策划创意……（198）
　　　　9.4.3　防御型公关策划创意……（198）
　　　　9.4.4　进攻型公关策划创意……（198）
　　　　9.4.5　矫正型公关策划创意……（199）
　　9.5　巩固练习篇……………………（200）
　　9.6　训练总结篇……………………（202）
项目10　整合营销策划创意实训………（206）
　　10.1　学习导航篇……………………（206）
　　10.2　基础知识篇……………………（208）
　　　　10.2.1　整合营销策划创意的
　　　　　　　　基本概念………………（208）
　　　　10.2.2　整合营销策划创意的
　　　　　　　　特点……………………（209）
　　　　10.2.3　整合营销策划创意的
　　　　　　　　真实工作流程…………（209）
　　10.3　实训操作篇……………………（209）
　　　　10.3.1　概述………………………（209）
　　　　10.3.2　市场调查分析……………（210）
　　　　10.3.3　营销战略确定……………（211）
　　　　10.3.4　汇集创意…………………（212）
　　　　10.3.5　创意确定…………………（213）
　　　　10.3.6　创意文案和提案制作……（214）
　　　　10.3.7　创意评价…………………（214）
　　　　10.3.8　自我总结…………………（215）
　　10.4　改进提升篇……………………（215）
　　　　10.4.1　互联网整合营销策划
　　　　　　　　创意……………………（215）
　　　　10.4.2　传统产业整合营销
　　　　　　　　策划创意………………（217）
　　10.5　巩固练习篇……………………（217）
　　10.6　训练总结篇……………………（220）
项目11　创业策划创意实训……………（222）
　　11.1　学习导航篇……………………（223）
　　11.2　基础知识篇……………………（224）

11.2.1 创业策划创意的基本
　　　　　概念 …………………（224）
　　11.2.2 创业策划创意的特点 …（224）
　　11.2.3 创业策划创意的真实
　　　　　工作流程 ……………（225）
11.3 实训操作篇…………………（225）
　　11.3.1 概述 ……………………（225）
　　11.3.2 创业环境分析 …………（226）
　　11.3.3 创业战略确定 …………（228）
　　11.3.4 汇集创意 ………………（230）
　　11.3.5 创意确定 ………………（232）
　　11.3.6 创意文案和提案制作 …（234）
　　11.3.7 创意评价 ………………（237）
　　11.3.8 自我总结 ………………（237）
11.4 改进提升篇…………………（237）
　　11.4.1 淘店创业策划创意 ……（237）
　　11.4.2 微店创业策划创意 ……（238）
　　11.4.3 抖店创业策划创意 ……（238）
　　11.4.4 实店创业策划创意 ……（239）
11.5 巩固练习篇…………………（239）
11.6 训练总结篇…………………（242）

参考文献 ……………………………（244）

项目1　导　　论

【学做一体作业】导论"游泳训练"任务
所在学校招生季新媒体宣传策划创意

互联网社会发展变化越来越快，沟通无边无际，信息大爆炸，学校招生也面临新的挑战，同学们可为所在学校进行的新媒体宣传策划提供创意。

 任务目标：

从同学们自身最熟悉的环境出发，以所在学校招生宣传为项目任务，体会机构、企业对策划创意的迫切需要，理解创意在营销策划中的作用，掌握创意的工作流程。

 任务要求：

按照学校招生工作的时间安排和工作流程，任课老师可主动联系本校招生主管部门，取得他们的认可和支持，共同拟订具体的任务要求，形成真实的项目实训作业。学生团队要通过真实的需求分析、对手分析等市场调查，形成学校招生宣传的市场定位、USP（独特销售主张）等结论，完成宣传主题口号、主旨文字、广告形象、广告作品等的拟定和设计，形成新媒体宣传策略创意，完成活动投入产出分析和效果预测。

 任务要求：

全班分成若干学生团队（按"模拟公司"组队，并在本书今后的教学中一直保持团队的稳定性），根据任务要求进行分工安排，运用本项目介绍的概念知识、理论工具和方法手段，开展市场调查分析和头脑风暴，撰写文案，设计广告作品，制订切实可行的实施计划。要求学生团队在提案演讲时统一穿着商务正装，以培养职业素养。

实训步骤：

学生团队应召开分工安排会议，按照市场调查、头脑风暴、创意完稿、方案撰写、PPT制作五个步骤，进行人员的分工。

成果评估：

任课教师要求学生团队三周后提交创意方案，同时进行PPT提案演讲与答辩。提案现场邀请本校招生部门负责人与老师共同担任评委，针对写作能力、创意能力和沟通能力三个方面，尤其是创意的创新性、逻辑性、可行性，进行提问和评分。

评分表参见表1.1，今后"做中学"活动的作业均可使用该表。

表1.1 "做中学"活动评分表

提案项目：　　　　　　　评委姓名：　　　　　时间：　　年　　月　　日

序号	内容							加减分	总 分
	写作能力		创意能力			沟通能力			
	文案	PPT	创新性	逻辑性	可行性	演讲及礼仪	答辩		
	10分	10分	20分	20分	20分	10分	10分	(+/-10)分	110分

任务提示：

项目实训获得好成绩的关键取决于三个方面：逻辑性、创新性和可行性，其核心是创新性。创新必须建立在策划人对社会、行业的认知和经验积累基础之上，因此，试图仅仅通过课堂上的学习就能达到创新的目的是不可能的，同学们要充分利用互联网和社会实践进行学习，主动观察、分析各类策划创意作品。

1.1 学习导航篇

某院校招生计划书

1. 知识能力

通过本项目的学习，掌握策划创意的基本概念，体会创意如何在市场营销活动中发挥作用，理解"无创意不策划"的含义，掌握策划创意的重要特征和基本要素，能够将创意的三要素、三作用、三原理等内容，在新媒体时代融会贯通。

2. 方法能力

通过模拟公司的团队学习活动，学会建立公司的组织和形成企业的文化，学会通过团队合作完成策划创意项目并参与提案竞争，运用灵感创意、修正创意的方法做出有价值的创意。

3. 社会能力

掌握团队合作的方法，掌握与人沟通的方法，掌握对社会各界人士开展访问，与其讨论和沟通的方法。

4. 学习导航

导论	创意的基本概念	【定义】创意就是突破原有的思维，在旧的基础上创新，成为策划的新灵魂，创造新的价值 【重要特征】创意是发现真理并以喜剧的方式呈现出来的能力；创意是传递产品价值和营销诉求的简洁表达；创意是凝思如何达成第一的独特效果；创意是"直击人心柔弱处"的方式
	策划创意的来源	策划的来源 创意的来源
	灵感创意与修正创意	灵感创意 修正创意
	策划创意常用的理论工具	CIS；SWOT；STP；USP；SW2H；马斯洛需求层次论 波特五力；波士顿矩阵；蓝海战略；定位理论；羊群效应；果子效应；苹果定律；4P；4C；4R；5A
	创意技巧	【创意三作用】引人注目、承载创意、留下深刻印象 【创意三要素】构思概念、选择载体、表现手法 【创意三原理】迁移原理、变通原理、组合原理 【创意三思维】更新语言、更新符号、更新想法

《导入案例》

大排档的四脚凳

下面是一个真实的案例，同学们可以在类似的消费体验中观察、思考。

某天，我们去大排档用餐，坐的凳子看上去还是原来那种四条腿的无靠背凳，但是，坐上去屈腿蹬着凳子横杠很舒服。原来，凳子腿之间的加固横梁比之前低了许多，使我们之前弯腰勾背的难受坐姿马上变得既舒适又优雅，如同肯德基店内的高脚凳，参见图1.1。

之前的凳子　　　　　现在的凳子　　　　　肯德基的凳子

图1.1　大排档的四角凳

从图1.1中可见，前两种凳子的成本没有任何改变，但其结构改变后立即变得因人性化而有创意。这正是对产品资源重新整合后，按照满足消费者需求的目标进行创意策划获得的最佳结果。连我们内心都说不清楚的舒适性需求，居然被这家大排档研究出来了，在没有增加一分钱成本的情况下就实现了策划的目标：把需求令人惊喜地呈现出来！对于消费者来说，这样的会心一笑不就是一场喜剧的效果吗？

每一位企业家、老板在追求销售业绩提升、市场占比增加的时候，总会以效益最大化为终极目标，希望新增市场投入的成本很少甚至成本没有增加而销售量大幅增加。体会一下这家大排档的老板是怎么做到的。

案例思考：为什么原先要把四脚凳的加固梁设计得那么高？

分析提示：

原先的凳子之所以把加固梁设计得那么高，当然也有老板自身需求的考虑：可以摞起来存放，占用地方更少。但是，这牺牲了消费者的舒适性需求。在消费者看来，这是大排档老板站在自己的角度考虑问题，忽视了他们的需求，他们甚至会怀疑这家大排档提供的产品是否能为他们着想。

可见，创意的点子来源于如何满足客户的需求，能够满足客户需求且带来更多收益的创意才是营销策划中最需要的创意。若只考虑自身的需求，这样的创意对生意反而是有伤害的。

1.2 基础知识篇

1.2.1 策划的意义

策划这个词具有中华文化的特色，在西方文字中找不到完全对应的词语，因此营销策划具有将中国特色文化运用于市场营销的重要意义。

改革开放以来，随着我国社会主义市场经济的快速发展，一批优秀、成功的企业，如华为、阿里巴巴、腾讯、百度、京东、小米等，它们通过运用中国传统文化的东方智慧，在营销策划方面进行了成功探索，促使更多中国企业意识到营销策划在21世纪市场竞争中的重要性。今天，西方企业依然固守西方营销的理念，而中国企业已经把东方文化特色的营销策划艺术与西方营销的理念相结合，在竞争中取得一个又一个的成果。

2 500多年前，中华先贤哲人就已经揭示了策划的原理，《大学》说："致知在格物""物有本末，事有终始，知所先后，则近道矣""有德此有人，有人此有土，有土此有财，有财此有用"。因此，策划就是通过研究事物的发展规律后，对事物进行正确的计划安排。

认知策划行业

1.2.2 营销策划创意的概念

1. 什么是营销

在经济学领域，狭义的市场是指买卖双方进行商品交换的场所，广义的市场是指一切商品和生产要素交换关系的总和，包括有形和无形市场。

在市场营销学领域，市场是指一切具有特定需求和欲望，并且愿意通过交换的方式来满足需求和欲望的客户。这个概念的核心是需求和欲望，市场规模实际上就是指那些希望被满足的需求和欲望所形成的消费金额总量。因此，简而言之，市场就是需求。

营销的核心工作是传递价值给客户以换取资金的回报，换言之，营销工作就是传递产品的价值以满足客户的需求，参见图1.2。

图 1.2 营销的目标是满足客户需求

2．什么是策划

基于对策划作用和效果的理解，我们可以将其定义为：策划是将真理以喜剧的方式呈现出来。

真理是事物发展的客观规律，在市场营销中是指市场的真实需求和客观的发展规律，这些需要我们通过市场调查分析获得。由于消费者往往会固执地按照自己的心理和行为习惯去消费，如果商品没有出乎意料的喜剧方式，没有令人惊喜的呈现方式，目标消费者不会被打动，策划就没有好的效果。

从另一个角度来说，真理是分析后的发现，是调查后的真知灼见；喜剧的方式就是抖包袱，应该以常理的思维逻辑为基础，在一波三折后步步推高，逐步推向悬念的顶端，最后瞬间点爆包袱，引起撼动人心的共鸣；呈现是运用符号表达真理的能力，可以是文字、字母、图形、色彩、视频、音效……关键是让人喜欢看、看得懂、记得住。

此外，在众多经典教科书和学术专著中，还对策划做过很多描述，如下所述：

- 策划是针对事物未来发展及其发展结果所做的决策，预先决定该做什么、何时做、如何做、谁来做、在哪里做（5W）。
- 策划通过精心安排的宣传和手段，对事件的发生、发展进行操作。
- 策划是有效地组织各种策略方法来实现战略的一种系统工程。
- 策划是一种从无到有的精神活动。
- 策划是一种程序，在本质上是一种运用脑力的理性行为。
- 策划与其说是一种设计，一种安排，一种选择，或者是一种决定，不如说是一张改变现状的规划蓝图。
- 策划是用你有的，去寻找你没有的。
- 无论是在做什么样的策划，在此过程中，相信你会因为不断地发现，不断地受到资料的启发，找到很多灵机闪现的方法，而感到策划工作是如此的快乐。
- 一个好的策划，文字流畅、脉络分明、表达清晰，能顾及这个策划中应该涉及的方方面面。
- 一个好的策划能让人读起来就有赶快去实现它的冲动。
- 一个好的策划能读出成功就在眼前。

3. 什么是营销策划

（1）营销策划的定义

通过研究大量经典教科书中的理论、总结大量的营销策划案例和观察每天发生的营销策划故事，我们可以对营销策划的概念做出进一步的定义。

营销策划是为了达到企业盈利的营销目标，以满足目标客户独特需求为目的，在考虑企业现有资源的情况下，形成围绕产品独特卖点的系统性营销策略，从而规划产品的价格、渠道、促销，实现产品与客户的价值交换。

简而言之，营销策划就是如何实现满足客户需求。

> **"营销策划=策+划"理论公式**
>
> 本书编者提出了"营销策划=策+划"理论公式（参见图1.3），并在大量项目实践和教学中取得很好的效果。
>
> 营销策划的"策"是指满足客户需求的计策、谋略，也称为营销策略，具有创新思维的内核；"划"是指如何满足客户需求而实施营销策略的计划、安排，具有时间、内容、人员安排的特性。因此，营销策划就是从如何满足客户需求的目标出发，有计划地实施营销策略，即"营销策划=策+划"。
>
> 可见，营销策划就是如何创意一个产品独特卖点以满足目标客户特定需求的过程！

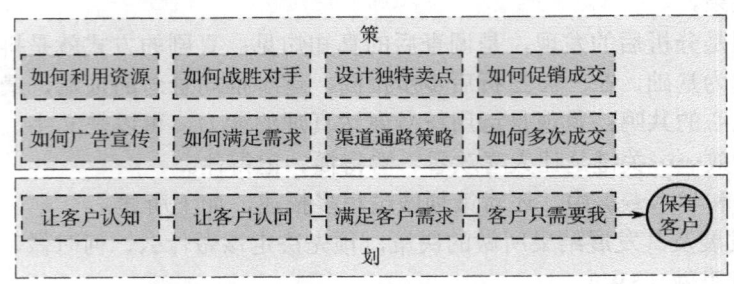

图1.3 "营销策划=策+划"的理论

营销策划人的职业能力精髓是判断力和创造力，所以策划人要有把握市场变化和适应市场变化的能力。面对日益激烈的市场竞争和快速的市场变化，营销策划仅仅是发现显性需求并满足需求是不够的。越来越多的成功案例表明，在现代市场活动中，企业投入大量的精力在于发掘没有被满足的隐性的特定需求，然后通过创意而创新创造独特的产品和服务，以独特卖点确定市场定位，实现独占市场或领先市场，也就是常说的"不做市场的唯一就做市场的第一"！

（2）营销策划的主要特征

营销策划的主要特征有三点：逻辑性、创新性、可行性。逻辑性是最基本的要求，创新性是最重要的追求，可行性是最根本的诉求，具体内容介绍如下。

① 逻辑性

a. 要有明确的目标。营销策划是围绕企业明确的市场目标及营销绩效所开展的活动。

b. 要有科学的预测。营销策划必须建立在真实、深入、充分的市场调查分析的基础上，对目标客户独特需求、目标市场规模容量等信息进行预先研判，对产品独特卖点、营销策略等预先进行系统设计，这些系统设计通常人们称为"商业模式""盈利模式""经营体系"等。

c. 要避免前后矛盾。一方面，在营销策划过程中必须保持前后出现的观点、分析、数据等内容一致；另一方面，在营销策划方案中还必须保证前后分析推论的结果符合逻辑，不可自相矛盾。

d. 要有系统性的视角。营销策划必须全方位考虑政治、社会、经济与自然的因素，充分利用企业内外环境的资源，综合运用多种营销模式和手段，强调科学、周全、有序。

② 创新性

a. 挑战不确定性。营销策划虽然建立在充分调查与研究的基础上，但企业所处的市场环境快速变化，许多资源和环境因素的不确定性导致计划存在着不确定性的风险，只有通过创新才能战胜不确定性、战胜风险而领先市场。

b. 挑战传统习惯。人类在消费方面"喜新厌旧"，即厌弃过时陈旧、喜欢时尚潮流，营销策划必须始终顺应这种消费的需求趋势，积极挑战思维的惯性和传统的束缚。

c. 挑战创意极限。要将每一次策划创意都当作是一次思维革命，始终保持敏锐的洞察力、活跃的创造力，不断超越对手、超越自我。

③ 可行性

a. 在适应性方面可行。营销策划方案必须充分考虑所处市场环境中的各种因素，具有因时、因地、因对象制宜的适应性。

b. 在动态平衡方面可行。营销策划的工作过程是企业可控因素与不可控因素之间的动态平衡过程，换句话说，营销策划要及时调整企业的实施计划以适应市场动态变化，才能保证目标的最终实现。

4. 什么是营销策划创意

创意字面解读：

创的繁体字为"創"，其结构可以解释为用刀、斧去开启，所以它的意思是要用锋利、尖锐的形式去开创。如果不是第一个想出来的，而是抄来的，就不是"创"；如果是借鉴别人的方法、思路，但是形成了明显区别于原来的新方法、新思路，也是"创"。耐克的广告词是"Just do it"，中文是"想做就做"；阿迪达斯的广告词是"Nothing is impossible"，中文是"没有什么不可能"；李宁的广告词是"一切皆有可能"，英文是"Anything is possible"。耐克和阿迪的广告词在前，李宁的广告词在后，创新性略显不足。

意是指心里构思的、想要表达的意图、主意、意念、想法、思维。

创意的就是突破原有的思维，在旧的基础上创新，成为策划的新灵魂，创造新的价值。对市场营销来说，创意是首创的独特构思。

营销策划创意就是围绕营销策划所形成的创新思路和方法。

5. 策划过程

策划的目标是拥有忠诚客户，提高客户黏性，从而提升企业业绩、提高产品市场占比。因此，可以说策划的过程就是"取之有道"的道，包括目标、资源、策略、计划、实施5个方面。策划可分为策略和计划两个部分,意即"策略+计划=策划",参见图 1.4。

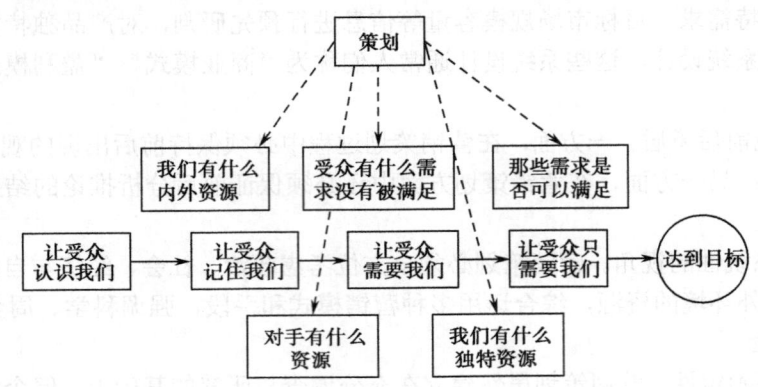

图 1.4 策划过程是"取之有道"的道

（1）目标

图 1.4 中的"达到目标",这个目标表面上看是提升企业业绩、提高产品市场占比,实质上是拥有越来越多的忠诚客户且使他们的消费黏性越来越大。这就要求策划要善于分析消费需求,分析"受众有什么需求没有被满足"和"那些需求是否可以满足";要善于运用 STP 理论、马斯洛需求层次理论来描述目标消费群的基本特征和需求特征,阐述产品如何满足需求、如何占据"第一提及"位置。

（2）资源

图1.4 中的"我们有什么内外资源""对手有什么资源""我们有什么独特资源"这就要求在形成策划创意之前要进行企业资源和市场资源的调查分析,运用 SWOT 理论、波特五力模型、波士顿矩阵或竞争理论等来分析我们和对手的营销资源,指出我们的独特优势资源,并围绕如何满足目标消费群需求来形成独特的销售主张。

（3）策略

策略是为达到目标而形成的有针对性且环环相扣的步骤措施,就是图 1.4 中的"让受众认识我们""让受众记住我们""让受众需要我们""让受众只需要我们",才能达到最终拥有忠诚客户的目标。这 4 个步骤,要求我们在进行目标分析和资源分析后形成创意构思,例如,"让受众认识我们",需要通过创新和创意的手段让信息抵达受众;"让受众记住我们",没有创意根本就不能引起人们注意,信息湮没在信息如潮的海洋中,受众过目即忘,不会记住我们;"让受众需要我们",如果创意的包装和表达与受众需求背道而驰,受众就会抵触;"让受众只需要我们",创意传递的价值是独一无二且满足受众需求的,受众就会只需要我们。

（4）计划

以时间为轴线,以达到目标为终点,将策略 4 个步骤的创意进行层层推进、环环相扣的合理编排。

（5）实施

按照计划的要求,组织企业的人力、物力、财力进行实施,形成优质的信息流、现金流和物资流,并根据具体情况随时评估效果,及时校正计划,直至达到目标。

6. 创意的重要特征

（1）创意是发现真理并以喜剧的方式呈现出来的能力

创意是策划的核心，是发现事物的本质和规律，然后以喜剧的方式呈现出来。反差越大，喜剧效果越强烈，越容易赢得喝彩和加深记忆，越被受众认可和赞同其效果。

我们会经常看到谐音广告语，因其喜剧效果让大家忍俊不禁后记住了宣传的品牌。例如，比较知名的是恒源祥的广告语，"恒源祥，发羊财"。从1993年10月到1993年12月，恒源祥在中央电视台19点新闻联播之后的广告时段"反复轰炸"，采用5秒1个广告、3个连播的方式，更增添了创意效果。这句广告词是灵机一动得来的，原来的广告语是"恒源祥，绒线羊毛衫羊发财"，但没有通过，因为词不好，羊是动物怎么会发财？于是他们灵机一动，干脆将这一句改成了通俗易懂的"发羊财"。恒源祥就是因为富有喜剧性地反复重复这个内容极其简单的广告语而成为妇孺皆知的品牌。

还有一些谐音广告的例子也比较有喜剧性创意。例如，英特尔的"给计算机一颗奔腾的芯"；桂龙咳喘宁片的"咳不容缓，请用桂龙"。多年前，还有一个有意思的广告语，联想为惠普的打印机做代理，四处广而告之"买惠普找联想，想都不用想"。几年后，惠普意识到联想是自己养大的对手，反过来做了广告"惠普，连想都别想"。既有喜剧效果，又富有深意。

如果因此而迷恋谐音的"语言游戏"就不好了。过分迷恋叠音、谐音广告语的效果，会在创意与策划的关系上产生模糊的认识，一些谐音广告语与产品定位、目标受众心理、品牌策略相冲突，最终因创意与策划的脱节而不能为策划带来好的效果。例如，"非发走丝""高级发院"等，就走火入魔了，甚至违法了。因此，喜剧效果的创意不可走向极端，要有守法意识。

（2）创意是传递产品价值和营销诉求的简洁表达

广告具有向消费者传递品牌或产品价值的职能，消费者最先注意到的往往是广告。因此，广告不能只追求形式上的喜剧创意，还必须能简洁地传递价值和诉求，使消费者能轻松理解产品的价值。

某乳酸饮料制作了这么一段视频广告。一位年轻女孩早上起床，突然高喊一声"哇"，以焦急而失望的眼神照着镜子，原来脸上长了个青春痘。旁白："有什么了不起，是酸也是甜。"于是，女孩就在痘痘周围装点几颗彩色的饰品，非常满意地照照镜子，喝着某品牌的乳酸饮料高高兴兴地去上学了……这个创意是想把年轻女孩成长的甜蜜和青春的烦恼类比为乳酸饮料的酸甜，可是长痘的酸和饰品的甜与乳酸饮料没有必然联系，观众不明白青春痘与乳酸饮料的逻辑关系，因此也不明白广告到底是在表达青春痘的有趣，还是想表达乳酸饮料可以治疗青春痘。很快，厂家因为其广告效果不好迅速更换了其他广告。倒是后来蒙牛通过邀请张含韵、王心凌为酸酸乳代言，其广告词"酸酸甜甜就是我"表达简洁的逻辑关系并获得成功，产品的广告目的和目标群定位显得清清楚楚。

营销定位理论创始人特劳特说过：我们不要试图改变消费者脑子里固有的思维模式，那是件徒劳无功的事情。他告诫人们：营销一定要围绕消费者简单的思维逻辑来做，而不是把复杂的、牵强的东西强加给消费者。

（3）创意是凝思如何达成第一的独特效果

在策划创意的过程中，经常要做的功课就是寻找产品的差异化特征，而且不要多，就要最有力量、最震撼、最能打动人心的那一个，瑞夫斯称为独特销售主张（Unique Selling Proposition，USP）。

M&M's 巧克力豆的广告语是"只溶在口，不溶在手"，一句简简单单的直白广告提炼了企业重金研制的独家糖衣配方，一举击中消费者吃巧克力时尴尬的状况，激发出消费者强烈的需求，至今仍无其他糖衣巧克力可以取代它，这就是占据目标消费者心中的第一次而达到的最有力、最震撼的效果。

《长寿花玉米油》案例阅读

清香不上火，健康不长胖

2006年，长寿花企业面临着极大的市场困难，当时玉米油属于一个新品类、小品类，与花生油、调和油相比，市场占比极小。玉米油品味过于清淡、不香，这是一种与生俱来的缺点，因此无论如何营销也不可能使玉米油香起来。

于是，长寿花老板提着一瓶花生油去找中国著名营销策划人路长全老师。路长全老师面对企业的困境，运用了"创意能达成第一"的思维进行分析，并由此产生了"切割营销理论"，其原理就是把市场切割到能达成第一为止。如在当时的市场上，想到花生油的时候人们会想到什么品牌？鲁花；想到调和油呢？金龙鱼、福临门；想到玉米油呢？没有！好，市场没有第一，就抓紧做中国第一品牌。其实，这种分析类似STP理论模型，但思维逻辑路径是独具中国特色的，因此适合中国人，如果纯粹讲西方的STP理论模型，中国人就听不懂了。

接下来，路长全老师为长寿花玉米油找出独特卖点，也就是从哪个角度讲能排第一。研究玉米油的特点，欧美人有一个习惯，欧美人吃两种油，第一种是橄榄油，第二种就是玉米油。他们为什么吃玉米油呢？玉米油是拿什么原料做的？玉米胚芽，就是玉米前面的小嘴巴，胚芽是新生命力诞生的地方，其中含有大量的氨基酸、维生素，营养丰富，所以可以从健康角度把玉米油称为"中国健康第一油"，但《中华人民共和国广告法》禁止"第一油"说法，于是就换了一种说法"长寿花玉米油，健康当家油"。一般家里谁当家？男士不当家，太太当家，所以，当家的概念就是说一不二的第一。

然后，要继续为品牌找到最佳的"第一"策略路径，这就是切割营销的精髓，关键在于找到最有利的角度，通过切割获得形势的转变。在中国消费者的认识中，浓重香味的背面是油腻，而腻代表着容易长胖和不健康。那么"清淡、不香"与"浓香"对立，便可以转化为另一种香——"清香"，这就是基于人们对于香型与健康的认识切割，从认识到需求就是市场，切割认识就是切割市场，切割市场能成为第一就是切割营销。最终，长寿花通过率先树立了玉米油为"当家油"的"第一"独特优势，为玉米油打开一片蓝海。

玉米油有了一个品类市场的第一，但还要让长寿花在玉米油品类中再切割出自己的"第一"。因此总结了长寿花玉米油的独特价值主张（USP），即"健康12道，道道真品质"，名字叫"金胚玉米油"，9颗金胚芽，出来1滴长寿花，这样即使鲁花也生产玉米油，长寿花也可以切割出一个属于自己是第一的市场。

"创意能达成第一"的营销策划思维，就是这样将"缺点"转换成"特点"，再转换成"卖点"。天下不存在完美的产品或完美的人，所以要学会转化。浓香型油代表含有大量的脂肪，因为有脂肪就香，吃脂肪多了爱长胖，清香型油脂肪少，就不容易长胖，所以还做了一个广告语"清香不上火,健康不长胖"。

当创意的思维逻辑闭环完整了以后,就可以设计产品包装。长寿花玉米油的包装标签设计是这样创意视觉路径的:第一眼看见注册商标"金胚玉米油",然后是健康12道,第一道精选玉米胚芽,最后一道是无公害更安全。这种油在消费者心中更有品质感,更值得信赖,至少在中国所有食用油里,感觉它是一个高素质、高品质的产品,其广告语"清香不上火,健康不长胖",也到好处。长寿花玉米油包装标签,参见图1.5。

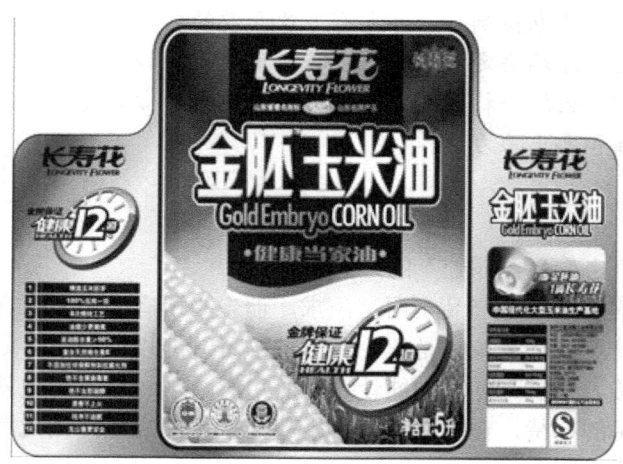

图1.5　长寿花玉米油包装标签

长寿花企业按照"达成第一"进行营销策划,2006年开始品牌化运作,三年后成功在香港上市,年销量达到7亿元。2012年,国家统计局中国行业企业信息发布中心发布公告:长寿花作为中国玉米油领导品牌,深受消费者喜爱,连续7年荣列全国市场同类产品销量和市场占有率第一名,在中国玉米油品类中强势领跑。

《士兵突击》案例阅读

电视连续剧《士兵突击》的创意特点

请同学们有空的时候可以去网上搜索并欣赏经典电视连续剧《士兵突击》。一部好的电视剧的策划要点是什么呢?就是"灵魂"二字。一部没有灵魂的电视剧是不会有大作为的。

阅读每一个剧本,李洋导演总是习惯性地寻找该剧的灵魂所在。《亮剑》里有"亮剑精神",《狼毒花》里有"酒神精神",好作品和优秀作品的差距就在这一点点上显出门道。那么,《士兵突击》里面的灵魂是什么呢?就是今天对于许多人变得有些陌生了的"崇高精神"。这部剧里处处如阳光灿烂,我们可爱的官兵生活行进在阳光下,浑身洋溢着健康的质朴和真挚、灵动、活跃的生命力。他们坚守崇高精神,坚守最传统的做人做事的原则——"不抛弃、不放弃""选择有意义的生活方式,好好地、健康地活着"。就是这些最普通、最基本的人生理念,感动了将传统价值观早已抛到脑后的人们。

所以,李洋导演为这部剧选择了回归,回到了生活的原点,让许三多和他的战友们从零点出发,经历一波又一波的磨炼和磨难,磕磕碰碰,百炼成钢。一个士兵的成长的故事,放置到了一群官兵活生生的军营氛围中，让我们看到了一个懦弱的小人物的成长。我们从俯视这个人开始，逐渐过渡到可以平视，到最后可以仰视这个平凡而又不平凡的人。全剧通过钢七连官兵的整体形象，展示出了这支队伍所坚守的捍卫团队和个人荣誉、勇往直前的一种军人精神。

在全社会洋溢着浓郁的娱乐文化和消费文化氛围的当下，崇高精神还会有人喝彩吗？经过一番调查论证，买方市场的反应是踌躇而谨慎的，个别区域的反应几乎是断然否定的。一部连一位女性都没有的电视剧，一部没有男欢女爱的电视剧，一部大兵戏，究竟谁会喜欢呢？终端决定命运，终端决定电视文化产品能不能最终和观众见面，终端的意见几乎是致命的绝对权力。但是最终全社会对《士兵突击》发自内心的支持，显示了我们这个古老民族内心深处的理性和真正的力量。

（4）创意是"直击人心柔弱处"的方式

营销策划研究的重点不是产品，而是需求，但未必所有的企业家在具体的营销策划实践中都能时时保持清醒。营销策划是让企业内外的资源能以最经济有效的方法去整合，整合的目的是满足消费者需求，创意则能让这种满足感显现、放大，也就是让消费者在实现消费前放大了对满足的期待，在消费后获得了超出期待的满足，因此愿意支付更多的钱，仍然认为"物超所值"。

可见策划创意的能量如核裂变般能够传递、放大产品和服务的价值。为什么能够这样？因为消费者是人类，人类都有一颗"柔弱"的心脏。哪怕我们需要提供服务的对象是冷冰冰的钢铁，如汽车，但为之付款的仍是汽车的拥有者，他心底的最柔弱处决定了这笔钱花得值不值。

这种"柔弱"就是消费者的心理。人非草木，孰能无情。情之所至，金石为开。因此，创意就是让消费者动情，让他们的精神消费升华。营销策划所追求的目标就是"感性诉求解除防备，理性诉求征服消费"。

目前还有许多企业忽视品牌的情感建设，忽视产品的人性化建设，所以给消费者的印象就是缺乏创意。

心理试验已经表明，价值认同感是人类获得更高层次需求满足的前提。通俗地说，就是"你给人们什么样包装的瓶子，瓶子里装的就是什么样的水"。

我们做过这样的试验：邀请同样的3个对象，相隔3个月，分别在两个不同的场地中谈谈最近的工作和生活。场地中没有其他人的干扰，我们安排一位咨询师仅作为观察员，不参与交谈。当他们坐在优雅精致的咖啡吧里谈话时，大家以优雅的言辞谈论着工作和生活中美好的事情，心中充满了热情和善良的愿望；当他们坐在公路旁一个小饭馆里谈话时，大家的言辞无所顾忌，谈论的多半是工作和生活中琐碎烦心的事情。

我们还做过这样的试验，将农夫山泉瓶子里的天然水和娃哈哈瓶子里的纯净水进行交换，两个瓶子的外包装和商标依旧，然后请3名大学生来品尝，试试哪一瓶水更有天然水的甘甜味，他们都不约而同地说是农夫山泉瓶子里装的水。

这是人们内心对"马斯洛需求层次理论"中高层次价值需求期待满足的结果，当他发现外界事物存在价值认同的对象时，他的内心会加强这一价值，并不断产生共鸣和提升这一价值体验，使自己的心理获得欣慰的满足感，此时往往会忽视其他因素的存在，正如广告歌词中唱到："我的眼中只有你"。

7．创意的分类

创意可分为灵感创意和修正创意。

创意来源于思维的积累，需要知识积累、经验积累、时间积累、资源积累等。换句话说，创意需要经验，需要经常训练。有的创意往往需要很长的时间才能实现，因为只有足够量的积累才能实现质的飞跃。一个好的创意需要智慧，需要把握创意事物本质，更需要具有相当的综合知识和专业能力。

（1）灵感创意

灵感创意是针对问题获得的一种突发性的创新思维的结果。

2200多年前，希腊的叙拉古王国，有个家伙突然从澡缸里跳出来，大叫："尤里卡！尤里卡！"意思就是"我找到了！我找到了！"他全身赤裸着向前冲。他是发明裸奔的第一人吗？不！他叫阿基米德，他洗了一个最有创意的澡，他找到了如何证明王冠是不是纯金的方法！原来叙拉古的亥厄洛国王，命金匠打造了一顶纯金的王冠，但他怀疑金匠掺了假。但王冠的重量同国王给金匠金子的重量完全一样，于是国王便叫阿基米德想办法。阿基米德日思夜想，终于在他将身体浸入澡缸时，看着从澡缸徐缓溢出的水，找到了解决问题的方法。阿基米德跑进王宫，在国王和金匠面前把王冠、和王冠等重的金块、和王冠等重的银块分别放入不同的水盆里，结果发现银块排出水量最多，再者是王冠，然后是金块。

这可谓是一个典型的灵感创意例子，其特点正如"魔岛理论"，具有突发性、偶然性的特点。

（2）修正创意

修正创意是不断积累知识、信息，不断分析，试图发现创新思维结果的过程。

阿基米德的创意，真的是在洗澡的时候"突然想到"的吗？是。但从入水那一刻到得出结论要有一段路，路也许长，也许短，可都要有"想"这一个过程。也许阿基米德在洗澡的时候没想到，但也许他要喝水的时候，或假牙掉到水杯里，水溢出杯外时能想到。因此，从另一角度来看，灵感创意的结果又有其必然性，是不断积累知识、经验、信息，不断思考的结果，这个过程实际上是修正创意的过程。

修正创意以构思灵感创意为基础，对灵感创意进行矫正和推动。灵感创意仅针对"做什么"一个方面就突然产生了创新思维结果，而修正创意则要在"谁来做、何时做、在哪做、如何做"4个方面也进行分析论证才能得到创新思维结果，参见图1.6。

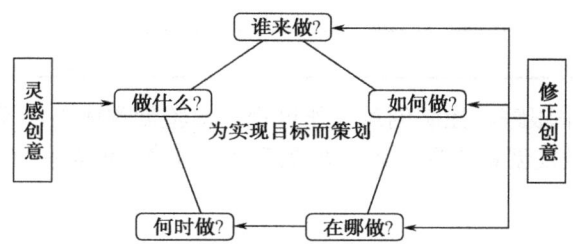

图1.6 修正创意对灵感创意进行矫正

按照灵感创意和修正创意的产生规律来训练，就能够有效培养策划创意能力。策划创意的工作成果与个人思维能力有很大关系，往往会被误认为都是灵感，因此使人陷入创意依赖天才的误区。其实，策划创意与市场环境、产品资源、执行条件密切相关，这是与绘画、书写等艺术创意的不同之处，因此，在策划创意工作过程中，修正创意与灵感创意一样重要，甚至更重要。

灵感创意和修正创意都会存在每个人的大脑中，因为每个人的思维天性和特点的不同而在不同方面各有专长。相对于本科院校的学生来说，高等职业院校的学生更擅长修正创意，因此，应该从修正创意入手，逐渐提高灵感创意能力，从而最终能够成为才思敏捷、创新创意能力强的人才。

8. 创意工作卡

策划公司、创意公司等企业在策划创意工作过程中一般会使用创意工作卡，参见表1.2，学生可使用创意工作卡来完成每个创意项目的工作。

表1.2 创意工作卡

开卡时间		客户简报			
项目名称		工作要求			
工作时间要求		创意诉求			
开卡责任人		项目成员			
工作流程	主要内容	完成效果	完成时间	承担人签字	总经理签字
前期沟通客户					
探究性市场调查					
市场分析与定位					
头脑风暴组织					
创意开发简报					
验证性市场调查					
确立创意					
广告物料等设计					
文案制作					
提案制作					
比稿竞标讲解					
后期跟进客户					

创意工作卡被用来跟踪、控制创意工作过程，检验创意成果，反馈客户沟通状况，收集市场和客户数据，激发创意成果，是促进灵感创意与修正创意相互发挥作用的有效方式，参见图1.7。

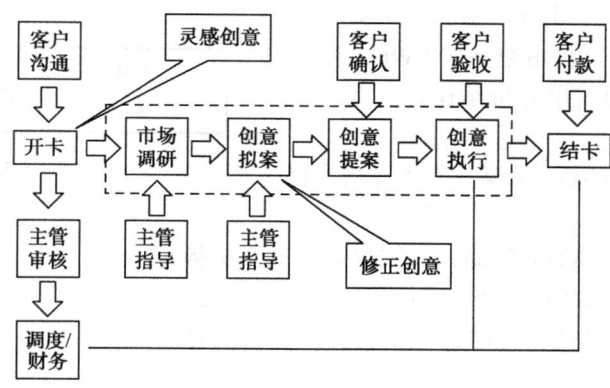

图 1.7 灵感创意与修正创意相互发挥作用

1.2.3 策划创意常用的理论工具

因为修正创意是通过运用理论工具和方法对灵感创意进行分析论证的结果，因此，同学们必须对策划创意常用的理论工具运用地非常熟练，才能信手拈来，对症分析头脑风暴中的创意闪光。

1. CIS 理论

CIS 的英文全称是 Corporation Identity System，中文译为"企业识别系统"。识别是通过符号来实现的，"识别系统"实际上就是"符号识别系统"，而"更新符号"是创意三思维之一（参见 1.3.4），因此，对 CIS 理论掌握的越熟练越能发挥创意。

CIS 主张将企业理念、企业文化、企业行为及企业视觉标志通过统一的符号设计加以整合，强化其传播效果，使组织迅速提升自己的知名度、美誉度和公众的认可度。这是策划整合能力中的至高境界，也是品牌策划的核心内涵。

CIS 由以下 3 部分构成。

① 企业理念识别（Mind Identity，MI）。
② 企业行为识别（Behavior Identity，BI）。
③ 企业视觉识别（Visual Identity，VI）。

形象地说，如果把 CIS 看成一支军队，MI 是军心，是军队投入战争的指导思想，是抽象的一部分；VI 是军旗，是军队的精神符号，是所到之处的形象标志；BI 则是军纪，是军队的行为规范和准则，是取得战争胜利的重要保证。

2. SWOT 分析法

SWOT 分析法又称为态势分析法，是由美国旧金山大学的管理学教授于 20 世纪 80 年代初提出来的，是一种能够客观准确地分析一个企业、产品或品牌内外环境条件，结合资源现状而得出创新性对策的方法。

SWOT 四个英文字母分别代表：优势（Strength）、劣势（Weakness）、机会（Opportunity）、威胁（Threat）。

从整体上看，SWOT 可以分为两部分：第一部分为 SW，主要用来分析内部条件；第二部分为 OT，主要用来分析外部条件。可将调查得出的各种因素根据轻重缓急或影响程度等排序方式构造SWOT矩阵，参见图1.8。

同学们必须注意，仅填空完成SWOT矩阵是不够的，关键是要得出分析结论，从四个方面中找出策略创意。

S 优势	O 机会
W 劣势	T 威胁

图1.8　SWOT矩阵

① 优势—机会（SO）策略：发挥优势，利用机会。

② 弱点—机会（WO）策略：利用机会，改变劣势。

③ 优势—威胁（ST）策略：发挥优势，减轻威胁。

④ 弱点—威胁（WT）策略：减少弱点，回避威胁。

3. STP理论

STP理论是重要的营销策划创意理论，其目的是通过细分市场找到营销效率最高的那些目标市场，并为产品在目标消费者心中创造一个有利的定位。

S——市场细分；

T——目标市场；

P——市场定位。

由于市场是一个综合体，也是多层次、多元化消费需求的集合，任何企业都无法满足市场上的所有需求。为此，企业首先应将市场细分为由相似需求构成的若干消费群，即若干细分市场。其次，企业根据自身战略和实力从中选取营销投入产出比最高的那些细分市场作为目标市场。最后，企业应完成市场定位的创意，即需要通过创意将产品定位在目标消费者某一类需求的有利位置上，使消费者在需要满足这类需求时"第一提及"该产品。

4. USP理论

美国广告大师罗瑟·瑞夫斯要求每一个广告都必须向消费者提出一个"独特销售主张"即UPS。

USP理论包括以下3个方面。

一是每个广告的创意不仅是文字或图像，更要创意一个主张，即向消费者提出一个购买本产品将得到明确利益的主张。

二是这一主张一定是该品牌独有的，是竞争品牌不能提出或不曾提出的。

三是这一主张必须具有震撼力、穿透力，能够吸引、打动目标消费者，刺激他们购买产品。

1954年，瑞夫斯为M&M's巧克力豆所做的"只溶在口，不溶在手"广告创意是USP理论的典范之作。

5. 5W2H理论

5W2H理论是修正创意的思维路径，以达到严谨、周密、深入的创新目的，由以下7个方面组成。

① Why：为何，为什么要如此做？

② What：何事，做什么？准备什么？

③ Where：何处，在何处着手进行最好？

④ When：何时，什么时候开始？什么时候完成？

⑤ Who：何人，谁去做？
⑥ How：如何，如何做？
⑦ How much：何价，成本如何？可以达到怎样的效果？

6．马斯洛需求层次理论

分析市场就是分析需求，分析需求才能获得正确的创意。

分析需求应依据美国心理学家马斯洛首创的需求层次理论来进行，将需求进行细分，从而完成市场细分和目标市场确定，参见图1.9。

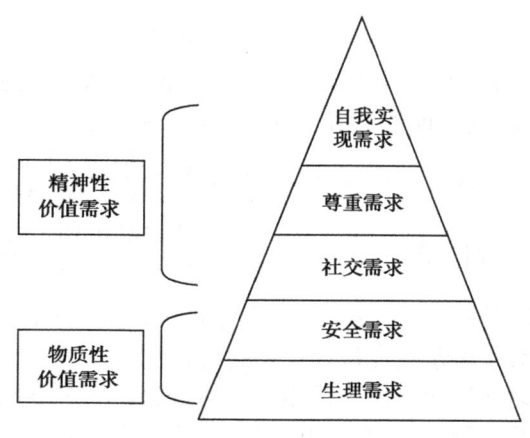

图1.9　马斯洛需求层次理论

图1.9中的五层次自下而上分别为：

① 生理需求。这是个人生存的基本需要，如吃、喝、住处等。
② 安全需求。这包括心理上与物质上的安全保障，如不受盗窃的威胁；预防危险事故；职业有保障；有社会保险和退休金等。
③ 社交需求。人是社会中的一员，需要爱和归属感，人际交往需要彼此同情、互助和赞许。
④ 尊重需求。这包括别人的尊重和自己内在的自尊心的需要。
⑤ 自我实现需求。这是指通过自己的努力，实现自己对生活的期望。

7．波特五力分析模型

美国迈克尔·波特教授于20世纪80年代初提出了波特五力分析模型，对企业战略的创意产生了全球性的深远影响。利用这个分析模型，可以有效地分析品牌的竞争环境，从而获得竞争战略的创意。五种能力分别是：供应商的讨价还价能力、购买者的讨价还价能力、潜在竞争者进入的能力、替代品的替代能力、行业内竞争者现在的竞争能力，参见图1.10。

8．波士顿矩阵理论

波士顿矩阵理论认为公司若要取得成功，就必须拥有市场增长率和市场份额各不相同的产品组合，其组合的构成取决于现金流量的平衡。这个方法使我们在完成产品组合的策划任务时拥有系统性、可行性、创新性的分析和创意方法。

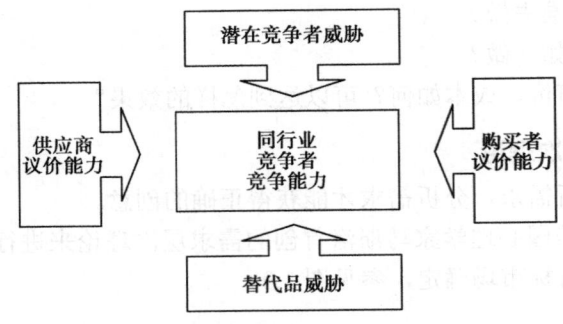

图 1.10　波特五力分析模型

① 评价各产品的市场前景。用"市场增长率"指标来衡量发展前景。

② 评价各产品的市场竞争地位。用"绝对市场份额"或"相对市场份额"指标来衡量竞争力，计算公式是：本企业某种产品绝对市场份额 = $\dfrac{该产品本企业销售量}{该产品市场销售总量}$

$$本企业某种产品相对市场份额 = \dfrac{该产品市场占有份额}{该产品最大竞争对手的市场占有份额}$$

③ 标明各产品在矩阵图上的位置。将产品定位在二维坐标的四个象限上，以坐标点为圆心画一个圆，用圆的大小表示企业每项业务的销售额。

通过波士顿矩阵可以诊断企业的产品组合是否健康。一个不健康的产品组合要么有太多的瘦狗产品或问题产品，要么有太少的明星产品或金牛产品，还可以通过一段时间的观察，分析处于不同象限的各种产品的发展趋势，如明星产品也许会发展成金牛产品，也可能会变成问题产品，参见图 1.11。

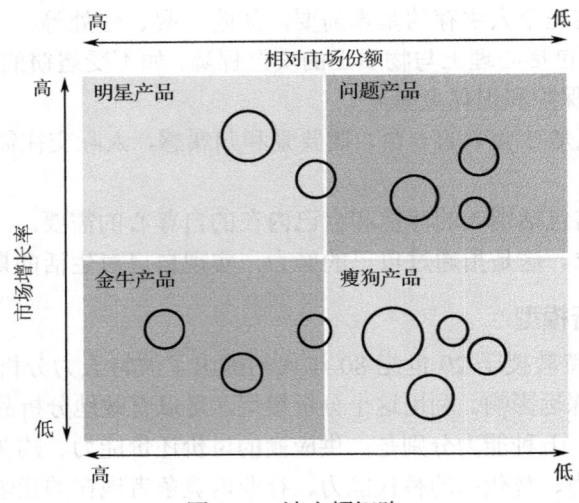

图 1.11　波士顿矩阵

9. 蓝海战略理论

蓝海战略理论表明，即使竞争再激烈的市场也一样会有市场空白存在，我们应该善于发现市场空白并第一时间介入，这是非常重要的开创市场的创新思维。

这一战略源自 W. 钱·金和勒妮·莫博涅教授合著的《蓝海战略》一书。蓝海战略其实就是企业超越传统产业竞争，开创全新的市场的企业战略。如今这个新的经济理念，已得到全球工商企业界的关注。"红海"是竞争极端激烈的市场，但"蓝海"也不是一个没有竞争的领域，而是通过差异化手段得到一个崭新的市场领域，在这里，企业能够凭借其创新能力获得更快的增长和更高的利润。

10. 定位理论

该理论的创始人是美国的艾·里斯和杰克·特劳特。定位起始于产品，但并不是对产品本身做什么。定位理论是指要针对目标消费者的心理反应和思考模式进行分析，最终要将产品在他们的心智中确定一个适当的位置，最好是"第一提及"的位置。定位是对顾客的头脑进行争夺，目的是在目标消费者心智中获得有利的地位。

定位理论实际上是 STP 理论的发展和深化。

11. 羊群效应

羊群效应是市场行为中的一种常见现象，如果一个消费者宣称吃到了新鲜的青草，其他消费者就会一哄而上争抢那里的青草，全然不顾其他地方还有更好的青草，这给我们的策划创意带来许多启发。

有一则幽默故事反映了羊群效应的作用：一位石油大亨到天堂去参加会议，一进会议室发现已经座无虚席，没有地方落座，于是他灵机一动，喊了一声"地狱里发现石油了"。这一喊不要紧，天堂里的石油大亨们纷纷向地狱跑去，很快，天堂里就只剩下那位后来的人了。这时，这位大亨心想，大家都跑了过去，莫非地狱里真的发现石油了？于是，他也急匆匆地向地狱跑去。

12. 果子效应

对于消费者而言，品牌是一种经验，也是一种代表性的符号。在物质生活日益丰富的今天，同类产品多达数十上百甚至上千种，消费者根本不可能逐一去了解，只有凭借过去的经验，或别人的经验加以选择。因为消费者相信如果在一棵果树上摘下的一颗果子是甜的，那么这棵树上的其余果子也都会是甜的。这就是品牌的果子效应。

果子效应对品牌创新提出了一种高效的创意策略，企业在开发新产品、介入新的领域后仍然能够利用原品牌的影响力来统领市场。

果子效应动画片

13. 苹果定律

假设现在的苹果一般是 5 元 500 克，大概有三个苹果。如果将这两三个苹果切成片，装盘后，在 KTV 包房或大酒店出售，可以卖 48～98 元一盘。这就是"盘子里的苹果更值钱"的苹果定律。

在营销策划时，这个装苹果的盘子可以是品牌、可以是包装、可以是广告等。同样是皮包，全球奢侈品牌 LV 的皮包，是采用同类品质牛皮和配饰设计制作的，其价格是其他品牌的几十倍；耐克设计师设计的运动鞋，在中国代工生产，同类品质的产品价格要比国产的产品价格高几倍等。

14. 4P 理论

营销 1.0 的标志性理论是 4P 理论，以产品为导向，即产品价值导向。

美国营销学大师杰瑞·麦卡锡教授在其《营销学》一书中最早提出了 4P 理论，为企业的营销策划创意提供了一个完整的系统框架，即：

产品——Product；
价格——Price；
渠道——Place；
促销——Promotion。

15. 4C 理论

营销 2.0 的标志性理论是 4C 理论，以客户需求为导向，即需求价值导向。

美国营销专家罗伯特·劳特朋教授针对 4P 理论过于强调产品导向而提出了消费需求导向的 4C 理论，强调企业应该把满足消费者需求放在第一位，即：

① 消费者的需求与欲望——Consumer，研究消费者的需求与欲望，确定怎样满足目标消费群的需求。

② 消费者愿意付出的成本——Cost，消费者满足自身需求愿意付出的代价。

③ 购买商品的便利——Convenience，如何给消费者提供最大便利。

④ 沟通——Communication。忘掉促销，正确词汇应该是"沟通"。

16. 4R 理论

营销 3.0 的标志性理论是 4R 理论，以客户关系为导向，即关系价值导向。

美国整合营销传播理论的鼻祖唐·舒尔茨教授在 4C 理论的基础上提出 4R 理论，他认为既不是考虑把产品推销给消费者，也不是考虑产品如何满足消费者需求，而是必须与消费者建立起一种黏性的客户关系，其核心就是相互忠诚。

第一步，关联关系（Relevancy），与客户建立某种软关联，互相关注。

第二步，响应关系（Reaction），对客户需求积极响应，使客户心生满意。

第三步，纽带关系（Relationship），与客户建立某种强关联，即某种带有责任的纽带。

第四步，回报关系（Reward），与客户建立双赢的回报关系，形成价值共同体。

17. 5A 理论

营销 4.0 的标志性理论是 5A 理论，以客户忠诚为导向，即人本价值导向。

营销学之父菲利浦·科特勒在《营销革命 4.0》一书中提出了 5A 理论，并指出互联网时代新营销的特征是人本价值营销，品牌态度受到社群影响，营销的关键是有多少品牌忠诚者和品牌传教士。

第一阶段认知（Aware），被动接收品牌信息，认知品牌。

第二阶段诉求（Appeal），受到品牌吸引、对广告诉求产生联想，印象深刻。

第三阶段询问（Ask），因被吸引而搜集信息，向社群发出询问，求证品牌印象。

第四阶段行动（Act），被说服后采取购买行动。

第五阶段倡导（Advocate）。在购买后获得很好体验，客户成为品牌传教士，推荐别人购买产品。

《策划人才应该是怎样的》案例阅读

由于策划人才奇货可居，也带来了一个策划人才鱼龙混杂的问题。有一天来了一位 70 多岁的老先生，耳朵都听不见了，一帮年轻人拥着他。这位老先生倒很谦卑，他自言自语地说："其实我不想来，他们硬叫我来，我也不知道他们让我来干什么。"大家当时不知道这位老先生是谁，折腾了半天，老先生告辞了。后来，他旁边的人说，这是中国最后一位王爷。大家奇怪：把他请来同大家见面干什么呢？这几个人说，老人家能知天下大事，今天把他请来是想和你们探讨一下策划的事，他也是搞策划的。可实际上这位老先生并没有做什么。可见大大小小、形形色色的策划人都能找到活儿干，这说明了一个问题，在我国社会转型期，策划人的需求量是非常大的。

任何一个行业兴旺以后，大家都想往里面挤，难免就有"歪嘴和尚把经念歪"的时候，这时，大家把账都记到策划行业的头上。所以，鉴于这种危机感，我们所做的任何策划都应采取一种稳妥、谨慎的态度，做不到的绝对不吹牛。

1.3 创意理念篇

1.3.1 创意三作用

（1）引人注目

创意能够引起别人的注意，并且能够吸引更多人的注意。例如，"书可不可以听""汽车可不可以飞"。这些出乎意料的创意必定能吸引更多人的注意。

（2）承载创意

把一个很好的创意通过某种方法、手段承载起来，才能让别人可以看到、理解并且使用，例如，"发明录音机让书可以听""发明空中客机让汽车飞起来"。

（3）留下深刻印象

创意能够冲击灵魂，产生心理上的震撼，这样才能被深刻记忆。例如，"随时随地都可以听书，将无聊的打发变成宝贵的学习""劳斯莱斯不是最好的汽车，会飞的才是"。

1.3.2 创意三要素

（1）构思概念

再好的想法，如果不能提炼出精辟、简练、实用的概念，就无法成为创意。例如，看书写字，天经地义，但是能不能打破这个规则？让书不是用来看的，而是摸、听、闻、啃等。这个思维的过程，还不能成为创意，因为没有形成概念。当我们明确地提出"书可不可以听"这个概念时，创意才开始具备基础，这是创意产生的第一要素。

（2）选择载体

构思的概念必须有效、有用，才能成为创意，否则就是空想，所以需要"大胆假设，小心求证"。为了有效、有用需要认真选择实现创意的载体。这里所谓的载体，可以是器具，也可以是材料、途径、手段、方法等。例如，为了实现"书可不可以听"的概念，可选择如下载体：说书人、MP3设备、计算机等。

（3）表现手法

表现手法是创意在受众面前的直接体现，相同的载体运用不同的表现手法就也会产生不同的创意效果。例如，翻译分为两种：一种是现场同声翻译，每个人戴着耳机；另一种是逐段翻译，讲话人讲一段，译者跟着翻译一段。又如，以前我们都用相机照相，那么手机可不可以照相？可以。于是手机增加了一项功能——拍照。开始，手机拍照的像素比较低，所以拍出来的照片效果不是很好，也就是表现手法不够好。但是现在，手机像素越来越高，有的手机有 800 万像素甚至更高，已经跟一般的数码相机差不多了，这就是提高了表现手法。

1.3.3 创意三原理

（1）迁移原理

这个原理认为，创意是一种迁移。所谓迁移，是用观察此事物的办法去观察彼事物，用不同的眼光去观察同一个现象，即采取移动视角的办法来分析问题。通过视角的迁移，人们可以很简单地创造出众多新鲜的、交叉的、融合的、异化的、裂变的、创新的事物来，这就是创意产生的成因。

自然科学里的转基因研究、社会科学中的交叉学科和边缘学科的出现，实际上都是学者迁移观察的结果。科研是这样，产品是这样，策划更是这样。在市场实践中，许许多多杰出的策划创意都源于对事物的再认识。现代管理之父彼得·德鲁克在谈到创新的来源时，他也认为认识的改变是重要的创新来源。

（2）变通原理

创意有时候只是"概念的一扭"，只要换一种方式去理解，换一个角度去观察，换一个环境去应用，一个新的创意就产生了。这就是创意的变通原理。

某种事物的功效作为一种能量，在一定的条件下是可以转换的。例如，用于战争时期的兵法，经过变通可用于经济，这是一种观念的嫁接；原本属于动物本能的保护色，经过变通，可用于军队的迷彩服，这是功能的变通；民用产品可以用于军需，军需产品也可以转为民用，这是能量与功效的传递和延伸。显然，上述各种物质的转换、功能的变通，对策划创意的产生是极有启示性的。同样，知识的用途可以被拓宽，如心理学应用于管理，产生了管理心理学，成为管理者必备的知识；军事谋略应用于商战，使精明的商人懂得韬略；公关策略引入政界，成为竞选的有力武器等。

对策划来说，创意就需要这种变通，创意就产生于这种变通。"改变用途"是创意的重要源泉。策划人应该善于运用这种思路，通过改变策划对象的用途，赋予策划以新奇和独创。事物的用途可以交换、转换和传递，改变人的观念与改变事物的用途一样，实际上也是一种能力的改变。以一样的眼光看待不一样的事物，或者对一样的事物用不一样的眼光来看待，都是一种功能变通，都能产生新的创意。

（3）组合原理

在自然界中，元素通过组合可以形成各种各样的新物质，因此，策划的创意也可产生于元素组合，即策划人可以通过研究各种元素的组合来获取新的创意，这就是创意的组合原理。

策划师不能墨守成规，必须不断尝试和揣测各种组合的可能，并从中获得具有新价值的创意。元素的组合不是简单的相加，而是在原有基础上的一种创造。能够产生创意的元素包罗万象，可以是实际的，也可以是抽象的；可以是现实存在的，也可以是虚构想象的。电视机可以论斤出售、冰激淋可以油炸、外墙涂料可以人喝等，不一而足，都是一些超越常人思维习惯与方向的元素组合。

1.3.4 创意三思维

（1）更新语言

语言是意义的载体，也是概念的载体。新的语言可能来源于新的概念的发生，也可能是旧语言的应用发生变化，语言本身也可以带来更多的改变。现在很多公司和媒体都喜欢使用同音词或同义词来表达一种意思。例如，一家百货公司打出大型的条幅，上面写着"夏一跳"，意思是现在是"盛夏"，如果来商场，打折价格会让消费者"吓一跳"；"超级女声"风靡全国之后，"玉米""凉粉""盒饭"等词语有了新的含义，也成为了最新的流行词。当然，有时候人们也会使用反义词来吸引别人的注意。例如，有一家餐厅的名字叫作"真难吃美食城"，很多人都觉得好奇，到底有多难吃呢？于是，大家都去试试看，结果餐厅的生意还挺好。

（2）更新符号

所有的符号都可以传递信息，语言只是其中之一。当了解清楚新语言中所隐含的新创意之后，很快就会注意到，一切颜色、线条、声音及符号，都是创意的来源。

比如，有一家公司叫作"罗曼蒂克公司"，每到情人节的时候，"罗曼蒂克公司"推出的巧克力都很特别。1984年它的创意是"爱情诙谐故事"系列：一块心形巧克力的里面有一个小小的核，把核打开，上面会写着一些话，如"你的存在使我的人生有了意义"等。试想，在情人节的晚上，一个男孩把这样的巧克力送给他心仪的女孩，会有怎样的效果呢？

（3）更新想法

行为源于想法的推动，没有想法就没有行为的动力，很多时候创意并不需要对观念进行颠覆，只需要一点新的想法来推动行为的更新。

例如，一个可爱的想法变成了被市场上追捧的宝宝画册。所有的妈妈都喜欢给自己的孩子拍照，但是芬兰的一位妈妈拍的照片却与众不同，在她的小宝贝女儿Mila睡觉时，用衣服、毛巾这些家里的"道具"给Mila摆出了许多故事里的场景并拍了下来，每张照片花几分钟的时间，呈现的都是很自然的创意和造型。她把这些照片集成了一本相册《Mila的白日梦》，出版商发现后用高价买下其版权进行出版，发行了几十万册。

《士兵是最好的"广告员"》 案例阅读

美国商界利用海湾战争做广告，把商战推向战场的历历往事，至今还令那些死里逃生的美国士兵记忆犹新。

每天清晨，士兵们都会等待地平线上扬起尘土，一辆辆卡车将给他们运来最需要的给养品——可口可乐和百事可乐。卡车还没停稳，士兵们就排起了长队。他们在冰冻的可口可乐上看见了这样的广告词："挡不住的诱惑"。

这不是插入电视节目的一个广告，而是沙特阿拉伯沙漠中士兵们每天的现实生活。

可口可乐公司发言人在谈及从美国国内向沙漠无偿供应可口可乐的行动时说："帮助一个出门在外的人，就获得一个终身的朋友。这毫无疑问对每个企业都有好处。"

那时，任何人在电视上出现的次数都不比美国士兵多。

美国的电视台日夜在报道"我们在海湾的小伙儿"，世界各地的电视台也整天在播放海湾战争的新闻。人们看见了美国士兵们拿着可乐、罐头和索尼牌小收放机。那段时间士兵们成了世界上最好的"广告员"。

游泳训练法

本书编者黄尧教授在教学做一体化教学实践中首创了一个重要的概念：游泳训练法。市场是大海，学会在市场大海里游泳就真正具备了营销策划的职业能力。

首先，老师和学生要一起在"海"里游。老师在前面领着"游"，学生在后面跟着"游"，老师要比学生更有经验，能够及时传授理论，指出学生的不足，是"从游"。

其次，游泳能力是在水里"泡"出来的。可以先在"泳池"（高校市场营销专业）里练习好了，再到"海"里，但学校要创造与"大海"（真实市场）一样的生态环境，并让"泳池"环境和"海洋"环境"活水互通"，当学生跳出"泳池"游向"大海"的时候，才能"如鱼得水"。

1.4 巩固练习篇

一、问答题

1. 什么是策划？
2. 说说"创意"的字面含义？
3. 创意有哪四个重要的特征？
4. 创意三作用和三要素是什么？

二、判断题

1. 营销策划研究的重点不是产品，而是需求。（　　）
2. 创意是策划的核心，是找出事物的本质和规律，然后以喜剧的方式呈现出来。（　　）
3. 最有力量、最震撼、最能打动人心的那一个，瑞夫斯称其为独特销售主张。（　　）
4. "直抵人心柔弱处"就是要让消费者在实现消费前放大对满足的期待，在消费后获得超出期待的满足，因此愿意掏出更多的钱。（　　）

三、多选题

1. 创意的三法则（　　）。

A．知名度法则

B．一切皆有可能法则

C．提高概率法则

D．改变观念法则

E．提醒消费法则

F．改变用途法则

2. 修正创意要分析论证的四点（　　）。

A．谁来做

B．何时做

C．在哪做

D．如何做

E．做什么

四、单选题

1．基于对策划作用和效果的理解，可以将其定义为：策划是将真理以_____的方式呈现。

A．说理　　　　　　　　　　B．喜剧

C．传播　　　　　　　　　　D．创意

2．由于消费者往往会固执地按照自己的心理和行为规律去消费，如果没有出乎意料的_____，没有令人惊喜地呈现，目标消费者不会被打动，策划就没有好的效果。

A．创意模式　　　　　　　　B．思维模式

C．喜剧方式　　　　　　　　D．设计方式

3．创意的定义：创意就是突破原有的思维，在旧的基础上创新，成为策划的新灵魂，创造新的价值。对市场营销来说，创意是独一无二的_____，创意是首创的独特构思。

A．思维　　　　　　　　　　B．点子

C．头脑　　　　　　　　　　D．策划

4．创意是发现真理并以_____呈现出来的能力。

A．广告的方式　　　　　　　B．喜剧的方式

C．文案的方式　　　　　　　D．产品的方式

5．创意是_____的简洁表达。

A．传递价值　　　　　　　　B．设计师理念

C．企业主思想　　　　　　　D．策划师灵感

6．创意是达成_____的独特效果。

A．赢利　　　　　　　　　　B．销售

C．推广　　　　　　　　　　D．第一

7．创意是直击人心_____的方式。

A．柔弱处　　　　　　　　　B．渴望

C．需要　　　　　　　　　　D．欲求

8．营销定位理论创始人特劳特说过：我们不要试图改变消费者脑子里固有的思维模式，那是件徒劳无功的事情。他告诫人们：营销一定要围绕消费者_____的思维逻辑来做，而不是把复杂的、牵强的东西强加给消费者。

A．深入　　　　　　　　　　B．简单

C．逆向　　　　　　　　　　D．跳跃

9．在策划创意的过程中，要经常做的功课就是寻找_____，而且不要多，就要最有力量、最震撼、最能打动人心的那一个，瑞夫斯称其为独特销售主张 USP。

A．策划点子　　　　　　　　B．设计灵感

C．产品差异化特征　　　　　D．分析结论

10．创意的效果不仅是因为跟对手进行差异化比较，而且是在目标消费者的_____中

第一次出现，故能达到最有力量、最震撼、最能打动人心。

  A．消费需求   B．产品使用
  C．心目   D．心智

11．"越是民族的，就越是世界的；越是传统的，才越是_____的。"这句话已经得到策划界人士的普遍共识。

  A．伟大   B．需要
  C．历史   D．时尚

12．营销策划研究的重点不是产品，而是_____，这是营销界的共识，但未必所有的企业家在具体的营销策划实践中时时都能够保持这样的清醒。

  A．需求   B．包装
  C．推广   D．渠道

13．营销策划是让企业内外的资源能以最经济有效的方法得以整合，整合的目的是满足客户需求，创意则能让这种满足感显现、放大，也就是让消费者在实现消费前放大了对满足的期待，在消费后获得了_____期待的满足，因此愿意掏出更多的钱，而心里仍然认为物超所值。

  A．符合   B．超出
  C．能够   D．小于

14．哪怕我们需要提供服务的对象是冷冰冰的钢铁，如汽车，但为之付款的仍是汽车的拥有者，他_____的最柔弱处决定了这笔钱花得值不值。

  A．钱包   B．家庭
  C．心底   D．收入

15．营销策划所追求的目标就是"感性诉求解除防备，理性诉求_____消费"。

  A．恳请   B．说服
  C．追求   D．征服

1.5 训练总结篇

训练任务1 《7天酒店》思考分析

  7天酒店创立于2005年，是锦江酒店（中国区）旗下经济型酒店品牌。15年来，7天酒店通过产品、服务的持续创新，吸引了超过1.6亿的黏性会员，成为中国极具影响力的经济型连锁酒店品牌。

  其创始人郑南雁最初是携程网的一位高级IT技术人员，后来IT应用便成了这家公司的典型特征。在7天酒店创立之初，郑南雁发现市场上原有其他经济型酒店缺乏IT应用，而年轻人更乐于在线预订客房。于是他利用自身的优势，针对年轻人对经济型酒店希望更舒适、更方便的独特需求，带领团队开发了一套基于IT技术的系统平台，将互联网、客服中心、短信和店务管理系统集于一体，实现即时预订、确认及支付功能，同时提炼出7天酒店的独特卖点（USP）：三星级酒店、五星级大床，并策划出"五合一"的盈利模式：

  ①"核心城市率先"的开店模式；
  ②"放羊式管理"的推广模式；

训练任务1：参考答案

③ "会员制+电子商务"的营销模式；
④ "IT化+低成本+扁平化"的管理模式；
⑤ "顾客参与式"的服务模式。

如此既降低了成本，又架构起各分支运营体系，超越其他经济型酒店迅速形成强大的市场竞争力。于是，7天酒店在成立后的3年之内跻身国内经济型酒店的一线阵营。

思考问题：
7天酒店仅用3年就跻身国内经济型酒店的一线阵营，是如何做到的？

分析总结：
_____
_____

训练任务2 《士兵突击》案例作业

21世纪的企业竞争越来越激烈，现代企业领导者的困境也越来越多：内部和外部客户的要求提高、市场变化迅速、人力及资源成本增加、优秀的人才流失等都成为现代企业领导者关注的问题。《士兵突击》电视剧作品里呈现出的各种矛盾，对企业自身发展、对员工的成长与激励、对企业文化的建设带来了许多启示，某企业董事长希望将《士兵突击》的核心价值观和主要剧情作为拓展训练主题，策划一次拓展训练活动，让公司和员工在切身体会中找到解决以下问题的答案。

1.如何提升员工素质；2.如何凝练企业精神；3.如何塑造团队纪律；4.如何鼓舞团队士气；5.如何锻炼领导层指挥才能。

【案例思考】

以拓展训练的活动为载体，通过整合训练场地、训练器械等资源，贯穿沟通、协作、凝聚力的训练目标，在《士兵突击》的场景体验中，使团队中集体和个人的精神得到升华，达到本次拓展训练的目的。

【案例作业】

个人完成作业，一周后以纸质方式提交。

作业总结：
_____
_____

训练任务3 《苹果CEO库克演讲词节选》思考分析

美国著名企业苹果公司现任CEO（首席执行官）蒂姆·库克说：要把重要的决定权交给直觉，你就必须放弃规划人生未来的想法。直觉决定当下发生的事情。如果你认真聆听它，它就有可能把你导向最适合你的人生道路上。在1998年年初的那一天，我听从了我的直觉，而不是我的左脑或最了解我的人。我不知道我为什么会这样做，时至今日我也仍然无法确定。但是，在我与史蒂夫·乔布斯（苹果前任CEO）会面不到5分钟的时间，我就把逻辑和谨慎抛到了一边，加入了苹果公司。我的直觉告诉我，加入苹果公司是一生仅有的一次机会，我能借此机会为富有创意的天才工作，加入可能创造伟大公司的管理团队。如果当时我的直觉在与我左脑斗争的过程中败下阵来,我真不知道我现在会在哪里,但是肯定不会站在你们面前。

思考问题:
1. 如何解释这一思维现象?对策划创意的影响有何意义?
2. 苹果公司是世界上伟大的产品创意生产公司之一,在这样的公司中工作,需要怎样的人才?

分析总结:
___

___

训练任务4 《创意日记》作业

目标: 每天训练创意思维

内容: 每天将自己遇到或想到的一件创意事情记录下来,20字以上,须配手绘图。

组织形式: 每个人都要有一本《创意日记》,老师每周抽查一次。

要求: 每个人都必须参加撰写创意日记的训练。

训练要点:

创意是可以通过简单的训练培养出来的。很多时候,我们以为我们没有创意,其实是我们没有挖掘内心的想法;我们以为我们做不到用表达呈现头脑中的构思,其实是我们没有坚持训练;我们以为我们做不到用表达抒发心中的情感,其实只要坚持,不久以后的某天,就会发现自己的表达已经很有说服力。

训练体会:
___

___

项目 2　策划创意工作过程

【学做一体作业】策划创意工作过程"游泳训练"任务

校园营销策划节策划创意

任务目标：

展会活动策划是最常见的营销策划类型之一，从最贴近学生的内容和形式开始本项目的实训，能够很好地体现"学生行动能力由低到高、实训内容由简单到复杂"的行动能力导向教学方法，使学生能够很快上手，亲自建构策划创意项目的全程内容。

任务内容：

为本校园开展营销策划节进行策划创意，按照展会的规律，一般集中在三天内完成展会活动，为此展会进行的策划创意则要经过一系列工作过程，如市场调查、主题创意、内容策划、形式策划、招商策划、推广策略等。

任务目的：

按照策划创意的工作过程开展实训。

实训步骤：

学生团队应合理安排公司成员的分工，及时完成工作过程各个环节的工作任务。

成果评价：

任课教师应明确实训任务的完成时间，要求学生团队在提交创意方案的同时进行PPT提案演讲，邀请行业专家共同担任现场评委。

2.1　学习导航篇

1. 知识能力

通过本项目学习，掌握策划创意工作过程 5 个环节的有关内容，把握不同环节的不同要点，掌握开展策划创意工作所需的知识、手段和方法。

2. 方法能力

注意培养承担工作任务的责任感和行动能力，能够运用不同工作环节所需的专业知识和理论工具，懂得如何调动一切有利的资源，出色完成任务。

3. 社会能力

掌握通过分工安排来调动每个成员积极性的能力，掌握团队合作的方法，掌握积极沟通的途径、方法与内容，注意形成个人与社会的协调统一。

4. 学习导航

	基本概念	在营销策划中，创意是核心、发动机，是贯穿营销策划工作的重要内容
策划创意工作过程	策划创意工作过程的5环节	资讯的准备和消化、创意的灵感和修正、策略形成、撰写行动计划、效果预测
	重点内容	【资讯的准备和消化】准备资讯、消化资讯 【创意的灵感和修正】捕捉创意的灵感、进行创意的修正 【策略形成】中国特色的营销策略、形成创意支撑的营销策略内容、在营销组合策略中发挥创意作用 【撰写行动计划】基本原则、主要内容 【效果预测】提升销售业绩、提升市场占比、提升品牌形象
	学习技巧	职业能力的训练技巧 工作对象的学习技巧 模拟公司的组织技巧 项目学习的行动技巧

《导入案例》

第五届国家示范性高职院校建设成果展示会

2012年11月2日，"高等职业教育服务青年成长发展暨第五届国家示范性高职院校建设成果展示会"在山东省潍坊市隆重召开。会议全方位展示《国家中长期教育改革和发展规划纲要（2010年—2020年）》颁布实施两年来我国高职教育战线改革发展取得的丰硕成果。展示会以"创意高职"为主题，意在发现高职院校不一样的价值：一是通过学生的职业发展体现教育对个人成长的价值；二是通过办学特色体现高职教育的类型价值；三是通过社会服务体现助力社会发展的价值。

第五届国家示范性高职院校建设成果展示会策划稿

这届成果展示会与往届最大的不同，就是按照策划创意工作过程，由南宁职业技术学院营销与策划专业09级和10级的学生组成专项策划团队，历时半年，在高职院校校长联席会的领导下，通过项目调研、选址考察、主题创意、会徽设计、活动策划、现场实施等对工作内容进行了全程策划，该学生团队因此获得中华人民共和国教育部颁发的"青春才华奖"。

案例思考：由策划专业学生团队完成该届展示会的全程策划有何意义？

分析提示： 这次展示会是"第五届国家示范性高职院校建设成果展示会"，同时也是"高等职业教育服务青年成长发展展示会"，希望通过展示学生真实的职业行为能力来展示建设成果，这是一个很好的创意，是行为艺术在展会活动中的灵活运用，为此，该展会的主题确定为"创意高职"。

2.2 基础知识篇

2.2.1 策划创意工作过程的环节

在营销策划中，创意是核心、发动机，是贯穿营销策划工作的重要内容。营销策划工作过程，参见图2.1。

营销策划工作过程6步法

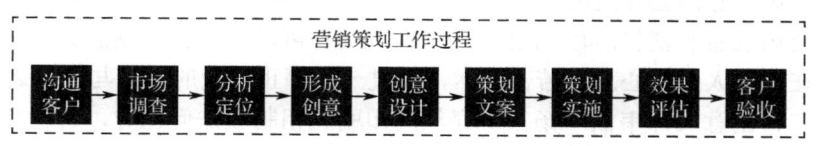

沟通客户 → 市场调查 → 分析定位 → 形成创意 → 策划设计 → 策划文案 → 策划实施 → 效果评估 → 客户验收

图2.1 营销策划工作过程

根据对策划创意工作规律的分析和总结，归纳为5个环节，即资讯的准备和消化、创意的灵感和修正、策略形成、撰写行动计划、效果评估，参见图2.2。本书将按照策划创意工作过程的5个环节来进行知识传授和技能实训。

资讯的准备和消化 → 创意的灵感和修正 → 策略形成 → 撰写行动计划 → 效果预测

图2.2 策划创意工作过程

2.2.2 资讯的准备和消化

1. 准备资讯

一般来说，通过互联网或印刷出版物采集二手资料和通过市场调查采集一手资料的方法来进行资讯准备，相关资讯应该有以下两种类型。

① 特定资讯。这主要是指与营销策划对象（如企业、品牌、产品、活动等项目）相关的资料，如政策法规、行业状况、目标市场、竞争对手等资讯。

② 一般资讯。这类资讯未必都与营销策划对象相关，但一定会对策划创意思维有帮助，至于哪些资讯更有帮助，取决于策划人的判断。

因此，策划人应该对各方面的资讯都关注，而且善于广泛了解各种资讯。创意思维犹如一个万花筒，万花筒内的材料越多，组成的图案就越多，因此，掌握的资讯越多，就越容易产生创意。

2. 消化资讯

资讯收集到一定的程度，就要进行消化资讯的工作。

首先，对所收集的资料进行认真的阅读、理解。这时的阅读不是一般地浏览，而是要认真地阅读，要围绕着项目的目标，带着意图去阅读。对所收集到的全部的资料，包括特定资讯、一般资讯等，以及脑海中过去积累的资讯，逐一综合梳理，进而理解、掌握。

其次，采用策划创意理论工具（参见1.2.3节）进行分析研究。这个阶段，最考验策划人的经验与技巧，要针对不同的情况、不同的对象，采用不同的理论进行分析，最终形成市场需求细分、目标市场特征、市场定位、产品独特卖点、营销目标等结论。

2.2.3 创意的灵感和修正

1. 捕捉创意的灵感

资讯准备和消化阶段的任务完成之后，暂时放开任务，放松自己，选取自己最喜欢的娱乐方式，如打球、听音乐、唱歌、看电影等，总之将精力转向任何能使自己身心放松的方式中，完全顺乎自然地放松。不要以为这是一个毫无意义的过程，实质上，这个过程是转向刺激潜意识灵感的创作过程。

假如在资讯准备和消化阶段确已尽心尽责，几乎可以肯定会有创意灵感的出现。创意灵感往往会在策划人费尽心思、苦苦思索，经过一段停止思索的休息与放松之后出现。

例如，广告创意大师韦伯·扬在研究丝网印刷照相制版法问题时，进行完前一步骤后疲劳至极，睡觉去了。一觉醒来，整个运作中的照相制版方法及设备影像好像映在天花板上，创意出现了。

又如，阿基米德发现不规则庞然大物的重量计算方法，也是极度疲劳时，放开思索，沐浴时，"哗哗"水响触动了他的灵感！

2. 进行创意的修正

这个阶段要对灵感产生的创意进行创新性、逻辑性和可行性推敲，进行细致的修改、补充、锤炼、提高。这个创意修正的过程是至关重要的，因为一个创意的灵感肯定会不够完善、不够全面，所以要运用营销理论反复构思并加以完善。

《阿里无人汽车超市》案例阅读

十几年前，马云说"银行不改变，我们就改变银行"时，大家都说这是痴人做梦，后来，支付宝就诞生了；再后来，马云展示了无人汽车店的视频，几乎所有的4S店都说没有人的服务不会有人买车的，现在，马云的无人汽车超市在南京、上海落户仅3天就成功卖出3万辆汽车，这个惊人的销量，让4S店都震惊了，毕竟有些4S店一年的总销量都没有这么多！

全过程，没有一个导购员、没有一个收银员、没有一个服务员。随心所欲，3天的试驾，如果决定要买车，也只需用手机在天猫商城上下单，支付宝完成付款，再到无人汽车店提车，公开透明！

马云的无人汽车超市的无人售车流程如下。

1. 在线预约

可以直接在手机上选择车型、选择取车门店和取车时间，核对预约信息，支付试驾费用。

2. 到店提车

预约成功后，前往门店，不需要任何其他手续，持有效机动车驾驶证刷脸成功后，机器自动弹出车钥匙。

3. 3天深度试驾

此时就可以将汽车开走，体验长达3天的深度试驾，再决定到底要不要买这款车型。

4. 归还车辆

若不买该款车型，则可以按照归还时间，将车辆还给提车门店。整个试驾过程都有合同进行约束，目前依照合同条目来看，权责划分非常明确。

5. 购买车辆

对于不能全款买车的消费者，只要是芝麻信用750分以上的，在支付宝平台申请贷款时就可以瞬间通过贷款审核。这对于没有多少存款的年轻人来说，10%的首付、支付宝缴月供、直接开走，能用最少的存款先开上车，肯定是非常划算的。这种方式不仅规避了传统4S店手续多、办理周期长的问题，也避免了乱收费现象的出现。

为此，汽车企业纷纷来跟马云谈合作，目前已有奔驰、宝马、奥迪、路虎、别克、英菲尼迪、日产等36家车企加入无人汽车超市项目。

【思考提示】

无人汽车超市针对哪些目标群体？他们对这种超市的要求是什么呢？无人超市没有营业员，但却要保持人性化服务，马云团队着重研究解决了无人汽车超市公共关系和客户关系问题，同学们可以用关系营销理论来进行分析。

同学们还可以进一步思考，类似汽车这样的消费品需要具备哪些主要特征才能在无人超市中销售。奔驰、宝马、奥迪、路虎、英菲尼迪等豪车也加入了无人汽车超市项目，不担心成本和风险吗？今后在什么情况下，无人汽车超市将全面超越传统4S店？同学们可以尝试使用4P理论进行分析。

课堂练习

思考以下问题，并由每个团队派代表到讲台上进行交流演讲。

1. 创意是如何产生的？是与生俱来的，还是后天练就的？是无心偶得的，还是勤奋所赐的？
2. 策划是思维活动还是实践活动？策划创意中最重要的内容应该是什么？
3. 在策划创意活动中，"大胆假设，小心求证"应该怎样理解？

2.2.4 策略形成

1. 中国特色营销的本质

《庄子》中有一段关于"庖丁解牛"故事的文字，文中描述：庖丁给梁惠王表演杀牛，梁惠王看得如痴如醉，仿佛是在欣赏一场艺术表演。庖丁跟别的屠夫不同，不是因为他的技术有多好，而是他用心、用身体、用精神去感受牛的内在价值。他的眼中已经没有全牛，动刀的时候是以一种恰到好处的道和一种自然韵律的美去舞蹈。牛死得没有痛苦，庖丁也踌躇满志、神清气爽，他让这件看起来粗俗鄙陋的技术活，显示出了艺术的美感。

在梁惠王惊叹之余，庖丁向梁惠王介绍了自己把技术工作当成艺术工作的好处，这段介绍中有着非常重要的中国特色营销的核心理念,值得我们好好品味:好的屠夫一年要换一把屠刀,因为他们只知道如何切肉;一般的屠夫一个月要换一把屠刀,因为他们只学会用刀来砍骨头;而我的刀已使用十九年还没换过,因为那骨头的缝隙与我这薄薄的刀片相比已经足够宽了,我看透了牛身体的结构,既没有碰到骨头又没有切肉,刹那间整个牛就被分解完了。

在这里,庄子阐明了一个深刻的道理,无论是看起来多么简单、粗陋的工作,都有其根本的规律,这个规律就是"天道"。对于天道的领悟,不能仅仅依靠知识和技术,而要用心神与自然的和谐之道去体验,这就是所谓的"天人合一",也是一种超脱了技术的艺术。如果要用一个成语来归纳这个道理,就是"君子不器"。

现在我们从"庖丁解牛"的故事中来看营销,营销工作和屠夫工作有类似之处,在中国营销也被认为是低等级的技术活,商业活动被很多人瞧不起,因此高校营销专业也常常得不到足够的重视。其实,没有价值交换就没有营销,没有营销就没有市场,没有市场就没有经济社会的发展,这是一个非常简单的逻辑,"知所先后,则近道矣"。

中国特色营销的核心理念就是不把营销看成低级的推销技术活,而是肩负为人类造福的使命。人类的真正发展是从价值交换开始的,有了价值交换,人类才有了更多的幸福生活。中国特色营销的根本特质与中国优秀传统文化的根本特质是一样的,就是"天人合一"。中国特色营销在价值层面一定要有合乎普世文化的中道,这样在操作层面的技术知识才能被客户尊重和敬佩,客户感受到了营销艺术的价值,那么营销者的工作才能游刃有余、怡然自得。

2. 形成创意支撑的营销策略内容

只有当获得一个很强的创意支撑时,品牌或产品的营销策略才有效。反过来说,营销策略若没有创意做支撑是没有作用的。客户往往只是买我们的创意点子,而不是买我们的产品,如要推销一款健身器材,可以向客户说:"我们应该向妻子展示的是充满肌肉的身体,而不是健身器材",潜台词就是,只有使用我们的健身器材才能让你充满肌肉,这是我们的健身器材独有的技术和创意。

从营销策略内容的6个方面去思考,解决营销策略如何获得创意支撑的问题。

(1)如何达成营销目标

即如何通过创意增加目标消费群的消费黏性、消费频率、转移成本等。

(2)如何影响目标消费者

即如何通过创意影响目标消费群的消费心理、消费行为等习惯,使其尽快转移到本品牌的消费行列中。

(3)如何改变竞争状况

即如何通过创意使我们获得更大的竞争优势。

(4)如何创造新价值

即如何通过创意创造出获得目标消费群认可的新利益、新价值。

(5)如何发现独特的销售主张

即在若干给予目标消费者的利益与价值中,发现哪一点特征可以成为最具独特优势、最震撼、最突出的卖点,进一步提炼为一句广告口号,它就是独特的销售主张。

（6）如何形成品牌印象或格调

即通过创意如何建立目标消费者对品牌的印象，为品牌塑造什么样的格调。

3. 在营销组合策略中发挥创意作用

从营销活动来看，营销策划的任务就是形成营销组合的 4 个策略。

（1）产品策略

① 市场定位创新。要为产品在目标消费者的心智中寻找一个恰当的位置，形成目标消费者"第一提及"的效果，使产品迅速占据市场。如果该产品原来的市场定位未能达到这个效果，更需要通过创意的创新来改变其市场定位。

② 品牌形象创意。遵照既定的市场定位，创智视觉设计，如 Logo、包装、广告等，更容易实现较高的知名度、美誉度，树立消费者心智中的"第一提及"品牌。

③ 产品三层次策略创新。从核心产品、包装产品、延展产品三层次进行创意构思，对产品给消费者的利益、对消费者心理的暗示、售后服务等方面，都应发挥创意作用。

（2）价格策略

① 创新价格策略以调动批发商、中间商的积极性。

② 考虑给代理商以适当数量的抵扣，鼓励其多购。

③ 针对同类竞争产品的价格，改变产品价格使之更具竞争力。

（3）渠道策略

创新营销渠道拓展方式，建立新型的代理模式。

（4）促销策略

① 让促销策略服从创新的品牌形象和产品策略。

② 安排创新促销活动，掌握适当时机，及时、灵活地进行。

《新零售是否终将替代传统零售》案例阅读

对于网购日常快速消费商品，有人会说谁愿意花几天时间等那一点东西呢。大家往往会选择去楼下便利店购买，或者直接叫便利店送到家里。可是你有没有想过，如果网购发货点其实就是楼下一家不起眼的仓库，你还需要去楼下的便利店吗？

一种"简洗洗洁精"新零售模式，据说是线上服务、线下体验、现代物流三者深度融合的全新零售模式，因为在全国各地都设有货仓，所以消费者购买下单、订单确认、发货的速度都会非常快。没有中间的各种环节，消费者直接与厂家沟通，让消费者的需求更准确、更全面地传达给供应者，更重要的是东西好价格却便宜很多，可以最大程度地满足消费者的需求。

由于有了越来越多类似"简洗洗洁精"这样的新零售模式，传统零售实体店的来客数量持续下滑。2018 年中国连锁协会会长裴亮指出：零售实体店首先需要自身变革为流量零售，面对当前来客数量持续下滑的局面，零售店首先必须要解决好门店的流量问题，要通过一些有效的手段吸引顾客，拉新、复购、增强顾客黏性。零售店需要围绕目标顾客的需求，通过各种有效的手段吸引顾客，如零售+餐饮、零售+咖啡、零售+儿童娱乐、零售+书吧等形式。企业所增加的一切新的功能，其目标一定是非常明确的，那就是一切以流量为目标，以目标顾客的需求为目标，所增加的新功能，一定是有利于增强对目标顾客的吸引力，一定有利于增加门店的流量。

【思考提示】

同学们注意体会此案例中，"简洗洗洁精"新零售模式针对传统模式"出拳"的要害在哪里，请用购买决策原则来分析一下。裴亮会长提出变革的关键是"流量零售"，其中涉及客户忠诚度的问题，也可以进一步用相关理论进行分析。互联网新模式为顾客带来什么新的价值呢？是否给"简洗洗洁精"新零售模式带来了关键的资源、渠道、模式的独特竞争价值？面对新零售模式，传统零售店还能不能发展下去，同学们可以通过团队头脑风暴进行分析。

精气神生态营销理论

从营销1.0到营销4.0，经过长期的理论与实践教学研究，本书编者黄尧教授提出"精气神生态营销理论"，并在营销实践和课程教学中取得很好的效果。

"精气神生态营销理论"在中华优秀传统文化的基础上，研究了波特的企业管理价值链，从心理学、符号学、社会学3个维度建立了贯穿营销活动、教学活动和学习活动的3个范式。

——企业品牌营销的精气神3层结构

"精"是形式层，属符号学范畴，以物质满足的可视形式和符号传递品牌价值，如产品外形、包装和广告宣传等形式。"气"是延展层，属社会学范畴，以人性化服务贯彻品牌价值，如物流、售后服务、金融服务等。"神"是核心层，属心理学范畴，以精神满足的价值观形成品牌价值的内核，才能形成独特价值主张，使消费者获得最大的满足。

——教师教学活动的精气神3层结构

"精"是形式层，以营销真实项目为案例；"气"是活动层，以营销实践运动为课程的活动；"神"是文化层，以社会主义核心价值为核心的人才价值观。

——学生学习活动的精气神3层结构

"精"是形式层，以营销真实项目工作过程为学习流程；"气"是活动层，以营销项目实践创新为学习活动；"神"是文化层，以建立社会主义核心价值观为文化。

2.2.5 撰写行动计划

在营销策划中，创意是点子，策略是围绕点子而构思的方案，行动是为了实施策略而需完成的工作，计划则是为了达到营销目标而按照时间进度安排的一系列层层推进、环环相扣的策略内容。

1. 基本原则

（1）求实原则

实事求是是一条基本原则。策划创意必须建立在对事实的真实把握基础上，并根据事实的变化来不断调整策略内容和时机，所以制订行动计划必须依据市场调查所获得的真实数据。

（2）系统原则

在策划创意过程中，应将营销活动视为一个系统工程，按照系统的观点和方法予以谋划统筹。

（3）创新原则

策划创意必须打破传统、刻意求新、别出心裁、突破旧思维，给受众留下深刻而美好的印象。

（4）弹性原则

策划创意方案实施的环境和条件是充满弹性和柔性的，行动计划应留有余地和弹性，才能在实施的时候进退自如。

（5）道德原则

策划创意应符合社会伦理道德，策划人的行为也应该符合职业道德和伦理道德。

（6）心理原则

要运用心理学的一般原理及其应用，正确把握目标消费者心理，按消费者的消费心理偏好和习惯来制定营销策略。

（7）效益原则

创意的目的就是要以较少的费用，去取得最好的营销效果。

2．主要内容

（1）营销目标

营销的行动计划必须有明确的营销目标，一般从提升销售业绩、提高市场占比、提升品牌形象 3 个方面来设计营销目标。

（2）策略安排

不同的时机运用不同的策略，这本身就是一种创意，因此要特别注意按照达成目标的时间点来倒推策略实施的时间安排。

（3）费用预算

没有费用预算就没有计划的可行性，应将总费用、阶段费用、活动费用、媒体费用、物料费用等均应一一列出，并需要标明单价、数量，以此考察费用的合理性。

2.2.6 效果预测

营销策划创意的效果不外乎达成营销目标、超过营销目标和达不到营销目标这 3 种情况，预测时应说明在什么时间能达成什么营销目标。

每次策划所定的目标不一样，企业的性质不一样，市场环境也不一样，因此往往没有办法以一个标准来衡量策划创意的效果，根据营销策划的规律，我们通常只需从提升销售业绩、提高市场占比、提升品牌形象 3 个方面的营销目标来预测效果。

1．提升销售业绩

提升销售业绩的预测是指对未来特定时间某产品的销售目标（销售量或销售额）较基数有多大提升的预测。

为此，首先，要进行销售业绩回顾，主要回顾过去同期销售业绩，但随着时代的变迁，未来销售业绩必然有所变化，故在决定销售目标之前，应将过去同期的销售业绩结合市场环境各种影响综合考虑。其次，要进行市场需求预测，即预测在特定时间目标市场需求变化情况，当判断市场需求存在增长的趋势时，就可以在过去同期销售业绩的基础上提高销售目标。最后，要分析营销策划创意所带来的积极作用，如促销的效果、广告的作用、移动互联网的运用等带来的销售业绩提升。

2. 提高市场占比

市场占比是指市场占有率，所谓市场占有率是指某种产品的销售量或销售额与市场上同类产品的全部销售量或销售额之间的比率。

提高市场占有率的预测是指对未来特定时间某产品的市场占有率较基数有多大提升的预测，通过策划创意在产品策略、价格策略、渠道策略、促销策略等4P组合方面产生市场吸引力，刺激形成消费。

在市场占有率预测中，还要考虑竞争对手和其他产品替代性的影响，因此，除要预测总的市场需求外，还需要预测竞争对手的市场发展趋势和前景，掌握了这些必要的情报、数据，就可以正确地评价竞争对手，清醒地认识到自己在竞争中所处的地位，从而估计竞争形势，准确预测市场占比能否提高。

3. 提升品牌形象

品牌是一个以消费者为中心的概念，没有消费者，就没有品牌。品牌形象的价值体现在品牌与消费者的关系之中。品牌形象的最终目的是谋求与消费者建立长久的、稳定的、强劲的关系，博得他们长期的偏好与忠诚。

提升品牌形象的预测是指对未来特定时间某品牌的形象较初期的形象有多大提升的预测。为此，需要对初期的品牌形象进行评价才能做出未来提升的预测。品牌形象的评价一般涉及以下方面：该品牌是多少消费者的第一提及品牌？有多少消费者忠诚于该品牌？消费者能否清晰地描述出该品牌的个性？消费者对该品牌有什么期望？该品牌和竞争品牌在目标消费者心目中的对比情况如何？

对品牌形象的评价一般需要通过市场调查采集消费者信息，借助营销分析的理论工具和计算机辅助手段从而得出量化评价和感性评价。

2.3 学习方法篇

高等职业院校的教育目标是职业能力还是职业技能？一字之差，却有本质上的不同。前者包含社会能力、方法能力和专业能力，注重在职场和社会上可持续发展的能力；后者只是专业能力和方法能力，也许能够在职场上就业，但是缺乏持续发展的潜力。因此，高等职业教育注重的是职业能力教育，而不仅仅是职业技能培训。

以工作过程系统化方法构建课程就是解决职业能力培养的教学方法。

2.3.1 职业能力的训练方法

同学们要成为一个具备职业能力的策划人，就要在工作岗位上能够完成相应工作任务的工作过程，需要具备三"观"。

（1）具备全局观

① 对整个工作过程熟稔于胸。

② 对机构拥有的资源和个人能够掌握的资源已经深刻领会。
③ 对工作的条件和环境已经进行充分调查分析并熟悉掌握。
④ 对完成工作任务所需要掌握的知识和技能要素已经掌握。

(2) 具备能力观
① 具备能够担当工作责任的能力。
② 能够完成任务目标,实现岗位履职承诺。
③ 具有团队合作精神和善于交流、互相支持的能力。
④ 具有不断学习、不断总结提高的能力。
⑤ 拥有符合岗位职业形象的举止和礼仪。

(3) 具备品质观
① 认可社会道德公约和职业道德规范。
② 希望个人的道德修养能够获得团队、雇用单位和社会的认可。
③ 尊重他人的人格、自由、信仰、学识和能力等。
④ 希望能不断提升职业能力并获得尊重。

2.3.2 工作对象的学习方法

通常情况下,一个工作过程都会有 6 个要素,分别是对象、内容、手段、组织、产品、环境,挑选其中一个就可以拆解整个工作过程。根据营销策划的特点,本书选择"对象"来进行教学项目,解构工作过程,参见图 2.3,再将其重构为教学的要素,掌握这些内容可以帮助同学们学好营销策划创意的技巧。

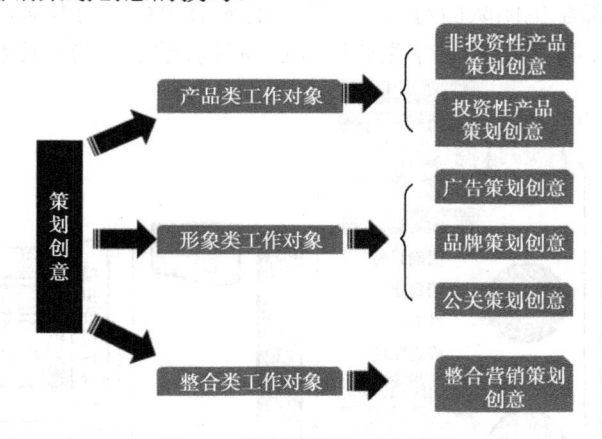

图 2.3 按对象解构工作过程

2.3.3 模拟公司的组织方法

工作过程系统化的课程建设,既需要以"对象"为要素构建按对象分类、按类型并列、完全覆盖职业能力的典型工作过程,又需要投资建设工学一体化仿真学习实训教室、场所。

为完成课程的学习,本课程的学生需分组组成模拟公司团队,构建学习环境,参见图 2.4。

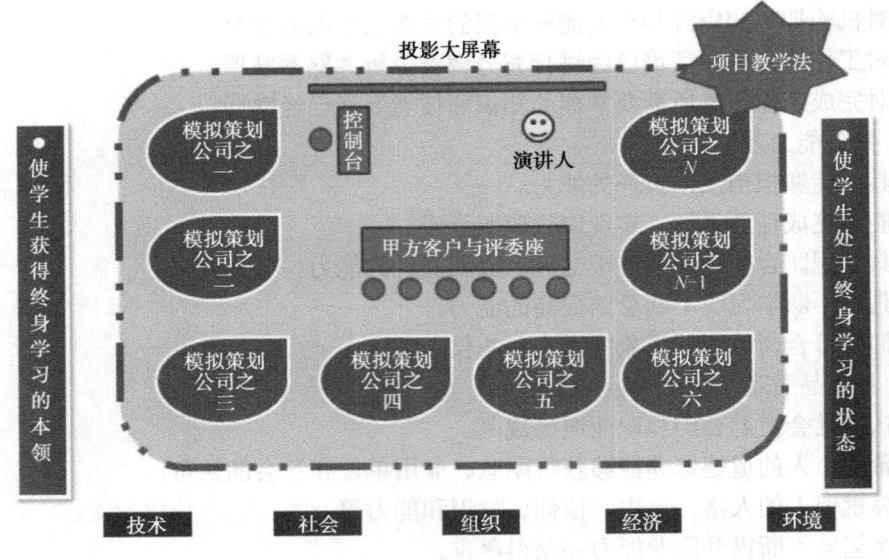

图 2.4 构建学习环境

2.3.4 项目学习的行动方法

为了满足教学规律要求，突出"教学做一体化"的特点，在策划创意课程以工作过程系统化重构的教学情境中，完全按照策划创意工作过程的 5 个环节来安排学生团队的项目作业，即：资讯的准备和消化、创意的灵感和修正、策略形成、撰写行动计划、效果预测。

最后，要组织全部学生团队面对项目委托方的人员和行业的专家，进行现场提案竞标。项目企业、行业专家、授课教师、学生团队等在项目教学法中的地位和作用，参见图 2.5。

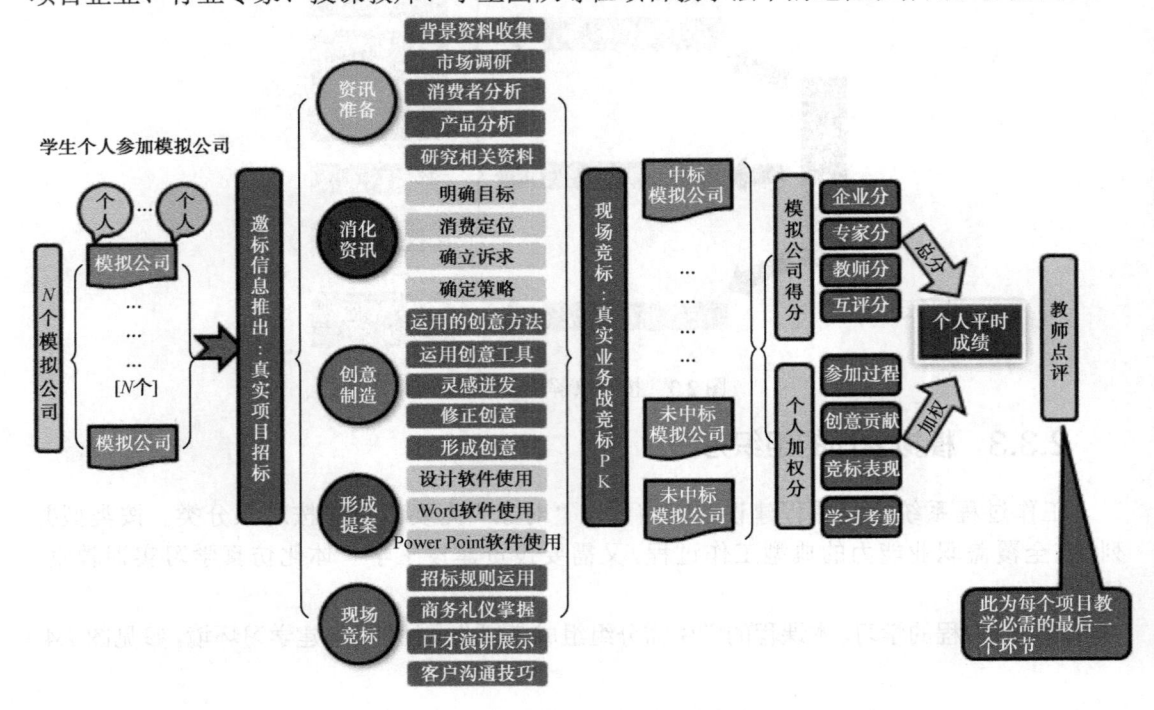

图 2.5 项目教学法人员的组成及作用

2.4 巩固练习篇

一、问答题

1．为什么说采用策划创意理论工具进行分析研究的阶段最考验策划人的经验与技巧？
2．在捕捉创意灵感阶段要完成哪些工作任务？
3．什么是品牌提升策略？
4．从营销策略内容的哪6个方面去思考，可以解决营销策略如何获得创意支撑的问题？

二、判断题

1．在营销策划中，创意是核心、发动机，是贯穿营销策划工作的重要内容。（　　）
2．一般资讯是指与营销策划对象（如企业、品牌、产品、活动等项目）相关的资料，如政策法规、行业状况、目标市场、竞争对手等资讯。（　　）
3．创意修正的任务包括运用技巧和方法激发更多创意。（　　）
4．准备资讯不能采集二手资料，而是采用市场调查的方法来进行。（　　）

三、多选题

1．营销策划的任务就是形成4个策略（　　）。
A．产品策略
B．广告策略
C．价格策略
D．公关策略
E．渠道策略
F．促销策略

2．撰写行动计划的7条基本原则（　　）。
A．求实、系统、创新、弹性、道德、心理、效益
B．求实、系统、逻辑、弹性、道德、心理、效益
C．获利、系统、创新、弹性、道德、心理、效益
D．求实、系统、创新、弹性、可行、心理、效益

四、单选题

1．心理试验已经表明，_____是人类获得更高层次需求满足的前提。通俗地说，就是"你给人们什么样包装的瓶子，瓶子里装的就是什么样的水"。
A．顾客认知价值　　　　　　B．价值认同感
C．高档的包装　　　　　　　D．高级的服务

2．人们内心对高层次价值需求期待获得满足，当他发现外界事物存在_____的对象时，他的内心会加强这一价值，并不断产生共鸣和提升这一价值体验，使自己的心理获得欣慰的满足感，此时往往会忽视其他因素的存在，正如广告歌词中唱到："我的眼中只有你"。
A．价值认同　　　　　　　　B．高层次价值
C．追求　　　　　　　　　　D．欲求

3. 计划是以一个工作任务为目标，_____创新、创意，依照经验和习惯，对工作流程、时间流程进行人力、财力、物力的配置。
   A．不讲究   B．讲究
   C．抛开   D．追求
4. 策划的目标是拥有忠诚客户，提高_____，从而提升业绩、提高市场占比。
   A．产品质量   B．广告效果
   C．客户黏性   D．促销效率
5. 营销策划要善于调查分析消费需求，分析"受众有什么需求没有被满足"和"那些需求是否可以满足"；要善于运用_____、马斯洛需求层次理论来描述目标消费群的基本特征和需求特征，阐述产品如何满足需求、如何占据"第一提及"位置。
   A．4P 理论   B．STP 理论
   C．4C 理论   D．4R 理论
6. 形成策划创意之前要进行企业资源和市场资源的调查分析，运用_____、波特五力模型、波士顿矩阵、竞争理论来分析我们和对手的营销资源，指出我们的独特优势资源，并围绕如何满足目标消费群需求来形成独特的销售主张 USP。
   A．SWOT 理论   B．STP 理论
   C．5W2H 理论   D．PEST 理论
7. 在营销策划中，创意是核心、发动机，是贯穿营销策划工作的重要内容。营销策划工作过程见下图：_____。

   沟通客户 → 市场调查 → 分析定位 → 形成创意 → ? → 策划文案 → 策划实施 → 效果评估 → 客户验收

   A．制作模型   B．试制产品   C．创意设计   D．论证创意
8. 策划创意工作过程见下图：_____。

   资讯的准备和消化 → ? → 策略形成 → 撰写行动计划 → 效果预测

   A．头脑风暴   B．创意设计
   C．创意的灵感和修正   D．市场分析
9. 在资讯准备阶段，要完成两类资讯的准备：_____、一般资讯采集。
   A．特定资讯   B．产品资讯   C．对手资讯   D．企业咨询
10. 进行创意的修正，是对灵感创意进行创新性、_____、可行性推敲。
   A．必要性   B．颠覆性   C．逻辑性   D．前瞻性
11. 有时仅仅是认知上的改变，就可以产生效果无穷的创意。有时候只是用不同的眼光看一个旧东西，_____改变了，东西就成了新的。
   A．受众   B．对象   C．需求   D．视角
12. 在消化资讯阶段，最终形成市场需求细分、_____、市场定位、产品独特卖点、营销目标等结论。
   A．目标市场特征   B．细分市场特征
   C．目标市场   D．细分市场

13. 迁移原理认为创意是一种迁移。所谓迁移，就是用观察此事物的办法去观察彼事物，也就是_____去观察同一个现象，即采取移动视角的办法来分析问题，通过视角的迁移，人们可以很简单地创造出众多新鲜的、交叉的、融合的、异化的、裂变的、创新的事物来。

　　A．用不同的思想　　　　　　　　B．用不同的逻辑
　　C．用不同的眼光　　　　　　　　D．用不同的头脑

14. 创意有时候只是"_____"，只要换一种方式去理解，换一个角度去观察，换一个环境去应用，一个新的创意就产生了，这就是创意的变通原理。

　　A．概念的一扭　　　　　　　　　B．对象的改变
　　C．产品的改变　　　　　　　　　D．市场的改变

15. 在自然界，元素通过组合可以形成各种各样的新物质，因此，策划的创意也可产生于元素组合，即策划人可以通过研究_____而获取新的创意，这就是创意的组合原理。

　　A．各种元素的组合　　　　　　　B．各种优势的组合
　　C．各种要素的组合　　　　　　　D．各种特点的组合

2.5　训练总结篇

训练任务1　《如何安排策划创意的工作过程和内容》30分钟创意实务训练

目标：30分钟

内容：老师可指定某个大家熟悉的产品，将为其设计广告口号作为创意任务，要求各模拟公司讨论如何安排成员们的工作过程和内容。

组织形式：请各模拟公司学习小组按照以下流程完成练习。

（1）用5分钟讨论创意任务的目标是什么。
（2）用5分钟讨论每个人的特长是什么。
（3）用10分钟研究每一个工作环节的工作内容和工作量。
（4）用5分钟将工作过程中的每个环节名称、内容和成员分工写下来。
（5）老师随机挑选部分团队上来分享。

要求：每个模拟公司学习小组的成员都必须参与练习。

训练要点：掌握策划创意的工作过程及其内容。

训练任务2　《农产品中的"网红"》案例作业

　　以往，不少国人去日本旅游都要买很多东西，不仅有马桶盖、电饭锅、照相机，甚至还要千里迢迢背回几袋越光米。"大家再也不用到日本去背大米了，因为完全不逊色于日本新潟县、更适合国人口感的优质越光米已经落户在了鸭绿江口。"辽宁省东港市委书记姜陈告诉《中国经济周刊》。

参考答案：2-2

　　越光米稻种对种植环境要求苛刻，亩产仅为一般优质米的2/3，再加上完全有机的种植方式和极其严格的品质控制，使东港大米的成本要比一般大米高出很多。怎样才能销售出去呢？

日前，东港市与京东集团共同发起的越光米稻田认养项目上线京东众筹。为什么会采取这么"时髦"的方式，姜陈解释道：以往消费者只能被动消费，生产者生产什么样的产品就购买什么，而对生产过程，特别是品质把控毫不了解。生产者风险也很高，辛辛苦苦生产，最终可能无人问津。众筹认养是'互联网+农业'的新模式，可以让认养者参与到水稻实际的生产过程中，监督管理者的管理行为。同时，通过电商平台众筹，也可以让更多人认知'东港大米'品牌。"

据姜陈介绍，东港大米还首次利用虚拟现实 VR 技术解决农产品质量安全追溯难题。运营团队会利用虚拟现实 VR 技术进行认养追溯，再结合无人机实景传输、720 度全景拍摄、农事信息直播、可视化追溯体系等技术手段，从农业投入品、标准化生产、农标中心检测、源头可追溯等多环节入手，便于认养者随时了解稻田情况。

实际上，农业众筹项目非常受欢迎。2018 年 3 月，网易味央全民养猪众筹 56 小时便突破 1 000 万元，最终募集 1 919 万元。5 月，袁隆平的"袁米"上线众筹，15 天众筹金额突破 2 000 万元。

姜陈表示，东港大米、东港草莓、东港梭子蟹、东港大黄蚬、东港杂色蛤等农产品很早就成了国家级的地标性产品，但是，由于过去没有进行品牌化和产业化运作，并未发挥出品牌应有的价值，互联网和电商无疑为东港的品牌宣传打开了一道大门。

京东生鲜事业部运营总监告诉《中国经济周刊》，2016 年年底，京东与东港就签订了战略合作协议，首轮打造的"东港草莓"品牌取得了非常好的成绩。东港草莓在京东的售价是每 500 克 30 多元，超过北京市场平均每 500 克 15 元的价格。但由于品质口感非常好，上线之后迅速成为了网红热销品。

东港草莓在京东大卖，使得县域农产品上行的"东港模式"得到市场的认可，也取得实打实的商业回报。据《中国经济周刊》记者了解，东港草莓不仅销售价格提升了 30%，而且 80%通过网络实现销售。目前，东港草莓种植面积达 19 万亩[①]，产量 47 万吨，产值 49 亿元。

【案例作业】

1. 农产品上行应该如何定位才能成功？请用马斯洛需求理论为东港大米定位。
2. 东港大米的在农产品上行中有竞争力吗？请用产品三层次理论分析。
3. 东港草莓利用京东电商平台产生了很好的效果，请用移动互联整合营销策划创意理论给予建议。
4. 通过众筹打造"东港大米"品牌有什么好处？请用策划创意工作过程模型简要分析。

作业总结：

_____

_____

[①] 1 亩=$\frac{1}{15}$ 公顷=$\frac{10\,000}{15}$ 平方米≈666.7 平方米

训练任务 3 《大明山 4A 景区营销策划》思考分析

2013 年,广西南宁奥理可赢企业管理咨询公司中标国家 4A 级景区——广西大明山景区的旅游品牌策划项目,企业专家历时 8 个月与南宁职业技术学院师生一起,组成了 28 个市场调查小组,完成了准备资讯和消化资讯的市场调查与分析工作。相关工作包括:

1. 景区资料收集。通过资料复印、实景拍照收集景区与品牌营销相关的印刷品、宣传品和广告资料;召开中层以上管理人员座谈会,集中听取信息反馈;单独访问 16 名中层以上管理人员,收集有关资讯和意见建议。

2. 消费者问卷调查。在广西省南宁市 10 所高校和 8 个大商圈共发放 5 600 份问卷。

3. 消费者焦点座谈会。召开了 4 场,每场有 10 人参加。与会者身份包括学生、教师、公务员、国企职员、外企职员、私企职员、个体老板、私企领导、公职领导等,按照一定名额比例随机抽选参会。

4. 消费者深度访谈。同样按照一定名额比例随机抽选了 80 人接受访谈。

5. 现场专家座谈会。邀请多位来自北京、深圳的旅游行业资深专家对大明山景区进行实地考察后,就大明山旅游品牌的定位、开发及产品体系设计等进行了座谈。

6. 清华大学专家研讨会。联络清华大学紫荆养生俱乐部,由其组织在紫光大厦就大明山养生旅游项目进行了研讨和招商路演,与会的有清华大学养生研究院、浙江清华长三角研究院、清华深圳研究院、中国医药大学、北京大学养生文化研究中心、全国市长研修学院、江西证券、北京金城投资公司、中国旅游报、天道茶缘、陈氏太极传人、吴氏太极传人、梁漱溟嫡孙等著名机构和专家。

经过大量的工作,广西大明山旅游品牌策划创意工作取得了突出的成绩,通过了广西省有关政府部门的验收,形成了品牌定位、广告口号等一系列过硬的策划创意结论。

思考问题:
如何才能获得大明山 4A 景区营销策划的调查数据和过硬的策划创意结论?

思考总结:

参考答案: 2-3

训练任务 4 《"就酱紫烤吧"七字诀创意过程》案例作业

很久以前就听到很多人在口口相传城里的一家特色烧烤,名字叫"就酱紫烤吧",都说生意最好,味道非常棒。我想名字那么有创意,想必生意也一定很有创意。

特意去吃了一次,果然是人挤人,装修很豪华,一个烧烤店装修成这样还真是不多见。它的菜品非常少,就几个肉串加几个素菜、烤鱼之类,充其量也就是十多个品种,基本上就是一串一串的烧烤。更关键的是它的主菜非常便宜,比人家摆地摊的还便宜。

于是,席间我很好奇地跟老板聊了起来,我问老板:"你这么豪华的店,怎么可以卖这么少的菜还这么便宜,我在其他地方也见到过你们家的分店,现在很多人都说你们味道很

参考答案: 2-4

棒，生意非常好，今天我是特意来吃的。"

老板干练地说："其实我们马上就开第二十个分店了。"

老板得意而自信地说："你看，我们在'专注、极致、口碑、快'方面都做好了，是不是很像小米的七字诀呀？"

【案例作业】

1. "就酱紫烤吧"的策划创意体现在哪里？请用 STP 理论进行说明。

2. 这个烧烤店在市场竞争具有怎样的优势？请用"消费者购买行为理论"为店老板做出更进一步的策划。

作业总结：

项目3　创意思维训练

【学做一体作业】创意思维训练"游泳训练"任务

邦迪创可贴平面广告策划

任务目标：

平面广告是最常见的营销策划创意作品，因其直观性而对产品有极好的推销作用。本实训从平面广告的创意入手，便于学生理解创意思维的作用和创意形成的规律。

任务内容：

曾经红极一时的电视连续剧《士兵突击》中男主角许三多，同学们可在网上自行搜索观看。许三多在训练中难免磕磕碰碰受伤，创可贴正好可以利用这个吸引眼球的人物形象来做广告。

请以模拟公司为团队，通过观看电视剧后了解许三多的性格特征，创意并设计出一套5张系列的邦迪创可贴平面广告作品。

任务要求：

完成STP和USP等市场分析，确定广告主题、广告词和广告口号等广告概念，运用计算机设计制作完成一套5张系列的邦迪创可贴平面广告作品。

实训步骤：

学生团队应逐个环节完成了解产品、了解影视角色、市场分析、创意概念和设计作品等工作。

成果评价：

一周内完成实训任务，要求学生团队在提交平面作品的同时提交分析报告，进行PPT提案演讲，邀请广告专家共同担任现场评委。

3.1 学习导航篇

1. 知识能力
通过本项目学习，理解创意思维的基本概念和特点，掌握要素、方法和途径。

2. 方法能力
掌握训练的类型和训练的重点，掌握创意的技巧并加以熟练运用。

3. 社会能力
掌握个人头脑风暴法和团队头脑风暴法的组合运用方法，掌握积极沟通的途径、方法与内容。

4. 学习导航

创意思维训练	基本概念	创意思维是突破常规、不落俗套、与众不同的思维活动，只有对事物本质及其内在联系获得新的解释并创造出前所未有的思维成果，才能称为创意思维
	训练方法	【想象与联想】针对图形的想象、针对图形的联想、针对概念的联想、针对概念的想象 【标新立异与独创性】平面图形突破2D、概念突破传统定势 【广度与深度】广度思维、深度思维 【流畅性与敏捷性】流畅性思维、敏捷性思维 【求同与求异】求同思维、求异思维、求同与求异思维组合 【侧向与逆向】侧向思维、逆向思维 【超前】大胆假设，小心求证 【灵感】观察分析、启发联想、激情冲动、判断推理、沉淀思绪、捕获灵感 【诱导】选什么题材、从什么角度选、反映什么风格、展现什么情感、构思整理完整
	训练技巧	【求异】创新就是求异 【捕获】潜意识需要有意的"唤醒" 【关联】将对象与自身的经验、体验、已知关联起来 【活跃】让脑神经充分活跃起来，让灵感出现 【头脑风暴】无限制的自由联想和讨论 【信息交合】信息交合后产生新的信息 【强制联想】杂志联想、列表法、焦点法 【扑克牌创意】能够随机组合形成新创意

《导入案例》

"白纸创意"突破思维

美国著名的广告策划人乔治·路易斯，因其广告创意才华被誉为影响美国十年的创意大师，他讲过自己刚开始学习创意时的一个故事。

老师布置考试题，要求他们在18厘米×24厘米的纸上以长方形为基准做设计。他立刻想到一个好点子，整堂课两个小时就双手抱胸，双眼盯着自己的画纸。考试快结束的时候，老师在他背后催他快点动手，而他只是在最后几秒钟的时候，在画纸右下角签下自己的名字。老师非常生气，给了他不及格。但他坚持认为自己表现了一个最好的创意：一张18厘米×24厘米的白纸本身就是长方形最终极的设计形式，而这种形式也因他的大胆行为而被强化。虽然他被老师淘汰了，但是此后他在市场和业界并没有被淘汰，在美国哥伦比亚广播公司担任了很长时间的广告策划人，为大众甲壳虫汽车等创作出效果非凡的广告，这正是他坚持"白纸创意"理念的成就。

突破常规，不落俗套，与众不同，这些正是创意思维最显著的特征！

案例思考：为什么路易斯的老师无法接受他的创意？如何让别人接受你的创意？

分析提示：

我们要用一个创意来说服别人的时候，必须依靠创意的逻辑性，路易斯的老师之所以无法接受他的创意，正是因为他没有说一句话，但路易斯经过这个事情反而学会了今后在创作广告作品的时候如何说服广告受众。

3.2 基础知识篇

3.2.1 创意思维的基本概念

1. 创意思维的定义

创意思维是突破常规、不落俗套、与众不同的思维，只有对事物本质及其内在联系获得新的解释并创造出前所未有的思维成果，才能称为创意思维。创意思维是有针对性地根据信息的特征和规律进行创意构思，是一个先认识后创新的过程，只有如此，才能准确把握创意的效果。

创意思维给人带来新的具有社会意义的成果，是一个人智力高度发展的产物。创意思维与创造性活动相关联，是多种思维活动的统一。创意思维是普遍存在的，任何人都离不开它，只是谁更善于掌握、更善于发挥其作用而已。

因此，灵感无定式，每个人都会有；创意无公式，却有规律可循。创意必定来源于策划人的创意思维训练。通过训练培养发散思维的灵感创意和培养归纳思维的修正创意，使策划人能够具备出色的营销策划创意能力。

一个合格的策划人应该坚信这样的理念：无论问题是困难还是容易，都能依靠我的创意思维来解决。

2. 创意思维的特点

一个优秀的创意思维应该具备以下特点。

① 推动信息有效传递，无阻碍。
② 创造性提炼出易懂好记的语言、图形等符号。
③ 对营销的问题有出众的解决能力。
④ 改变人们习惯和看法的出众力量和速度。
⑤ 衍生于哲学、艺术、心理、社会、政治、历史、地理等，并非仅仅是"流行的火花"。
⑥ 具有天然的激情和充沛的动力。
⑦ 突破传统思维的大胆构思，参见图3.1。

喜剧营销创意理论

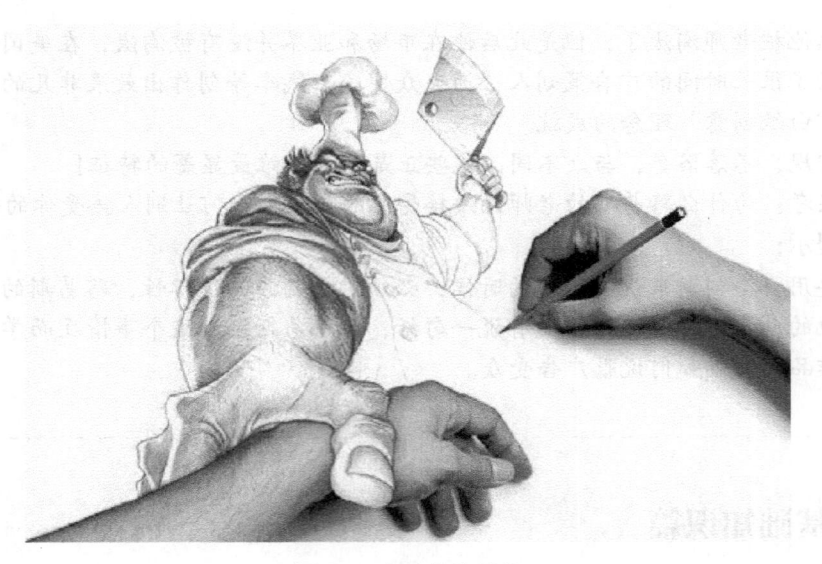

图 3.1 突破传统思维

3. 创意思维的分类

① 按思维内容的属性，可分为形象思维、抽象思维。
② 按思维过程的指向，可分为发散思维（即求异思维、逆向思维、想象思维、广度思维等）、聚合思维（即求同思维、联想思维、归纳思维、深度思维等）。
③ 按思维意识的深浅，可分为显意识思维、潜意识思维。

3.2.2 创意思维的训练

1. 想象与联想思维训练

在创意思维中想象与联想是最自然、最原始的类型，每个人天生都有这种思维的能力，因此，创意思维首先从想象与联想思维的训练入手。

（1）针对图形的想象

想象是基于大脑记忆的信息，经过修改、增删、异化等，获得与原来的信息既有逻辑关联，又完全不同于原来信息的新对象。

图形想象是形象思维的主要形式，也是学生开始接触创意思维训练时，最有趣、最容易理解的方式。

人们最初的图形想象是看到某个视觉对象而想到另一个事物，如孩子们经常会惊讶地发现白云像羊羔、石头像狮子、树干像人脸等，参见图3.2。

图 3.2 图形的想象

更进一步的图形想象则是由视觉触及的对象与周围环境关联组合成的图形想到另一个事物，这种环境与视觉对象的转化形成的视觉选择性，在现代视觉科学中被称为图地反转（视觉对象图形与周围环境背景的反转），是更高阶的图形想象。

最早研究图地反转的是丹麦心理学家鲁宾，他画出了著名的"鲁宾杯"图形。在一个长方形的画面中间画着一只白色的杯子，当你注视杯子的时候，黑色的部分就成了背景；当你注视杯子左右的黑色部分时，白色的杯子就成了背景，则会发现是相对的两个人像侧脸。随着视觉的转换，杯和人的侧面像相互交替出现，形成特殊的画面，参见图3.3。有人将它创意成广告作品，参见图3.4。

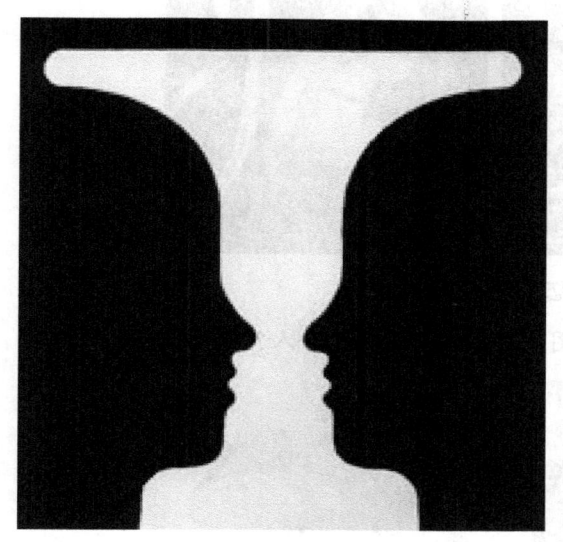

图 3.3　著名的鲁宾杯　　　　图 3.4　广告作品

图地反转变化的理论强调人们的感觉不是孤立存在的，而是受到周围环境的影响。因此，使用这个方法进行训练，有助于丰富我们的图形想象力。

在标志、平面广告等设计中，运用图地反转设计作品会获得意想不到的效果，参见图3.5。

图 3.5　天使基金 Logo

课堂练习

1. 运用图地反转法,在图3.6的两幅图中您看到了什么?

图3.6 您看到了什么

2. 运用图地反转法,在图3.7的两幅图中您分别能数出几个人?

图3.7 您能数出几个人

(2)针对图形的联想

联想是由此及彼的思维衍生,其思维的逻辑是此对象与大脑记忆中的彼内容因为具有某种关联性而产生新的思维对象,由此可以无限地衍生下去,可见联想思维的爆发、裂变能力极其强大。

图形联想的训练方法是先针对某图形,触发联想的神经,无拘无束地发散思维;后针对某概念,舒展联想的翅膀,自由自在地挥动思维,参见图3.8。

(3)针对概念的联想

概念与图形的联想只是对象不同而已,思维的逻辑路径是一样的,是通过赋予一系列概念之间微妙的逻辑关系,从而展开联想而获得新的概念的思维过程。但由于概念联想比较抽象,在未经训练的情况下许多人往往会停留在图形联想层面。例如,提到"速度"这个概念,人们往往会联想到呼啸的飞机、奔驰的列车、下落的重物等画面,经过训练的人们则会进一步产生"飞速""闪光""坠落""爆炸""粉碎"等一系列概念联想,这些联想引导我们去体验许多只可意会不可言传的概念。

针对概念的联想对创意思维的帮助是非常大的,是灵感创意至关重要的手段,我们通常采用"思维导图"的方法进行训练,参见图3.9。

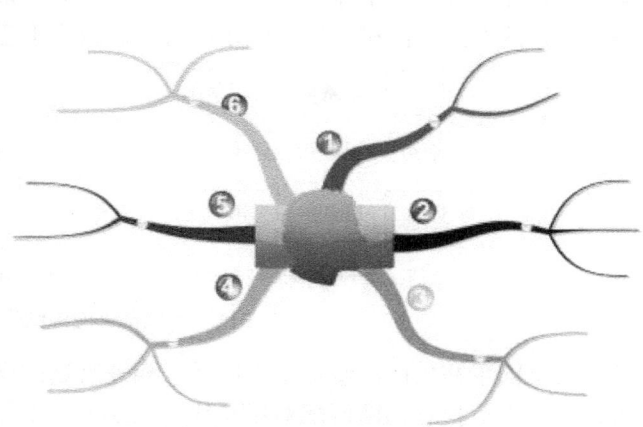

图3.8 从一头驴和一个修士联想到一个老头　　　图3.9 思维导图模型

思维导图俗称脑图,我们可以依据图 3.9 思维导图模型来练习制作思维导图。首先,以某个概念为出发点,写在一张空白 A4 纸的中央;然后,在它的周围画五六个甚至更多圆圈,一般按照相对的思维方向在圆圈里填上第一级联想的概念,然后根据逻辑发展让大脑自然地衍生出下一级概念,以此类推,画满整张纸。这种自由联想式的概念辐射就可以帮助你把自己头脑中的概念无限衍生出一张无比巨大的思维"蜘蛛网",参见图3.10。

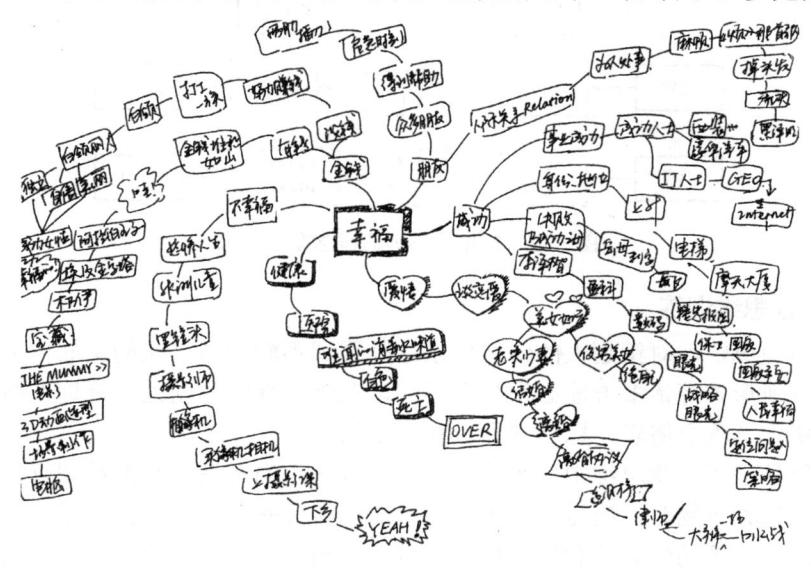

图3.10 "幸福"概念的思维导图

(4) 针对概念的想象

我们经常有这样的体会，某个创意产生了令人惊讶、拍案叫绝的想象效果，是因为它将两个表面看似毫无联系的概念，经过若干次联想的逻辑转折后，最终联系在一起。这种针对某个概念得到出乎意料的另一个概念的想象思维能力，是创意思维能够创造"喜剧效果"的重要特征。

为了提高这种创意思维能力，可以经常进行两种脑操训练。

第一种，随机写出一个概念词，心中默念 3 个以上联想思维的逻辑转折后，再写出另一个概念词，这个最终的概念词看似越不可能、越出乎意料则越成功，参见图 3.11。

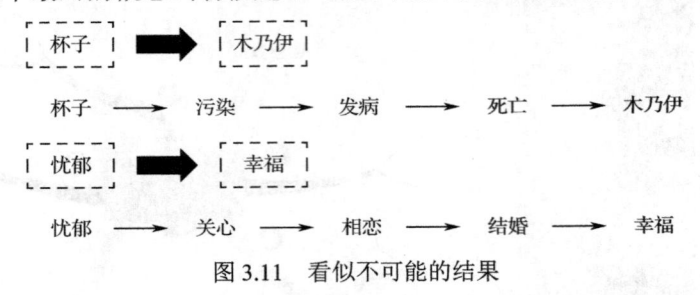

杯子 → 木乃伊

杯子 → 污染 → 发病 → 死亡 → 木乃伊

忧郁 → 幸福

忧郁 → 关心 → 相恋 → 结婚 → 幸福

图 3.11　看似不可能的结果

第二种，随手写出两组看似毫无联系、相差甚远的概念词，再写出 3 个联想思维的逻辑转折概念，然后把它们两两配对用画线连接起来，参见图 3.12。

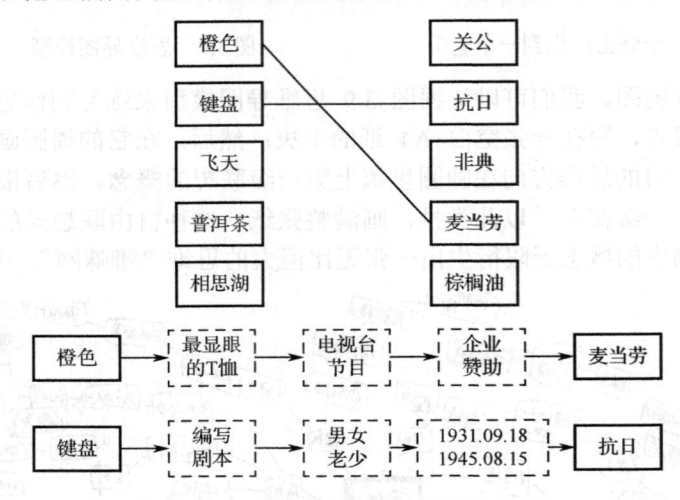

橙色　　关公
键盘　　抗日
飞天　　非典
普洱茶　麦当劳
相思湖　棕榈油

橙色 → 最显眼的T恤 → 电视台节目 → 企业赞助 → 麦当劳

键盘 → 编写剧本 → 男女老少 → 1931.09.18　1945.08.15 → 抗日

图 3.12　把相差甚远的概念联系起来

2．独创性思维训练

在策划的领域中，对策划人的创意要求总是强调不断创新，在创意的风格、内涵、主题、概念、表现形式等诸多方面必须与众不同，充满个性和独创性。策划人终身的追求就是不安于现状，不落于俗套、标新立异、独辟蹊径。

标新立异是策划创意思维中一个非常独特的方法，当策划人在市场调查阶段看到、听到、接触到信息和事物时，应尽可能地让自己的思绪突破限制、向外拓展，让思维超越常规，务必提出与众不同的看法和新的思路，赋予其最新的概念和内涵，使策划创意的成果从外在形式到内在意境都表现出策划人独特的营销主张和传播效果。

独创性思维的训练从突破图形的视觉习惯入手，进而在概念上训练突破传统思维定势，不顺从既定的思路，采取灵活多变的思维战术，多方位、跳跃式地从一个思维基点跳到另一个思维基点，参见图 3.13。

图 3.13　我们看到的是门还是墙

我们进一步训练如何在概念上突破传统思维定势。例如，按照广告宣传中的传统思维定势，消极的画面和故事是不利于品牌形象传播的。离婚对于家庭来说绝不是开心的事情，但美国福特汽车公司却利用这个消极的事情制作了一则 30 秒的新款车型广告，获得巨大成功。

在广告中，一辆福特 Freestyle 汽车行驶在风景如画的田野中，车内爸爸、妈妈和孩子们有说有笑。黄昏时，他们在海边嬉戏，俨然一个幸福家庭。但紧接着，汽车缓缓驶入一个住宅小区，爸爸下车拥抱孩子，对前妻说："谢谢你邀请我共度周末。"当爸爸挥手目送汽车驶远之时，画外音响起："敢作敢为，每天都在发生。"

美国离婚者众多，许多孩子不与双亲住在一起，但罕有厂家利用这一事实吸引消费者。福特公司此举可谓标新立异，利用突破常规的手法呼吁父母不要因婚姻状况而忽视孩子对亲情的渴望，这段温情广告是"直抵人心柔弱处"的优秀创意广告，能够打动消费者也是必然的事。

课堂练习

南宁 CBD 的地王大厦 50 层是观光层，要修建一个公共洗手间。请各模拟公司进行头脑风暴，15 分钟后，派一个代表上台讲解他们标新立异的方案。

"取长补长"理论

木桶理论是传统的"取长补短"理论，它指追求大而全的企业、个人和团队建设，终究会发现忙于"补短"却永远追不上别人"长"的快速进步。本书编者黄尧教授根据"反木桶理论"提出"取长补长"理论：无论是品牌、产品、个人、团队在市场的竞争中，很多时候并不取决于整体实力，而是脱颖而出的特长，也就是我们反复强调的独特价值主张，也可以称为独特特长、独特卖点！"取长补长"理论的关键是分析自己的最"长"特质，不断吸取其他对手、其他资源或其他研究对象的同类长处，以他们的长处增加我们的长处，使我们的长处更长，最终使我们"站在巨人的肩膀上"而快速成为第一。

3. 广度与深度思维训练

（1）广度思维训练

思维广度是指要善于全面地看待问题。这是指思维横向联系的范围。假设将问题置于一个立体空间之内，可以围绕问题多角度、多途径、多层次、跨学科地进行全方位研究，因而有人称为"立体思维"。

创意思维的广度表现在主题、概念、取材、形式、组合等各个方面的广泛性上，广阔的宏观世界、神秘的微观世界、东方与西方的文化交流、传统理念与现代意识的融合等，都是进行创意所要涉及的广度内容。

策划创意不仅要依靠营销策划的知识来指导，还需要其他学科诸多方面的支持。如进行广告策划创意时，策划师不仅要有商业素养，还需要有美学、心理学、色彩艺术、符号艺术、社会历史、文化地理等多方面的知识，这表明营销策划创意更需要多进行思维的广度训练。

思维广度可以按照"逆向思维—减法思维—纵向思维—横向思维"的思维路径进行训练，如以主题为"明天上午如何吃早餐"进行训练，参见图3.14。

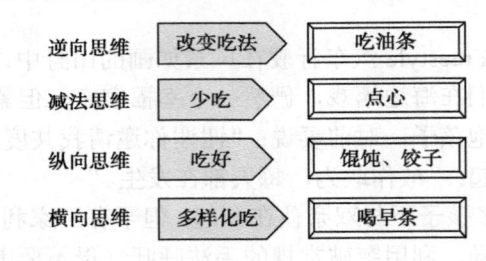

逆向思维	改变吃法	吃油条
减法思维	少吃	点心
纵向思维	吃好	馄饨、饺子
横向思维	多样化吃	喝早茶

图 3.14　广度思维训练

（2）深度思维训练

思维深度是指考虑问题时，要透过表面现象深入到事物的内部，抓住问题的关键、核心（事物的本质）来进行由远到近、由表及里、层层递进、步步深入的思考；要善于客观、辩证地看问题，不要被事物的个别现象迷惑。

具有一定思想深度的创意构思，才能让受众回味无穷并产生共鸣，体味其中的魅力。一般来说，如果创意具有较高的思想性、较深的文化内涵和较好的表现力，那么就说明创意的思维具有一定的深度。

思维深度可以按照"榨汁思维—剥皮思维—提炼思维—化学思维"的分解步骤，自我挑选主题进行训练，如仍以主题"明天上午如何吃早餐"进行训练，参见图3.15。

4. 流畅性与敏捷性思维训练

（1）流畅性思维训练

思维的流畅性是指思维对外界刺激词做出反应的速度。

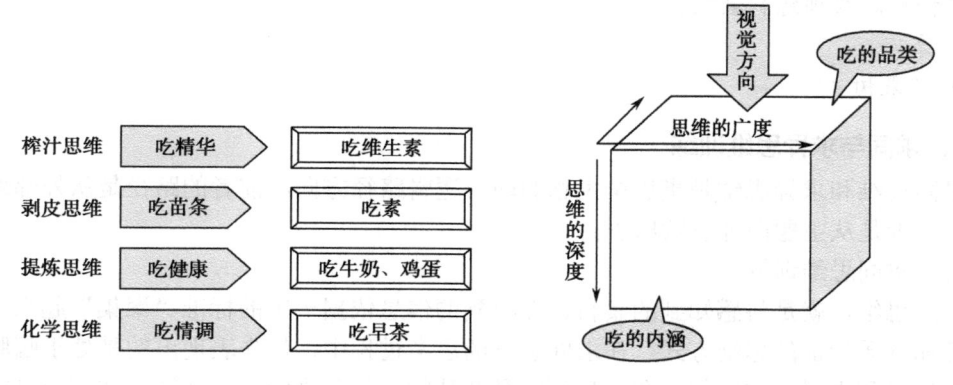

图 3.15 深度思维训练

我们常说某人的思维流畅，就是指他遇到问题时，总能迅速找到上策、中策、下策等不同层次、不同效果的多种解决方法。不同的人思维的流畅性是有区别的，面对同样一个问题，有的人久久想不出解决的办法，有的人则能迅速想出十几种乃至几百种处理方法。

思维的流畅性是可以通过训练来提高的，而且有较大的发展潜力。具体做法是确定思维主题后，将此主题词作为思维刺激词，由浅入深、由低到高，在短时间内迅速将涌现出的想法一一记载下来，要求数量多，想法好。

有关统计分析发现，受过这种训练的学生与没有受过训练的学生相比，思维的流畅性大大提高，思维也更加活跃。

（2）敏捷性思维训练

思维的敏捷性通常是指在很短的时间内向外"发射"出来的想法数量多少。

我们常说某人的思维敏捷，是指在很短的时间内就能有很多种解决的方法。据科研人员测定，人的思维神经脉冲沿着神经纤维运行，其速度大约为 250 千米/小时，说明只要是人类，脑神经的敏捷性是可以令人瞠目结舌的。常用的训练方法是进行"个人头脑风暴"训练，就是不允许头脑做深入的分析和思考，只要求大脑以极快的速度对事物做出反应，想出点子，快速激发新颖独特的构思。

课堂练习

下面将先后出现两个刺激词，请分别在 3 分钟内写出 5 次向深度快速构思的内容，要求具有新颖、独特性，举例参见图 3.16。

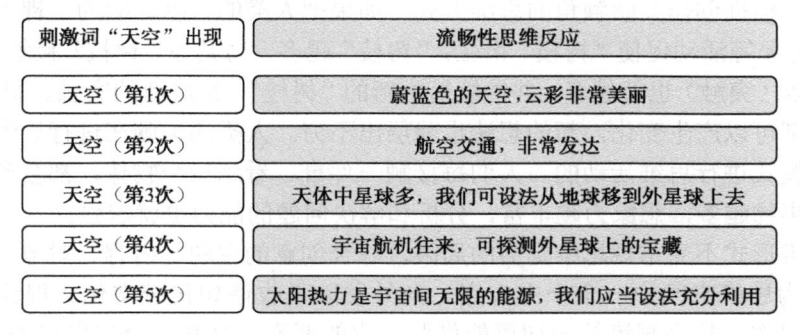

图 3.16 "天空"的 5 次联想

流畅性思维训练刺激词：
- 寒冷
- 芒果树

5. 求同与求异思维训练

求同思维和求异思维是指思维主题的两个逻辑路径方向，前者的路径是从外部聚合到主题，后者是从主题向外发散出去。

（1）求同思维训练

求同思维，就是将感知到的素材、搜集到的信息依据一定的标准"聚集"起来，探求其共性和本质特征的思维方式。在求同思维的思考过程中，最先表现出的是处于朦胧状态的各种信息和素材，这些信息和素材可能是杂乱的、无秩序的，其特征也并不明显突出，但随着思维活动的不断深入，主题思路渐渐清晰明确，各个素材或信息的共性逐渐显现出来，成为彼此相互依存、相互联系且具有共同特征的要素，焦点也逐渐地聚集于这些共性的中心，使思维的目标逐渐地清晰明确起来，最终找到问题的答案。

课堂练习

参见图 3.17 找出首脑会晤和创可贴之间的共同特征，为邦迪创可贴创意一句广告语。

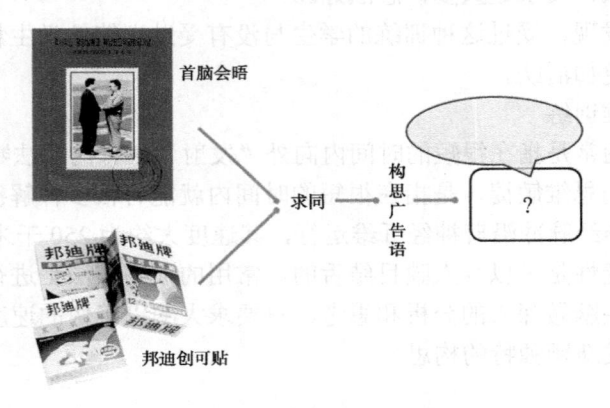

图 3.17 利用求同思维法创意广告口号

（2）求异思维训练

求异思维，是从思维的中心点向外追求尽量相异的构思和想法，辐射发散，产生多方向、多角度的捕捉创作灵感触角的思维方式。如果把人类的大脑比喻为一棵大树，人的思维、感受、想象等活动促使"树枝"衍生，"树枝"越多，与其他"树枝"接触的机会越多，产生的交叉点（突触）也就越多，并继续衍生新的"树枝"，结成新的突触。如此循环往复，每一个突触都可以产生变化，新的想法也就层出不穷。人类的大脑在进行思维活动时，就是依照这种模式进行思维活动的。人们每接触一件事、看到一个物体，都会产生印象和记忆，接触的事物越多，想象力越丰富，分析和解决问题的能力也就越强。

这种思维形式不受常规思维定势的局限，综合创意的主题、内容、对象等多方面的因素，以此作为思维空间中一个个中心点，向外发散吸收诸如传统文化、现代文化、艺术风格、民族习俗、社会潮流等一切可能借鉴吸收的要素，将其综合在自己的创意思维中。

因此，求异思维作为推动创意思维向深度和广度发展的重要方式，是创意思维的重要形式之一。

求异思维与联想思维的发散形式类似，但不同的是，联想思维是沿着逻辑路径联想下一个构思或想法，求异思维则是追求下一级的构思或想法与之前的尽量相异，这样求异的效果会更好。例如，以关于地球为主题分别进行求同和求异思维的训练，参见图3.18。

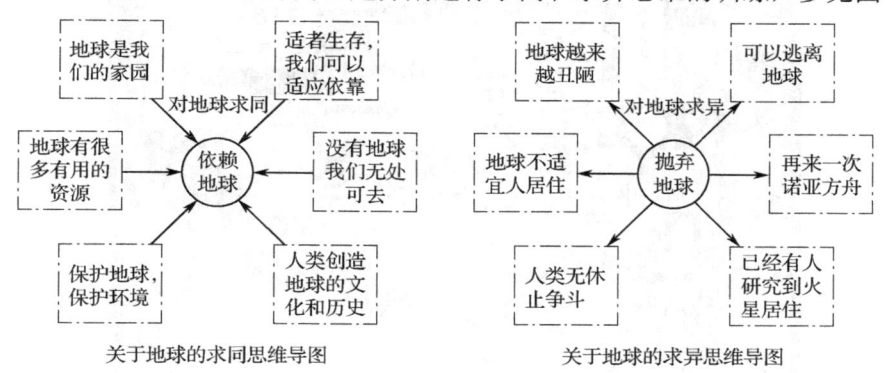

关于地球的求同思维导图　　　关于地球的求异思维导图

图 3.18　关于地球求同与求异的思维导图

（3）求异与求同思维组合训练

求同思维与求异思维是创意思维过程中相辅相成的两个方面。在创意思维的过程中，先求异后求同。首先，以求异思维去广泛搜集素材，自由联想，寻找创作灵感和创作契机，为创意创造多种条件，然后，再运用求同思维对所得素材进行筛选、归纳、概括、判断等，从而产生新的创意和结论。

这个过程也不是一次就能够完成的，往往要经过多次反复，求异—求同—再求异—再求同，求异与求同二者相互联系，相互渗透，相互转化，从而产生新的认识和发现新的创意思路。

《百万格子的创意传奇》案例阅读

百万格子的创意传奇

在我们今天生活的这个世界上，草根的崛起竟如此简单，一个异想天开的创意就足以创造一个奇迹。英国21岁青年亚历克斯一筹莫展，新学期的大学生活就要开始了，母亲宣布无法为他支付高昂的学费，他要么贷款，等毕业后在15年或20年内还清，要么自己挣学费。

他需要另想办法。坐在计算机前，他的手无意识地拨弄着鼠标。忽然，他的眼睛睁大，一个念头闪电般钻入脑海深处，亚历克斯随之激动不已！10分钟后，亚历克斯建起一个个人网页，将首页均匀地划分为一万个格子，他突发的奇想就是卖掉这些格子。他马上给每个格子定好了价格，100美元。他自信地给崭新的网页标注了名称——百万首页。亚历克斯声明，购买者可以在这些格子中随意放上任何东西，包括自己网站的Logo、名字，或者特意设计的图片链接等。

结果好得超出了亚历克斯的想象，不到两个月，已经有4 281个格子有了归属，亚历克斯进账42.8万美元。不到4个月，亚历克斯已经获得了90.71万美元的收入。一个几乎是零成本的网页在经过亚历克斯的创意后,变成了价值高达百万美元的网页。

在中国也有人学着做百万格子,而且也取得不错的业绩,参见图3.19。

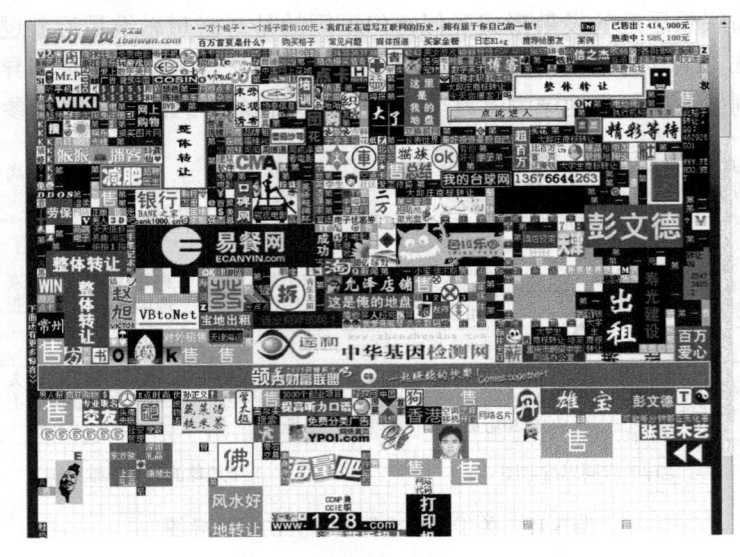

图 3.19　中国的百万格子网站

将亚历克斯爱干的事情"玩计算机"和想干的事情"挣钱"求异,分别发散形成思维导图,然后,在两者之间求同找到交点:既可以玩计算机又可以挣钱,最具共同特征的要素是"建网站为客户打广告",参见图3.20。所以,亚历克斯最终决定把网页分割成小小的方块适应不同的客户挑选并承担其广告费用,百万格子创业成功了。

图 3.20　求异与求同组合思维分析百万格子创意

6. 侧向与逆向思维训练

(1) 侧向思维训练

在日常生活中常见人们在思考问题时"左思右想",说话时"旁敲侧击",这就是侧向思维的形式之一。在创意思维中,如果只是顺着某一思路思考,往往找不到最佳的感觉而始终不能进入最好的创意状态。这时可以让思维从侧面寻找出路,有时能得到意外的收获,从而促成创意思维的成功。这种情况在策划创意中非常普遍。

作为策划人,要把写好的创意文案放进抽屉里,隔天再推敲,会发现更多需要修改、润色的地方。在推敲创意的时候,一定要兼顾"创意效果好还是坏"及"卖点正确还是错误"两个标准,缺一不可。

(2)逆向思维训练

逆向思维是对司空见惯的、似乎已成定论的事物或观点反过来思考的一种思维方式,敢于"反其道而思之",让思维朝对立面的方向发展,从问题的相反面深入地进行探索,树立新思想,创立新形象。思维的主要特点是当大家都朝着一个固定的思维方向思考问题时,而你却独自朝相反的方向思索。

人们习惯于沿着事物发展的正方向去思考问题并寻求解决办法。其实,从结论往回推,以终为始,倒过来思考,从求解回到已知条件,会得到许多意想不到的创意和解决办法,往往会使问题的解决简单化。

《逆向思维创造奇迹》案例阅读

1. 当初设计洗衣机脱水缸时,为了解决颤抖和噪声问题,设计师想了很多办法,先加粗转轴,无效后加硬转轴,仍然无效。最后逆向思维用软轴代替了硬轴,才成功解决了颤抖和噪声两大世界难题。转轴是软的,用手轻轻一推脱水缸就东倒西歪,可是脱水缸高速旋转时,却非常平稳,脱水效果很好,这是利用了高速惯性平衡的原理。

2. 时装店的人不小心将一条高档毛呢裙烧了一个洞,卖不出去了。店长逆向思维,突发奇想,干脆找高级裁缝在小洞的周围又挖了许多小洞,并且精心修饰了一番,将其命名为"凤尾裙"。后来不仅"凤尾裙"供不应求,时装店也出了名。

3. 小强看到"SEO 改变命运"的网络营销广告,学了一个月没有改变命运。老师又推荐他学建 App 网站,小强又开始学开发 App 小程序,学会了也没发现有什么用。老师告诉他,你为别人建一个 App 网站可以赚 1 000 元到 20 000 元,于是小强开了个淘宝店,明码标价地做起了建 App 网站服务,一年挣 10 万元到 20 万元,比上班强多了。

小明也学会了开发 App 小程序,他想,要是到公司应聘始终挣不了多少钱,更何况比我厉害的大神多得很,怎么办?他想起了他哥哥开理发店一直想建 App 网站却不愿花钱。他逆向思维灵机一动,一个城市少说也有 100 个理发师,每天理发美发的流水很大,我可以免费提供 App 网站,从线上订单的流水中提成 20%。结果,小明一年的收入超过了 100 万元。

7. 超前思维训练

超前思维是人类特有的思维形式,是人们根据客观事物的发展规律,在综合现实世界提供的多方面信息的基础上,对客观事物和人们的实践活动的发展趋势、未来图景及其实现的基本过程进行预测、推断和构想的一种思维方式。它能指导人们调整当前的认识和行为,并积极地开拓未来。

在策划创意过程中,超前思维训练也是非常重要的。但是,超前并不是没有根据的超前，超前思维也不是幻想，是经过"大胆假设、小心求证"后构思的未来。美国的莱特兄弟努力观察研究，终于发明了虽然简单但能够飞上天的第一架飞机；法国科幻小说家德勒·凡尔纳在他的科幻小说《海底两万里》中描述出当时还没有出现的潜水艇、导弹，后来都成为现实。这些超前思维都实实在在地影响了世界。

8. 灵感思维训练

在策划创意过程中，人们潜藏于心灵深处的想法突然闪现出来，或因某种偶然因素激发突然有所领悟，达到认识上的飞跃，或者各种新概念、新形象、新思路、新发现突然而至，犹如进入"山穷水尽疑无路，柳暗花明又一村"的境地，这就是灵感的显现。灵感的出现是思维过程中必然性与偶然性的统一，是智力达到一个新层次的标志。

灵感的出现虽然有着许多偶然的因素，但我们能够努力创造出现条件，也就是说要有意识地让灵感更多地涌现出来，这就需要按照灵感的活动规律来训练灵感思维。

首先，灵感的突发性其实是以思考的持续性为前提的，"得之在俄顷，积之在平日"，我们要训练善于观察、勤于思考的能力，为产生灵感提供前提条件。

其次，要学会及时准确地捕捉住转瞬即逝的灵感火花，不放弃任何有用的、可取的闪光点，哪怕只是一个小小的火星也要牢牢地抓住，这颗小小的火星很可能就是足以燎原的智慧火花。具体来说，灵感思维的训练可以按照如下步骤进行。

① 观察分析。有目的、有选择地去分析所要了解的目标。
② 启发联想。从已经熟悉的事物或知识入手，展开联想。
③ 激情冲动。投入激情，调动全身心的巨大潜力去创造性地思考问题。
④ 判定推理。对于新发现或新产生的结果做逻辑分析和判定。
⑤ 沉淀思绪。暂时放下思考工作，做些别的事情，让灵感慢慢"发酵"。
⑥ 捕获灵感。保持对思考目标的敏感性，随时捉住灵感的火花。

课堂练习

看着在白纸上画的一个符号"*"，你会想到什么？用1分钟时间快速写下头脑中迸发出来的其他灵感。每个模拟公司请写的最多的同学上台交流。

9. 诱导思维训练

在策划创意过程中需要创意具体的概念、主题、口号、广告等，此时可借助创意诱导流程来完成创意。创意诱导步骤如下。

第一步：选择什么题材？

可从下列内容中选择其一：

古今中外、民间艺术、自然景观、科学技术等。

第二步：从什么角度选？

可从下列角度中选择其一：

思想意识、科学技术、宗教信仰、民俗礼仪等。

第三步：反映什么风格？

可从下列内容中选择其一：

古典、现代、乡村、幽雅、浪漫、自然、前卫、奇特、梦幻、乡俗、田园等。

第四步：表达什么情感？

可从下列内容中选择其一：

热情、亲情、开朗、欢乐、孝心、豪放、奔涌、忧郁、悲伤、痛苦、自豪等。

第五步：根据以上四个步骤中的要素，构思完整的创意作品。

《三菱小轿车 30 秒视频广告》案例阅读

三菱小轿车在我国台湾地区做的 30 秒视频广告非常感人，影响很大，获得了当年台湾地区评选的最佳视频广告。这个视频广告是怎样完成创意策划的呢？我们尝试用"诱导思维"的模型来复原视频创意人头脑中的构思流程图，使同学们理解这种思维方法。

第一步，选择什么题材？选"现代生活"，将女主角创意为成功白领。

第二步，从什么角度选择题材？选"民俗礼仪"，该款车的销售目标市场为大众市民，因此创意为老百姓的生活题材。

第三步，反映什么风格？选"田园乡村"，田园风光最能创意出温暖的感觉。

第四步，表达什么情感？选"感恩、孝心"，孝心最能打动人，为此创意出汽车和自行车的巨大反差带来的感恩、孝心。

三菱小轿车 30 秒视频广告

3.3 训练方法篇

经研究发现，创意思维其实是有规律和方法的，这些规律和方法就是进行创意思维训练的重点。

3.3.1 求异创意的训练

创新就是求异，创意思维是一种求异思维，尤其是在创意活动的初期，这种特点更为明显。人们在创意的过程中，特别关注事物之间的差异性与独特个性，特别关注现象与本质、形式与内容之间的差异。这种对司空见惯和权威性结论的怀疑，正是创意思维的基础。

3.3.2 捕获创意的训练

潜意识也称为创意思维的潜在性，往往表现为一种不自觉的、条件反射的、没有进入意识领域的思维。这种潜意识需要有意的"唤醒"才能成为显意识，所以具有暂时性。

这种暂时性表现为一个人脑中的素材，其中任何一个素材都有可能出现，如果被忽略，一闪即逝，那么就是暂时的；如果被唤醒并捕获，就会长久存在脑海中。

因此，创意思维要重视对潜意识的唤醒和捕获训练，熟能生巧，形成好习惯，我们的创意能力自然而然就能达到一定的境界。外人无法捕获的潜意识你却可以，此时的你更像天才了不是吗？

3.3.3 关联创意的训练

创意思维需要以极其敏锐的洞察力去观察和分析对象，不断将对象与自身的经验、体验、已知事物关联起来，予以逻辑思考，科学地把握事物之间的关联性，分析相似性和特异性，使思维的结果既有创新又符合事物发展的逻辑。此时的创意思维就能够满足创新性、逻辑性和可行性的基本要求，是创意的优良萌芽。

顺藤摸瓜产品
创意法动画片

3.3.4 活跃思维的训练

创意的经验告诉我们，灵感往往是创意成功的关键，这是一种综合性的突发现象，是在创意思维与其他心理因素的协同活动中表露出的。灵感闪现既是思维变化的过程，也是思维变化的结果，所以不少人甚至把灵感的产生视为创意。

所以要让脑神经充分活跃起来，让灵感出现。活跃思维训练是创意思维训练的重点。

《广告公司的视频广告》案例阅读

一位创意人员去一家广告公司应聘创意总监的职位，他坐在前厅等候老板的接见。突然，他的鼻子很痒，非常想打喷嚏，出于礼貌，他用双手遮住鼻子打喷嚏。没想到，打完喷嚏他的手上沾上了鼻涕，还未等他擦干净，广告公司的老板出来了，并快速向他走来还伸出了右手去握他的手。应聘者急中生智，没有去握老板伸过来的手，而是张开双臂和老板拥抱以示友好。然后，电视屏幕中出现了广告公司的Logo和广告词。原来这是一段广告公司自身的视频广告。

广告公司为自己做广告是最困难的，因为若不能为自己做出更有创意的广告，客户就不会相信你为他做的广告有创意。在这段广告视频中，这个创意总监的机灵和应变能力令人印象深刻，从而牢牢记住了这家广告公司的创意，并认可该公司的创意能力。

3.3.5 头脑风暴的训练

头脑风暴是指无限制的自由联想和讨论，其目的在于激发新创意、新点子、新设想的产生。由"头脑风暴"一词可想而知，允许自由联想、想象到无边无际的程度。这种由个人或集体的头脑通过自由想象、联想形成的知识互补、思维共振、相互激发、思路开拓等风暴，是最常用的创意思维方法。

当头脑风暴激发了足够的创意点子后，将进入最终的筛选分析环节，找出最佳创意。

头脑风暴的原则：
- 禁止批评的原则；
- 自由无约束的原则；

- 追求创意数量的原则；
- 创意接力的原则。

3.3.6 信息交合创意的训练

信息交合法是一种在信息交合中进行创意的思维方法。

首先，把创意对象的特征信息进行分解。

其次，把创意对象的用途信息分别列出。

最后，把创意对象的特征及用途两种信息用 XY 坐标画出，X 为效用，Y 为特征，构成"信息反应场"，XY 坐标轴上的信息交合后产生新的信息交点，这些交点就是新的创意，参见图 3.21。

如图所示，Z1、Z2、Z3、Z4 为新的信息，即新的创意。

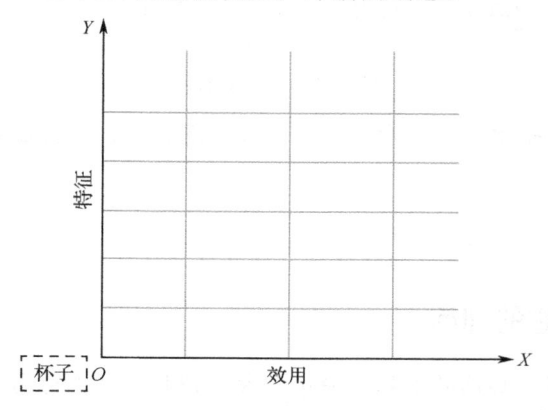

图 3.21 信息反应场

《杯子的新概念创意》案例阅读

运用信息交合法，采用 3 个步骤做出新创意。

第一步，画出中心点及 XY 坐标轴。

创意的对象是什么，思考的问题是什么，以此为中心点，并据此画出 XY 轴。

例如，要创意一种新的杯子，那么，"杯子"就是中心点。

第二步，画出 XY 刻度线。

根据"中心"的需要，确定画出多少条横坐标线、多少条纵坐标线。

例如，"杯子"是创意对象，根据杯子的特征信息可在 Y（特征）轴上画出 5 条横线：分别代表"木头""陶瓷""金属""玻璃""塑料"5 个材料特征；根据杯子的效用信息可在 X（效用）轴上画出 3 条竖线：分别代表"盛液体""插花""装饰品"用途信息。这样，我们在 XY 轴之间就得到了 15 个信息交合点，参见图 3.22。

第三步，创意。

根据 15 个信息交合点，发挥想象和联想的创意思维，写出创意点子。

例如，木头与盛液体相交合，就产生出"桃木茶具"的点子，用越南桃木做一套茶具，既可以观赏把玩，又可以喝茶保健。按照这个办法，还可以得到金属电热杯、搪瓷保温杯、塑料磁疗杯、塑料旅游杯、家庭摆设用的观赏杯、装饰杯及与其他学科相交合产生出二十四节气杯、四季星图杯、银行储蓄利率杯、体育竞赛杯、珠算口诀杯等创意点子。

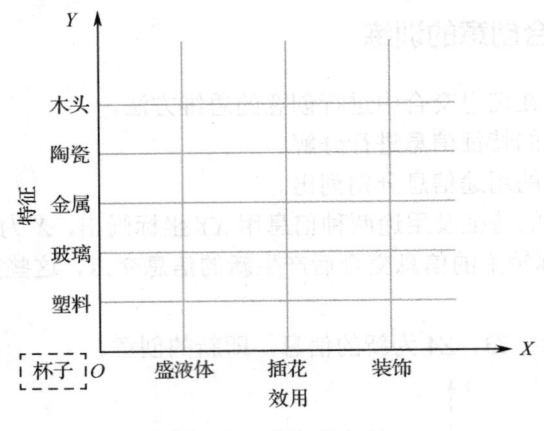

图 3.22　信息交合点

我们在这些创意点子中，进一步进行创新性、逻辑性、可行性的分析，就可以筛选出最佳创意构思。

3.3.7　强制联想的训练

强制联想就是采用一些辅助工具强迫策划人展开联想，充分激发大脑的联想力，从而产生创意。

强制联想的具体方法有杂志联想、列表联想、焦点联想等。

1. 杂志联想

这种方法比较简单，只需准备两本杂志，打开其中一本杂志随意挑选其中某句话，然后再从另一本杂志中挑选某句话，将它们合二为一，强迫我们借助这个结果启发联想，收获意外的创意。

2. 列表法

事先将所有想到的构思依次用表格列出来，然后任意选择两个组合，从中获得独创性的联想结果，即为创意。

3. 焦点法

这是列表法的改进，首先将某个构思写在纸上，然后将所有其他想到的构思写在另一张纸上，这就意味着在两个构思组合的时候，只可选一个，另一个却是指定的。

3.3.8　扑克牌创意的训练

扑克牌的好处是能够随机组合，所以可以作为一种很好的创意训练方式。

第一步，准备。

准备三副扑克牌，并在每张扑克牌的正面写上一个要求，具体内容如下。

项目3 创意思维训练

- 把它颠倒过来
- 把颜色变换一下
- 使它更大
- 使它更小
- 使它更长
- 使它闪动
- 使它更短
- 使它可以看到
- 使它超出一般情况
- 使它发萤光
- 把它放进文字里
- 使它沉重
- 把它插进音乐里
- 结合文字、音乐和图画
- 不要图画
- 使它成为年轻型的
- 不要文字
- 使它成为壮年型的
- 把它分割开
- 使它重复
- 保守地说
- 使它变成立体
- 夸张地说
- 使它变成平面
- 当替代品卖
- 变换它的形态
- 发现新用途
- 只变更一部分
- 减掉它
- 使它成为一组
- 撕开它
- 为捐献或义卖而销售
- 鼓励它
- 使它显而易见
- 机动化
- 把要素重新配置
- 电气化
- 降低调子
- 使它活动
- 提高调子
- 使它相反
- 使它罗曼蒂克
- 改用另一种形式表现
- 增添怀旧的诉求
- 使它的速度加快
- 使它看起来流行
- 使它缓慢下来
- 使它看起来像未来派
- 使它飞行
- 使它成为某种物品的部分代替
- 使它浮起
- 使它更强壮
- 使它滚转
- 使它更耐久
- 把它切成片状
- 运用象征
- 使它成为粉状
- 它是写实派
- 运用新艺术形式
- 使它凝缩
- 变换摄影技巧
- 使它弯曲
- 变换为图解方式
- 使它成对
- 使它变更形式
- 使它倾斜
- 用图画说明你的故事
- 使它悬浮半空中
- 使用新广告媒体
- 使它垂直站立
- 创造新广告媒体
- 把它由里向外翻转
- 使它更强烈
- 把它向旁边转
- 使它更冷
- 摇动它
- 增加香味
- 把它遮蔽起来

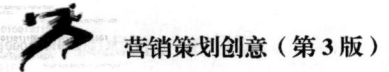

- 变换气味
- 使它对称
- 对它除臭
- 使它不对称
- 使它展示儿童诉求
- 把它隔开
- 将它向男士诉求
- 使它与其他的相敌对
- 将它向妇女诉求
- 使它锐利
- 价钱更低
- 变更它的外形
- 抬高价格
- 要它绕一周
- 变更成分
- 把它框起来
- 增加新成分
- 把它卷成一团
- 拧搓它
- 把它填满
- 使它透明
- 把它弄成空的
- 使它不透明
- 把它打开
- 用不同背景
- 把它拼错
- 用不同环境
- 给它起绰号
- 使它富有魅力
- 把它封印起来
- 使用视觉效果
- 把它转移过来
- 使用另外的物料
- 把它捆绑起来
- 增加人的趣味
- 把它集中起来
- 变更密度
- 把它推开
- 置于不同的货柜
- 使它凝固起来
- 使密度增加
- 使它溶化
- 小型化
- 使成凝胶状
- 增加至最大限度
- 使它软化
- 使它硬化
- 使它轻便
- 使蒸发变为汽化
- 使它可以折叠
- 加上抑扬顿挫
- 趋向偏激
- 使它更狭窄
- 如夏天炎热
- 使它更宽广
- 如冬天寒冷
- 使它更滑稽
- 拟人化
- 使它成为被讽刺的
- 使它更暗
- 用简短的文案
- 使它发光
- 用冗长的文案
- 使它灼热
- 发现第二种用途
- 使它更有营养
- 使它合成在一起
- 把它倒进瓶中
- 把它当做用具来卖
- 把它倒进罐中
- 使它清净
- 把它放进盒中
- 把它倒进壶中
- 把它倒进缸中
- 把它弄直
- 把它缠起来
- 提升声誉
- 免费提供

- 使它成为交替的
- 变换包装
- 以成本价出售
- 提供特价

第二步：洗牌。随意抽取 5 张牌来组成一种新的创意。
第二步：将 5 张牌按牌面数字由小到大排列。
第三步：围绕创意对象和创意目标，依据每张牌上写的点子，逐个进行创新构思。
第四步：用逻辑将这些创新构思联系起来，形成创意方案。
第五步：构思创意主题及广告口号。

3.4　巩固练习篇

一、问答题

1．什么是创意思维？
2．为什么说想象是基于大脑记忆的信息？
3．灵感思维的训练可以按照哪些步骤进行？
4．创意诱导训练应该有哪五步？

二、判断题

1．一个优秀的创意思维应该创造性地提炼出易懂好记的语言、图形符号等。（　　）
2．创意按思维过程的指向，可分为：发散思维（即求异思维、逆向思维、想象思维、广度思维等）、聚合思维（即求同思维、联想思维、归纳思维、深度思维等）。（　　）
3．联想是由此及彼的思维衍生，可以无限地衍生下去。（　　）
4．"旁敲侧击"就是侧向思维。（　　）

三、多选题

1．头脑风暴的 4 项原则是（　　）。
A．禁止批评的原则
B．认真研究的原则
C．自由无约束的原则
D．追求创意数量的原则
E．追求最好的原则
F．创意接力的原则

2．创意思维训练的重点是（　　）。
A．求异、捕获、关联、活跃、直觉、A 律
B．求异、捕获、关联、活跃、直觉、T 律
C．求异、捕获、关联、活跃、直觉、O 律
D．求异、捕获、关联、活跃、直觉、P 律

四、单选题

1．语言是意义的载体，也是_____的载体。新语言可能来源于新概念的发生，也可能是旧语言的应用发生变化，语言本身也可以带来更多的改变。
A．内容
B．信息
C．概念
D．文化

2. 所有的_____都可以传递信息，语言只是其中之一。当了解清楚新语言所隐含的新创意之后，就会注意到，一切颜色、线条、声音及符号，都是创意的来源。
   A．符号　　　　　　　　　　B．物质
   C．人　　　　　　　　　　　D．物体

3. 行为源于想法的推动，没有想法就没有行为的动力，很多时候创意并不需要对观念进行颠覆，只需要一点_____来推动行为的更新。
   A．新的观念　　　　　　　　B．新的想法
   C．新的行动　　　　　　　　D．新的动机

4. 修正创意是不断_____，不断分析，试图发现创新思维结果的过程。
   A．改变创意　　　　　　　　B．积累知识、信息
   C．修改思路　　　　　　　　D．苦思冥想

5. 营销策划创意与市场环境、产品资源、执行条件密切相关，这与绘画、书写等艺术创意不同，因此在营销策划创意的工作过程中，修正创意与灵感创意相比_____。
   A．更不重要　　　　　　　　B．同样重要
   C．更重要　　　　　　　　　D．无足轻重

6. 意大利经济学家帕累托提出"二八"法则：80%的收入来源于20%的_____；公司里20%的资源完成80%的业绩；20%的强势品牌占据着80%的市场……
   A．运气　　　　　　　　　　B．偶然
   C．客户　　　　　　　　　　D．竞争对手

7. CIS的英文全称是Corporation Identity System，中文译为"企业识别系统"。识别是通过符号来实现的，"识别系统"实际上就是"_____"。
   A．企业符号系统　　　　　　B．符号识别系统
   C．识别企业系统　　　　　　D．识别符号系统

8. STP理论目的是通过细分市场找到营销效率最高的那些目标市场，并为产品在目标消费者心智中争取一个有利的定位。STP即S——市场细分；T——目标市场；P——_____。
   A．市场占比　　　　　　　　B．产品差异
   C．市场定位　　　　　　　　D．产品定位

9. USP理论要求每一个广告都必须向消费者提出一个"独特的销售主张"，包括3个方面：一是要创意一个主张，即向消费者提出一个购买本产品将得到明确利益的主张；二是这一主张一定是该品牌独有的，是竞争品牌不能提出或不曾提出的；三是这一主张必须具有_____，能够吸引、打动目标消费者，刺激他们购买产品。
   A．震撼力、穿透力　　　　　B．优惠力度
   C．独特功效　　　　　　　　D．视觉冲击

10. 消费需求导向的4C理论强调企业应该把满足消费者需求放在第一位，即：①消费者的需求与欲望——Consumer；②消费者愿意付出的成本——Cost；③消费者购买商品的便利——Convenience；④沟通——Communication：忘掉_____，正确词汇应该是"沟通"。
    A．推销　　　　　　　　　　B．促销
    C．营销　　　　　　　　　　D．直销

11．一个优秀的创意思维应该具备以下特点：①推动信息有效传递，无阻碍；②创造性提炼出易懂好记的语言、图形等_____；③对营销问题有出众解决能力；④改变人们习惯和看法的出众力量和速度；⑤衍生于哲学、艺术、心理、社会、政治、历史、地理等，并非仅仅是"流行的火花"；⑥具有天然的激情和充沛的动力；⑦突破传统思维的大胆构思。

A．符号　　　　　　　　　B．点子
C．构思　　　　　　　　　D．设计

12．联想是_____的思维衍生，其思维的逻辑是此对象与大脑记忆中的彼内容因为具有某种关联性而产生新的思维对象，由此可以无限地衍生下去，可见联想思维的爆发、裂变能力极其强大！

A．天才创意　　　　　　　B．由内到外
C．随心所欲　　　　　　　D．由此及彼

13．我们经常有这样的体会，某个创意产生了令人惊讶、拍案叫绝的想象效果，是因为它将两个表面看似毫无联系的概念，经过若干次联想的逻辑转折后，最终_____。

A．变得清晰　　　　　　　B．有了结果
C．值得继续联想　　　　　D．联系在一起

14．标新立异是策划创意思维中一个非常独特的方法，当策划人在市场调查阶段看到、听到、接触到信息和事物时，应尽可能地让自己的思绪_____，让思维超越常规，务必找出与众不同的看法和思路。

A．按照既定方针发展　　　B．展开飞翔的翅膀
C．突破限制、向外拓展　　D．更注重现实可行

3.5　训练总结篇

训练任务1　《头脑风暴法》30分钟创意实务训练

时间：30分钟

内容：假设本周末要去郊外组织一次班级活动，如何在活动中少花钱、不花钱甚至还可以赚钱，请各模拟公司团队开展头脑风暴进行创意。

组织形式：请各模拟公司学习小组按照以下流程完成练习。

（1）用5分钟共同理清创意的目标是什么；
（2）用5分钟运用头脑风暴法讨论必须遵守的4项原则是什么；
（3）用15分钟开展头脑风暴收集尽量多的创意；
（4）用5分钟讨论哪个创意比较好；
（5）老师随机挑选部分团队进行分享。

要求：每个模拟公司学习小组的成员都必须参与练习。

训练要点：掌握运用头脑风暴法进行创意的方法。

训练总结：

_____
_____

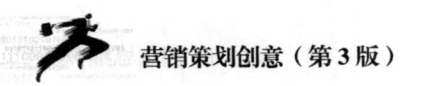

训练任务 2 《深度思维使戴尔成功》思考分析

16 岁的戴尔假期接受了《休斯顿邮报》的征订工作，公司给了他一本厚厚的电话号码簿，要求他一一拨打，通过电话销售全年的邮报。

打了两天电话后，戴尔发现了一些规律，有些客户非常爽快地接受了订阅，他几乎没有机会按照公司的培训来介绍邮报就获得了订单；而有些客户，他苦口婆心地说上 1 小时也没有用。因此，第三天，戴尔决定上门拜访一下那些爽快的客户，了解一下他们为什么订阅邮报。

参考答案 3-2

经过拜访，戴尔发现，客户的回答没有规律可循，无非是认为"这是一份严肃的报纸"，或者"这是一份讲究的报纸""这是我们城市的新闻"等，对提高订阅量没有什么具体、明确的帮助。

然而，经过思考，戴尔发现了一个重要的事实：那些爽快的客户几乎都是刚搬到新家，而这些搬家的人中有 80% 都是刚登记结婚的。于是，戴尔判断他们的爽快与他们搬入新家有关：刚搬到一个新地方，信箱中什么都没有的时候，一份报纸定期而至更能体现家的存在。

接下来，戴尔该怎么办呢？

戴尔深思，有两个地方可以找到这两个群体的资料：搬家公司、婚姻登记处。

此后，从这两个地方得到的信息让戴尔签约订户的成交率高达 60%。

16 岁的戴尔假期结束，开着一辆宝马回到学校，报告老师他一个假期赚了 18 000 美元，竟然比老师一个学期的收入还多，老师非常惊讶，甚至以为他写错了小数点。

这个戴尔就是全球著名计算机公司 Dell 的创始人，这个故事说明具有深度思维能力的人总是能够迅速成功。

（摘自新浪网"新浪教育"栏目）

思考问题：

戴尔为什么不满足于第一次市场调查收集回来的数据与分析结果？他采用了哪些的深度思维的方法继续分析？戴尔创办了著名的 Dell 计算机公司，与这次暑期实习有哪些相同之处？

分析总结：

_____

_____

训练任务 3 用扑克牌创意方法分析鹰卫浴的策划创意

YING（鹰卫浴）签约徐静蕾后，推出了"smartliving 慧生活"的全新理念，树立"慧生活"是一类"自在、适度、永续"的 SL 族生活观念，在满足需求的基础上，力求自然环保，不增添消耗、减少负担，倡导"实用"、"好用"的产品。然而，在具体的营销活动中，却始终没有成功激发 SL 族的兴奋点，"smartliving 慧生活"的市场热度一直没有成功营造，为此该品牌急需通过一系列公关活动启动市场。我们以此需求为导向，利用"创意扑克牌"工具开展公关活动创意的思维训练。

请同学们跟随以下扑克牌创意的步骤进行思考，扫描二维码阅读参考资料，然后回答思考问题并做出分析总结。

1. 第一步洗牌和抽牌。

购买三副扑克牌,将本书第 3.3.8 节的 162 个创意点子分别写在每个扑克牌正面,这些点子将成为某个创意构思的建议。然后,将三副扑克牌一起反复洗牌,从中随机抽出 5 张。

2. 第二步排序

将五张扑克牌从小到大排列好,比如我们得到如下五张牌的顺序:
- 红桃 3
- 黑桃 3
- 红桃 7
- 方块 9
- 梅花 J

3. 第三步构思

围绕"smartliving 慧生活"的"自在、适度、永续"生活观念,逐张牌进行创意构思。

(1)红桃 3,正面写的建议是"改用另一种形式表现"。

按照这个建议,我们首先通过百度深入了解 YING 鹰牌卫浴的有关情况如下:2010 年 04 月,聘请徐静蕾担任代言人,开启"慧生活",徐静蕾主张"不和别人比较","舒服最重要","不要把自己看得太重要","真诚,真实,不夸张,不掩饰",徐静蕾没有明星味,这些就是"慧生活"的核心内涵,也是 SL 族对自由自在生活的追求。

但在考察中发现,2010 年至今的各大活动中,仍缺乏自由、灵动的体现,注重的是绿色环保、智慧科技、高端奢华等生活符号,比如鹰牌卫浴发布的第三代展厅,如图 3.31 所示。

图 3.31

为此,在展示厅重新装修展示卫浴的空间,要体现舒适灵动、朴实自在、明快真切的生活享受,符合 SL 族的生活定位,如图 3.32 所示。

图 3.32

（2）黑桃3，正面写的建议是"把它捆包起来"。

按照这个建议，如果仅仅是字面理解，就是产品包装的创意，但我们要做的是公关活动创意，则需延伸开去，延伸到色彩、图形、艺术等视觉的运用，比如邀请自由画派画家参加公关活动，使活动具备"自由"艺术的符号，吸引追求自由舒适生活的SL族，如图3.33所示是自由画派作品。

图 3.33

接下来再增加一些"舒适"的符号，使 SL 族在公关活动中激发"舒适"的共鸣，比如组织赤脚走海滩活动，如图 3.34 所示。

在公关活动现场，搭建一个鹰卫浴展示间，在墙上装饰自由画派作品，形成一个自由舒适的氛围，如图 3.35 所示。

图 3.34 　　　　　　　　　图 3.35

（3）红桃7，正面写的建议是"使它罗曼蒂克"。

按照这个建议，我们要充分利用徐静蕾文青的罗曼蒂克气质，比如制作徐静蕾文青挂历送给参加公关活动的嘉宾和客户。

（4）方块9，正面写的建议是"使蒸发变为汽化"。

按照这个建议，可以在现场舞台表演时，多采用一些喷雾器制造浪漫效果，引发SL族对活动的喜爱。另外，还可以制作小吊坠、手机贴、冰箱贴等小纪念品，散发到观众手中。

（5）梅花 J，正面写的建议是"变更它的外形"。

按照这个建议吗，可以变更公关活动的形式，比如：

变更地点。原来在城市内举办活动，现在可以考虑改到海边举办，体现 SL 族的自由诉求。

并更形式。原来是看表演的形式，现在可以考虑改由现场互动、自由参与表演的形式。

第四步，将上述创意的思考写成一篇策划方案。

第五步，为策划方案确定一个主题，比如是"自由、舒适、朴实的随性生活"，最后再确定一个广告口号，比如是"为了您的随性生活，鹰牌努力了 18 年"。

思考问题：

鹰卫浴的公关活动策划为什么可以采用扑克牌创意？能为公关活动带来什么改变？

训练任务 4 《给九阳洗碗机营销来点创意》案例作业

从古至今，要说最"不受待见"的家务活，非洗碗莫属！它不仅耗时间，而且长期接触洗洁精非常伤手，油腻腻的感觉也不舒服，因此许多家庭主夫/妇养成了只愿烧菜但不愿洗碗的习惯。好在随着科技的进步，洗碗机终于诞生了，它可以解放你的双手，缓解你的家务压力，让你有更多的业余时间去做自己想做的事情。

参考答案 3-5

2018 年上半年，我国洗碗机销售持续走高，这让很多从未涉足洗碗机市场的家电企业开始进军该市场。不仅有众多集成灶企业，以豆浆机起家的小家电企业九阳也推出了洗碗机产品。不过，业界对此并不看好。

工业和信息化信部赛迪研究院和中国电子报社联合发布的《2018 年上半年家电网购分析报告》分析称，目前洗碗机品牌格局较为稳定，头部企业市场份额占比近八成，留给新晋品牌的市场空间已然很小，这需要九阳在贴近消费者需求基础上打出差异化"组合拳"才能逐渐拼得一席之地。

洗碗机也分多种款式，有水槽式、独立式、嵌入式、台式等，每个款式都有其优缺点，下面就四种洗碗机款式进行比较，参见表 3.1。

洗碗机性能统计表						
序号	洗碗机型号	类型	价格	洗碗套数	耗电量	耗水量
01	方太 JBSD3T-Q6	水槽式	15 999 元	6 套	0.32 度	5.7L
02	西门子 SN23E831TI	独立式	5 230 元	13 套	1.03 度	12L
03	美的 WQP8-3905-CN	嵌入式	3 499 元	8 套	0.72 度	8L
04	九阳 X6	台式	新品未定	4 套	0.4 度	5L

经过比较发现，对于多数家庭而言，九阳洗碗机 X6 或许更为适合。因为现在大部分家庭都是先装修后配的洗碗机，没有提前预留洗碗机的位置，并且水池边的台面都比较小，而九阳台式洗碗机 X6 免安装的特性恰好能解决这类问题，既能满足他们对洗碗机的需求，也能帮助他们节省改造厨房、接水管等所需的成本，再加上其节水省电的优点，无疑是性

价比之选。

【案例作业】

1. 根据洗碗机市场竞争的现状，采用 SWOT 理论为九阳 X6 提出市场营销策略创意的建议。

2. 分析竞争对手的竞争优势和劣势，请为九阳 X6 给出定价建议，并用定价理论说明应采用哪种定价方法和哪种定价策略较好。

作业总结：

_____

_____

项目 4　广告策划创意实训

【学做一体作业】广告策划创意全程"游泳训练"任务

饮用水广告策划创意

任务目标：

在真实的广告策划项目中掌握广告策划创意的要领和方法，理解创意在广告概念、主题、设计、策略等方面的核心作用。

任务内容：

全国有多家饮用水生产厂家，市场竞争异常激烈，每个产品都急需有效的广告策划，任课老师可主动联系本地饮用水生产厂家，获得企业认可和支持，安排学生团队完成广告策划创意方案，其中的主要内容应该包括确定产品定位、广告目标、广告主题、广告主旨、广告策略及设计稿等。

任务要求：

1. 学生以模拟公司为学习团队，按照广告策划创意的工作流程完成市场分析、策划创意、行动计划等3个部分工作内容，邀请厂家参与评价学生团队的方案。
2. 在策划策略中注意运用新媒体、新电商、新零售的创意思维。
3. 让企业安排学生参与策划创意方案的实施过程，使学生从中得到更多启发和收获。

实训步骤：

1. 学生团队首先应召开分工安排会议。
2. 根据提案时间安排好市场调查、头脑风暴、创意完稿、方案成型等工作。
3. 根据广告策划创意工作过程开展实训。

成果评估

任课教师根据任务的难易程度明确完成时间，要求学生团队在提交创意方案的同时进行PPT提案演讲，现场邀请厂家经理、行业专家和相关专业老师担任评委。

> **任务提示：**
>
> 项目实训获得好成绩的关键取决于3个词：逻辑性、创新性和可行性，其核心是创新性。创新必须建立在策划人对社会、行业经验的认知和积累基础之上，因此，试图仅仅通过课堂上的学习就能达到创新的要求是不现实的！同学们要充分利用互联网和社会实践进行学习，主动观察、分析各类广告作品及其广告活动。

4.1 学习导航篇

1．知识能力

掌握广告策划及创意的基本概念，理解策划创意在广告活动中的重要作用，掌握广告策划创意的内容、特点、方法和作用。

2．方法能力

掌握形成广告策划创意的技巧和基本流程，能够通过广告环境分析，根据市场定位和产品分析确定广告目标、广告诉求，并形成广告策划；为指导广告设计师开展作品设计而提出广告概念、主题、主旨文案、传播调性等创意构思；为广告活动拟订媒体策略、传播策略等创意；提出预期效果，拟制广告预算，掌握对广告效果进行评估的方法。

3．社会能力

掌握团队合作的方法，掌握与人沟通的方法，掌握与社会各界人士开展访问、讨论和沟通的方法。

广告策划创意实训	基本概念	【定义】广告策划创意是在广告活动的策划过程中产生的创意思维，是在旧的思维基础上创新，创造新的价值。它们必须是脱离平庸、与众不同的创意，同时又是能提升市场效益的创意
	策划创意流程	包括7个环节：广告环境分析、汇集创意、创意确定、修正创意、创意文案和提案制作、创意评价、自我总结
	任务内容	【广告环境分析】企业内部资料收集、环境资料采集、产品分析、广告目标确定、广告诉求确定 【汇集创意】头脑风暴，汇集广告策划创意 【创意确定】优选创意、广告预算 【修正创意】修改、完善创意 【创意文案和提案制作】文案写作、提案制作、演讲与答辩 【创意评价】客户评价、专家评价、教师点评 【自我总结】团队总结会
	典型广告策划创意	视频广告策划创意 平面广告策划创意 广播广告策划创意 口碑广告策划创意 整合传播广告策划创意

《导入案例》

雅戈尔电商的广告策划创意

雅戈尔是2017年中国服装上市公司市值排名第五、西服排名第一的品牌,其天猫旗舰店有一款雅戈尔西服名为"Youngor/雅戈尔春季款西服男外套商务西装男羊毛混纺外套男7765",参见图4.1,特征短语描述为"羊毛混纺 商务休闲 优雅素色",产品图文描述为"手感舒适暖和,质地轻薄且具光泽,耐穿耐磨,彰显商场精英气质"。

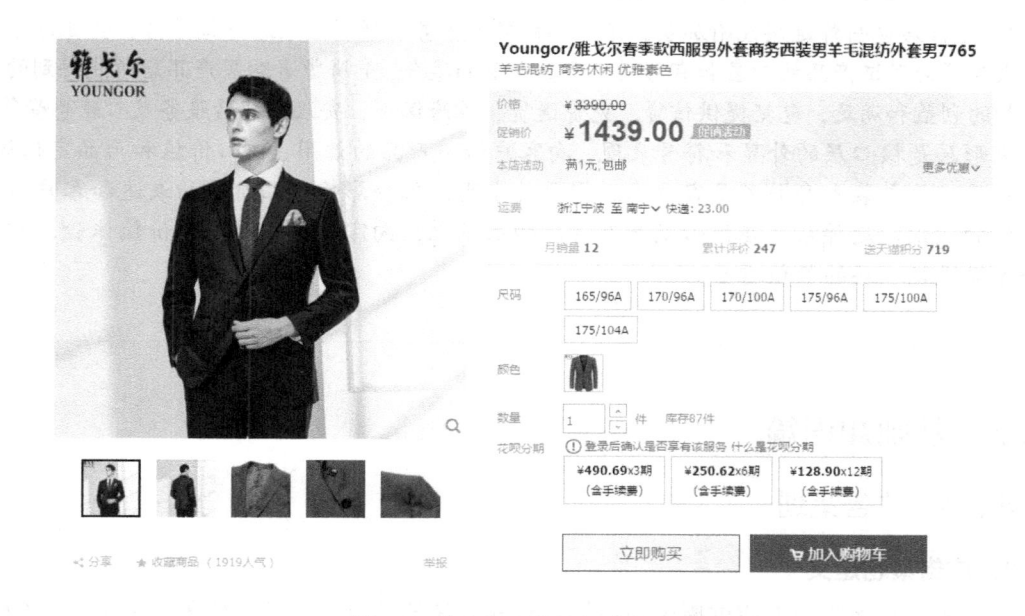

图4.1 雅戈尔天猫旗舰店宣传图

各分模块描述:

第1模块【潮流趋势】

(1)"商务,向经典致敬",描述文字:"每一次的流行,都是经典蓝本的重新演绎;每一次的细节都是设计师对服装的寄语。大方、沉稳、精英,在相似的板型中透露出个性的品味。懂你,简而不同。"

(2)"色彩质感",描述文字:"服装大师曾预言,色彩将被赋予使命。在巴黎的时尚走秀上,一种似乎摸得上的质感,呈现红、黄、蓝、绿、黑。"

第2模块【静物展示】和第3模块【细节解析】均为纯图片展示。

第4模块【品牌故事】"时尚主义/匠心之选/轻奢简约",描述文字:"徜徉于雅戈尔的男装世界里,信手撷取一款,既能触摸到品牌历史沉淀的厚重,又能嗅到弥散其间的流行气息;从经典到时尚,从免熨到水洗,从格子到条纹,不论是品质与工艺、风格与款式,雅戈尔都会引您走向世界的舞台中心。"

案例思考:

任何一个产品都是由3个层次即核心层、有形层、延伸层构成的,请分析:哪些广告文字是传递核心层信息的？哪些广告文字是传递有形层信息的？哪些广告文字是传递延伸层信息的？广告如何体现上述3个层次的相互关系？

分析提示：

产品的3个层次：

1. 核心层也叫核心产品，是产品的基本功能与效用，是消费者购买产品获得利益的实质所在和主要追求。但这个最主要的追求并不一定是基本功能，很可能是效用利益。

2. 有形层也叫外围层或包装层，是产品的实体部分，包括了包装、品牌、色彩、质量、特征等部分促销的内容，是消费者购买产品可以看到和感觉到的部分，通常是向市场提供的能满足某种需要的产品实体的外观。

3. 延伸层也叫外延层或附加层，是产品的售后服务、送货安装、咨询维修、企业形象及金融服务等为保证产品核心层和有形层实现其利益的集合，是消费者购买产品后所能得到的额外附加的利益和满足，包括提供信贷、免费送货、维修保证、安装、售后服务及心理感受等。

有形层是核心层的外显和符号表现，向客户传递产品的效用、核心价值和产品定位等，有形层的实体包装本身并不是客户真正需要的东西，但会影响产品价值的表达和客户对产品价值的认识。延伸层是在核心层和有形层的基础上，向客户提供更多的价值体验，它能进一步促进核心层的价值增益。

4.2 基础知识篇

4.2.1 广告策划

1. 广告策划定义

广告策划是指广告人通过周密的市场调查和系统的分析，利用已经掌握的知识、资料、情报和手段，合理而有效地指导广告活动开展的过程。它是对广告活动进行前瞻性和全局性的筹划与打算，在整个广告活动中处于指导地位，而营销策略则是广告策划的根本依据。

广告策划不是无计划的、盲目的行为。作为企业营销活动整体的重要组成部分，它是按照一定的程序，有计划、有步骤地进行的。

2. 广告策划活动

广告策划活动是一次完成广告策划任务的全过程，针对不同的对象、不同的时间、不同的地域、不同的形式，内容应该有所不同。

广告策划活动可分为3个阶段：广告环境分析、广告创意、广告计划实施。

4.2.2 广告策划创意

没有创意就没有广告。"创意是广告的灵魂"，这一句流传于广告界的名言，是美国广告大师大卫·奥格威早在20世纪60年代提出来的，它明确地给广告策划者提出了一个十分重要的要求。

1. 广告策划创意的定义

广告策划创意是在广告活动的策划过程中产生的广告宣传策略，因此必须脱离平庸，必须与众不同，同时又能提升市场效益。

广告创意表现简称广告创意，是传递广告创意策略的形式整合，即通过各种传播符号，形象地表述广告信息以达到影响消费行为的目的。广告创意表现的最终形式是广告作品。

2. 广告策划创意的意义

广告创意在整个广告活动中具有重要意义：它是广告活动的中心；决定了广告作用的发挥程度；广告的水平由广告创意体现出来。广告创意所具有的新颖性和创造性思维，以直达消费者心底为目标，从而创造出更大的效益。广告创意是广告活动的重要环节和成败关键。

3. 广告策划创意的特征

（1）创新性

广告策划创意在广告的诉求策略、定位策略、表现策略和媒体策略等方面必须脱离平庸、与众不同，但又必须能达到广告目标。

（2）文本性

广告策划创意的结果应该以广告策划文本、广告脚本、广告文案、广告样板等文本形式来体现，它是广告设计师创作广告作品的思维依据。

（3）预测性

广告策划创意效果的测定方法应该在广告策划中预先设定。

（4）可行性

广告策划创意必须追求广告活动和广告目标的可行性，要符合市场的现实情况并且能够适应市场的变化和发展。

（5）有效性

广告策划创意应该追求广告效果的最大化，提供能够产生最佳广告效果的策略和方案。

4.3 实训操作篇

4.3.1 概述

本节及之后的实训流程，以真实工作过程为导向，经过对系统化知识与技能的解构，采用"资讯、计划、决策、实施、检查、评价"6步法，按课程建设的需要，对实训流程进行重构。表4.1是广告策划创意的实训流程及内容要求。

表4.1　广告策划创意的实训流程及内容要求

实训流程	内容要求
广告环境分析	产品及生产企业背景资料收集，市场调查分析，研究如何满足需求，分析目标市场及其市场定位，确定广告目标、广告诉求
汇集创意	头脑风暴，汇集广告概念主题、主旨文案、传播调性等创意构思
创意确定	筛选并决定最终采用哪个创意方案，并确定该方案的广告效果预测目标和广告预算

续表

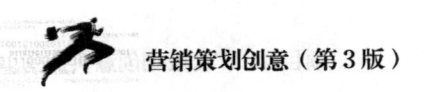

实训流程	内容要求
修正创意	根据有关情况的变化和营销活动的需要，进一步修正完善创意
创意文案和提案制作	团队成员分工撰写广告策划创意方案，一人总撰串稿。有能力的团队可以自行设计广告作品，能力不能达到广告创意构思效果的也可邀请设计专业的同学合作完成
创意评价	项目委托方点评，学校、行业和企业专家评价评分
自我总结	组织团队召开总结会议，对照老师点评和创意评价的意见进行检查和反思

4.3.2 广告环境分析

广告环境分析是广告策划创意的第 1 个环节，表 4.2 为广告环境分析任务的内容与实施、自检要求。

表 4.2 广告环境分析任务的内容与实施、自检要求

内容	实施步骤	实施方法	注意事项	自检
企业内部资料收集	1.直接沟通	（1）与客户进行各种方式的沟通，并深入企业现场，收集有关企业资料和产品资料	必须能与产品经理、销售经理、项目经理、企业领导等有效沟通，以使资料具有权威性	● 资料收集表格和清单 ● 沟通存在的问题
环境资料采集	2.间接采集 3.直接采集	（2）通过商场、卖场、实体店、社区和网络、报刊、书籍，以及政府公布的数据，进行第二手资料收集 （3）确定调查目标、调查内容、调查问卷、样本窗、抽样数量、抽样方法、调查计划 （4）亲赴真实市场，以产品为对象开展市场调查	① 开展资料采集之前，需明确产品及生产企业，做好人员分工，落实调查分析的工具，如计算机、纸笔、计算器等 ② 复习之前学过的市场调查分析知识与工具 ③ 注意广告环境对企业营销影响的因素	● 调查问卷 ● 抽样数量 ● 抽样方法 ● 调查计划 ● 调查分工
环境资料消化	4.数据统计 5.图表描绘	（5）问卷数据输入计算机，统计输出结果 （6）根据产品定位分析需要，绘制柱状图、饼图等	① 团队成员分工，共同协调、协作完成 ② 注意图形标注合理，色彩搭配美观	● 统计结果 ● 绘制图形
产品分析	6.文字分析	（7）运用市场营销知识和分析工具，分析目标客户需求，进行竞争对手优劣势比较，寻找独特卖点，形成广告的目标市场策略和产品定位策略	注意这个卖点是在消费者心目中应占据具有独特消费价值的优势位置，注意练习正确运用 SWOT、波特五力、STP、USP 等分析工具	● 目标市场五性分析 ● 卖点描述 ● 分析文案
广告目标确定	7.提出观点与沟通客户 8.广告目标建议	（8）掌握产品当前的市场周期和广告预算及支出情况，沟通以往广告的形式和效果 （9）分析确定广告目标是哪一种（3选1）：通知购买、说服购买、提醒购买	① 注意：只有在资料收集和消化的基础上，才能充分了解产品的市场态势 ② 必须与产品方进行沟通，才能获得真实准确的体验	● 广告目标 ● 广告效果预期

续表

内　容	实施步骤	实施方法	注意事项	自　检
广告诉求确定	9.确定广告诉求对象 10.确定广告诉求重点 11.确定广告目的 12.确定广告诉求方法	（10）根据已经确定的目标市场策略和产品定位策略，确定现阶段哪些目标消费群为广告诉求对象 （11）明确要在广告中向诉求对象重点传达的信息 （12）通过集体思考和讨论后，确定采用哪一种广告诉求定位（5选1）：功效定位、高级群体定位、比附定位、生活情调定位、目标消费群定位 （13）确定广告目的为哪一种（3选1）：树立品牌形象、增加市场占比、短期促销 （14）确定广告诉求方法为哪一种（3选1）：理性诉求、感性诉求、理性加感性诉求	① 注意广告诉求必须与产品定位相一致 ② 必须基于市场调查的数据分析，切忌主观想象和凭空判断 ③ 广告目的的确定，必须包括有定量的目标（如经过一个周期的广告投放后，增加多少销售额）	● 诉求对象 ● 诉求重点 ● 诉求定位 ● 诉求方法 ● 广告目的

1. 广告的目标市场策略

广告的目标市场策略是指在广告中根据不同目标市场的特点，依据其不同的生活习惯、工作环境及消费需求特点等目标消费者特征（"目标消费者画像"），制定相应的广告诉求和广告表现形式策略，力求在目标市场上更准确、有力地传递广告信息。

根据市场细分原则，目标市场可以分为无差别市场、差别市场和集中市场，与此相对应，广告的目标市场策略也可分为无差别市场广告策略、差别市场广告策略和集中市场广告策略。

2. 广告目标

广告目标可分为通知购买、说服购买和提醒购买，参见表4.3。

表4.3　广告目标分类

分　类	具体内容
通知购买 主要用于产品的市场开拓阶段，其目的在于激发初次购买需求	1. 向市场告知有关新产品的情况 2. 提出某项产品的若干新用途 3. 通知市场有关价格的变化情况 4. 说明新产品如何使用 5. 描述所提供的各项服务 6. 纠正错误的印象 7. 减少消费者的恐惧 8. 树立公司的形象
说服购买 主要用于产品的市场竞争阶段，刺激消费者转向购买我们的产品	1. 建立品牌偏好 2. 鼓励购买者转向你的品牌 3. 改变消费者对产品属性的认知 4. 说服消费者马上购买

续表

分 类	具 体 内 容
提醒购买 　　主要用于产品的市场成熟期，十分重要，目的在于保持消费者对该产品的记忆	1. 提醒购买者可能在最近需要这种产品 2. 提醒他们在何处可以购买这个产品 3. 促使购买者在淡季也能记住这个产品 4. 保持最高的知名度

3. 广告诉求

广告诉求体现了广告概念和广告策略的要求，是为了改变广告接受者的观念而在广告内容中形成的心理动力，以引发消费者对产品的消费动机和欲望，或者影响其对产品的态度。

广告诉求包括3项内容：诉求对象、诉求重点和诉求方法。

（1）诉求对象

诉求对象即广告的目标市场（即目标消费群），产品在目标市场的定位决定了广告创意的内容，因此广告诉求对象与产品目标市场是一致的。

（2）诉求重点

广告活动为了确保每个广告作品都能直达诉求对象心底，使广告作品成为与客户沟通的触点，因此必须传递一个最"尖锐"的焦点概念（或主题），通常是体现产品的独特销售主张，称为诉求重点。

必须有且只有一个诉求重点的原因是：由于广告活动的时间和空间是有限的，在有限的时间和空间内无法容纳过多的广告信息；受众对广告的注意时间和记忆程度更是有限的，在很短的时间内，受众无法对过多的信息产生正确的理解和深刻的印象。因此，每一次广告只能有一个特定的诉求目标，不能希望通过一次广告就达到企业所有的广告目的。

（3）诉求方法

① 理性诉求。即向消费者理性地分析和介绍产品。

② 感性诉求。即采用"以情动人"的感性手法打动消费者。

③ 理性加感性诉求。即以理性手法传达科学而严谨的信息，以感性技巧拨动消费者的心弦。在实践中，黄尧教授总结了一条成功的广告诉求定律："感性解除防备，理性征服消费。"

4.3.3 汇集创意

广告的USP理论

汇集创意是广告策划创意的第2个环节，表4.4为汇集创意任务的内容与实施、自检要求。

表4.4　汇集创意任务的内容与实施、自检要求

内　　容	实施步骤	实施方法	注意事项	自　　检
主题创意	13. 头脑风暴	（15）每个成员发散思维，发挥灵感创意，团队按头脑风暴法进行创意活动，完成广告概念、广告主题、主旨文案、传播调性、传播符号和广告样板的创意	每个成员均应事先练习广告创意思维方法和创意工具运用	● 头脑风暴会议记录 ● 广告主题 ● 主旨文字 ● 广告样板

续表

内容	实施步骤	实施方法	注意事项	自检
策略创意	14. 分析各类媒介 15. 广告创意策略	（16）收集各类广告媒介进行分析，包括传统媒介和新媒介 （17）分析目标受众、有效受众、千人成本和收视率、受众口碑等 （18）研究广告受传心态，创意媒体策划、投放策略、传播策略	如果某媒介影响力最大的地域正是广告目标区域，那么这一媒介就是投放广告的理想媒介	● 媒介汇总 ● 受众数 ● 有效受众数 ● 千人成本 ● 收视率 ● 受众口碑 ● 媒体策略 ● 投放策略 ● 传播策略

1. 广告概念

每一个广告作品必须给消费者一个购买的理由，这时需要创意一个概念以使消费者好奇、共鸣、尝试购买、忠诚购买，这就是广告概念，已经成为一种有效的营销法宝。

广告概念的类型有 5 种。

① 功效概念。以理性分析塑造产品功能、效用概念为主。
② 高档概念。创造高档地位、形象和声望，赢得消费者信赖。
③ 情调概念。推荐某种生活情调的概念，创造消费者对新生活的向往。
④ 比附概念。比附领导品牌以形成消费者对所宣传概念的理解和认同。
⑤ 消费概念。突出塑造专为某类消费群服务的概念，如金利来打出"男人的世界"。

2. 广告主题

广告主题是根据广告作品的概念提炼出来的一个中心思想，是广告诉求的基本点，也是广告创意的基石，是广告作品中最突出的广告口号。广告主题在广告活动的全过程处于统帅和主导地位，广告创意、广告设计、广告制作、广告表现等均要围绕广告主题。

3. 主旨文案

这是一段广告文字，要么直接用于广告作品中，要么在此基础上进一步发挥。它既是对广告主题的进一步演绎、深化、扩展，也是采用感性、理性或两者相结合的文字表述将广告概念传递给受众的形式，其受众是目标消费者。

主旨文字应该贯穿运用到各种广告表现形式中，使广告的概念、主题真正成为一根红线串起所有的广告内容，积累赋能，加深印象。

4. 传播符号

为了更丰富、生动地传递广告概念，传播符号的设计也非常重要。传播符号可以是受众"眼耳鼻舌身意"6 种感官形成的"色声香味触法"6 种知觉所能感知的信息符号，所以它不一定是有形的符号，无形的符号往往可达到"可意会不可言传"的、意想不到的传播效果，如代言、图案、字体、色彩、香水、灯光、音响、温度等。

在策划创意阶段，要重视传播符号的创意。

5. 受传心态

广告受众的受传心态是指广告受众在接触、接收和阅读广告作品时所具有的特殊心态。

受众的受传心态决定其是否对传播符号产生关注、兴趣、喜爱、记忆等，还影响受众产生期待消费的心理。以下是几种典型的受传心态：

① 认知不调。它指广告受众一旦在受传时看到或听到与自己原来的观点、意见、价值观、判断倾向等不相符的内容时，会产生不愉快的感受。

② 知觉相差。它指广告受众在受传前，对每一种产品、每一个品牌都有一个先验的产品印象和品牌印象存于心，因此接受广告的时候会产生信息不对称的感受。

③ 对意见领袖跟从。这是指广告受众对意见领袖自觉崇拜、自觉跟从的接受心态。

④ 完形心态。即格式塔心理，是指人脑在接收信息时会按照一定的规律将它们修改、补充、完满，组成某个整体或完形。这个过程中所依凭的基准，一般情况下是人们对事物的认识、经验、价值倾向和审美取向。完形心态对广告受传心态的影响意义重大。

⑤ 境联效应。它指人们在认识或评价一个事物的特征和表现时，对事物的认识和评价会受到周围环境中的相关事物的影响。

⑥ 主体权威性。这是指广告受众对媒体权威性和代言权威性的注重，只要广告运用的媒体或代言具有权威性，受众对广告的关注率和接受率便会得到提高。

⑦ 逆反。它指受众对广告传播产生一种抵制心理。

6. 千人成本

千人成本是广告送达 1 000 人（或家庭）的成本计算单位，是目前广为流行的可用于计算广告成本的重要指标。

计算公式如下：千人成本=（广告费用÷到达人数）×1 000。

其中，"广告费用÷到达人数"通常以一个百分比的形式表示，在估算这个百分比时通常要考虑其广告投入是全国性的还是地域性的，通常这两者有较大的差别。

广告的千人成本计算

1. 南京某晚报媒体发行量是 50 万份，通栏广告价格为 10 400 元，实际执行价为 5 020 元，传阅率为 2 人。那么它的千人成本是多少？

2. 往往广告刊登后，并非有 50 万读者，而是这个庞大基数的一部分，这就是读者中目标消费群体的概率。不同的媒体拥有不同的阅读人群，如南京本地的《现代快报》《金陵晚报》是面向大众群体的，其中包含了各个阶层的人群。对于年轻人使用的商品，在此类报纸上刊登广告，年轻人的阅读总量不可能是 100%，可能是 60%，也可能是 50%。所以说，就会存在 40%～50% 的无效读者。假设有 50% 的无效读者，那么此时的千人成本应该是多少？

---

7. 媒体策略

媒体策略也可以称为媒介选择策略。广告团队花费大量的时间、精力创作出来的广告作品最终是否能产生效果？除作品创意是否能打动消费者外，能找到合适的媒介将作品转递给消费者也很重要。

这里所谓的"合适"是指既要追求媒介高效，对目标消费群的覆盖率越高越好，也要追求媒介划算，广告投放的千人成本越低越好。

8. 投放策略

在广告投放的问题上，所有的企业都会坚持"高性价比"的原则，都希望广告能够提升销售业绩的同时广告的千人成本是最低的，最不希望看到的就是因为媒体选择不当而造成广告投入的巨大浪费。此时，犹如一场两难的博弈，必须依靠投放策略的创意思考才能做出正确决策。

广告投放策略一般要考虑投放周期、投放节奏、投放密度、投放范围、投放预算、投放效果预测6个方面。

① 投放周期：是指某次在某媒介上投放的天数。

② 投放节奏：是指每次投放之间的间隔天数，在一定的时期内需要投放多少天。

③ 投放密度：是指在某媒介上重复投放、"密集轰炸"的程度，如电视台和电台广告每天重复投放多少次，每个广告时段重复多少次，报纸广告每期刊登多少版。

④ 投放范围：是指的是投放覆盖的地理范围，如电视台是否上星，当地电视台和电台选择哪些城市的，杂志、报纸选择哪些区域的。

⑤ 投放预算：是指达到某次广告目标所需要付出的广告成本。

⑥ 投放效果预测：要对本次广告投放的效果以及每一种媒介投放的效果做出预测，为事后验收投放效果提供依据。

9. 传播策略

现代营销研究认为，凡是能够承载广告并传递给消费者的载体都可以认为是媒体。那么，不仅电视台、电台、报纸、杂志、网络，还包括手机、站牌、车身、人体、杯子、箱子，甚至一场表演、一次旅行、一段故事、一部电影，等等。只要能吸引人们主动或被动关注的一切事物都可以成为媒体，都可以传播广告。

这就是传播策略的真谛。

4.3.4 创意确定

创意确定是广告策划创意的第3个环节，表4.5为创意确定任务的内容与实施、自检要求。

表4.5 创意确定任务的内容与实施、自检要求

内容	实施步骤	实施方法	注意事项	自检
优选创意	16. 分析创意 17. 选择创意	（19）运用目标市场分析工具和市场定位分析工具来分析创意的创新性、逻辑性和可行性，对创意的效果进行预测 （20）根据创意分析的评分和综合考量，由团队投票决定选择哪个创意	特别考察创意的新、奇、特是否具有独特性，能否吸引目标消费群，是否能够传递产品卖点	● 创意评分表 ● 创意描述
广告预算	18. 费用估算	（21）对创意、设计、制作、媒介投放等各项费用进行测算	特别注意各项费用测算必须依据市场调查来完成，必须符合当前实际	● 费用预算

1. 广告表现策略

广告表现策略就是要根据广告任务的要求，确定使用什么类型的媒介、设计什么样的作品，将信息内容用不同的传播符号阐释开来、表达出去，为受众所接受和喜爱。

2. 广告预算

广告预算是根据企业广告计划对广告活动费用的匡算，是企业投入广告活动的资金使用计划，它规定了在广告计划期内从事广告活动所需的经费总额、使用范围和使用方法，是广告活动得以顺利进行的保证。

编制广告预算可以合理地解决广告费与企业利益的关系。对一个企业而言，广告费既不是越少越好，也不是多多益善，广告活动的规模和广告费用的大小应与企业的生产及流通规模相适应。过度的投入不但不会使投入产出比增加，相反会引起投入产出比的降低，使产品的生产和流通成本增加。

制定广告预算常用如下4种方法：

① 量入为出法，即企业根据财务目标估算所能承担的开支后安排的广告预算。例如，企业财政本年度仅能安排100万元广告费用，则企业便以100万元为基准计划广告投入。

② 销售百分比法，即企业以一个特定的销量或销售价的百分比来安排其广告费用。例如，某企业2019年销售总额为1 000万元，企业以上年度销售总额的5%安排广告投入，则2020年全年广告预算为50万元。

③ 竞争对等法，即企业按竞争对手的大致费用来决定自己的广告预算。

④ 目标任务法，即要求经营人员根据企业经营目标任务估算完成这些任务所需要的费用来决定广告预算，这也是一种相对科学的预算方法。

策划创意逻辑推演6步理论

逻辑推演是指从一个概念（如名称、主题、理念、定义、命题、论点等）过渡到另一个概念的逻辑推理活动。

黄尧教授经过研究发现，策划创意过程就是一个典型的逻辑推演过程，由6个步骤组成，每一个步骤都是一次逻辑推演。

1. 画像。给目标客户（又叫作目标消费群、目标市场）确定一个名称，然后围绕心理特征、行为特征、家庭特征、收入特征、人文特征、消费习惯等内容，用文字为他们描绘出一幅生动的典型个性形象和生活、消费场景的图画。

2. 痛点。目标客户有消费问题急需解决，如睡不着觉、苦恼，这就是目标客户的痛点。找到痛点就找到了独特需求点。

3. 痒点。目标客户有独特需求急需满足，此时心里不痛快、别扭，不知道什么样的消费能满足他。找到痒点就找到了独特需求的满足点。

4. 兴奋点。目标客户在消费中产生"哇"的惊喜和满足感，这是一种难得的消费快感，是产品挠到痒点而产生的兴奋。找到了兴奋点就找到产品满足独特需求的方法，这就是产品在目标客户心中的地位，就是我们常说的市场定位、产品定位。

5. 划算点。虽然目标客户兴奋了，但是一看价格超出他对价值回报的衡量，一瓢水把燃起的兴奋点浇灭了，那我们之前的逻辑推演就全部白费了。因此，在亮出价格之前，一定要从品质、包装和产品精神3个方面推高目标客户对价值回报的衡量达到相应的高度，这时候亮出价格才能达到理想的价格划算点（参见黄尧教授有关"产品划算公式理论"）。这个点就是产品性价比，就是客户满意度。

6. 关系点。俗话说"一回生二回熟"，人类是容易健忘的动物，必须及时重复才能产生记忆，产生记忆才能产生回味和密切关系，客户的忠诚关系才能建立起来。因此，客户关系点就是不断挠到痒点的营销活动，其中广告活动是必需的内容。

4.3.5 修正创意

这是广告策划创意的第4个环节，表4.6为修正创意任务的内容与实施、自检要求。

表4.6 修正创意任务的内容与实施、自检要求

内 容	实施步骤	实 施 方 法	注 意 事 项	自 检
修正完善创意	19. 修正完善创意	（22）进一步对照市场分析和产品定位策略，对创意主题做更符合策略的修正 （23）在实施过程中，根据最新调查分析、客户意图、市场变化、定位调整等，在投标演讲前，可以做进一步的修正完善	客户的要求和市场的状况是对立统一的关系，以客户为中心是工作的重点，务必注意协调处理好客户关系	● 完善活动的纪要 ● 创意修正的要点

《妈妈，我能帮您干活了》案例阅读

雕牌洗衣粉广告经历了一个从理性诉求向感性诉求转变的过程。

初期，雕牌洗衣粉以质优价廉为吸引力，打出"只买对的，不选贵的"的理性口号，具体分析洗衣粉的成分、效果、优点，强调了实惠的价格，以求在竞争激烈的洗涤用品市场突围，结果广告效果一般。

后来，广告语"妈妈，我能帮您干活了"则深深打动了消费者的心，电视广告瞄准目标消费群"下岗职工"，直抵他们心底里对孩子尽快长大懂事的渴望，使这一社会弱势群体产生震撼和共鸣，摆脱了日化用品强调功能效果的理性广告套路。随后，他们继续挺进感性诉求广告，广告语"我有新妈妈了，可我一点都不喜欢她"瞄准了另一个目标消费市场"离异家庭"，直抵"真情付出，心灵交汇"的灵魂渴望，其震撼和共鸣同样强烈。

雕牌洗衣粉凭此广告诉求取得良好效果，使其连续4年全国销量第一。

4.3.6 创意文案和提案制作

这是广告策划创意的第5个环节，表4.7为创意文案和提案制作任务的内容与实施、自检要求。

表 4.7　创意文案和提案制作任务的内容与实施、自检要求

内容	实施步骤	实施方法	注意事项	自检
创意文案撰写	20. 策划创意说明书 21. 视频广告创意脚本	（24）解释策划创意思路和独特亮点 （25）按照广告作品创意设计的出品要求，编写创意脚本文案	①注意独特亮点的表达要同样能吸引读者 ②脚本文案的文字以清晰、明白为原则	● 创意说明书 ● 创意脚本
创意提案制作	22. 提案构思 23. 提案制作	（26）提案是一次广告创意的路演活动，要在整体风格、美学效果、时间把握方面首先进行构思 （27）使用 PPT 系统进行电子幻灯片提案制作	注意团队中至少有一个成员对 PPT 工具的运用比较熟练	● PPT 提案
演讲与答辩	24. 预演练习 25. 正式演讲与答辩	（28）背诵、解读、时间控制、计算机操作等方面都要进行练习 （29）商务礼仪展现、职业能力体现、专业能力展示	①预演，预演，再预演，是成功的基础 ②现场氛围控制非常重要，这是通过礼仪和能力来把握的	● 预演 3 次 ● 演讲 ● 礼仪 ● 预备问题

1. 广告提案的概念

广告提案是通过讲解、路演等方式向广告委托方提交广告调查、广告创意、广告活动、广告策划等有关方案（一般是 Word 或 PPT 格式）的方法统称，要求能准确生动地开展讲解和沟通，以赢得客户的赞赏与支持。

2. 广告提案的准备工作

① 前期沟通。与客户多次沟通。

② 提案排期。明确提案的时间、地点，编制具体的执行排期表以监督工作的推进。

③ 提案演讲。在提案中要时刻抓住客户的注意力，使之集中精神于提案。PPT 只能是辅助，演讲更重要。

④ 提案文本。提案文本整理的关键在于提案中交给客户的文本只能是提案内容的概要，否则客户将会在翻阅提案时更多注意手中的文本而非专注于提案者。

⑤ 提案氛围。现场影音设备、环境布置等氛围营造对提案的结果也有影响。

4.3.7　创意评价

创意评价是广告策划创意的第 6 个环节，表 4.8 为创意评价任务的内容与实施、自检要求。

表 4.8　创意评价任务的内容与实施、自检要求

内容	实施步骤	实施方法	注意事项	自检
客户评价	26. 客户意见和建议	（30）在提案演讲时，客户会很直接地提出意见和建议	详细记录客户意见和建议，诚恳解释自己的创意	● 客户评价

续表

内　容	实施步骤	实施方法	注意事项	自　检
专家评价	27．专家提问和点评	（31）在提案演讲中，邀请的行业专家会从专业的角度提出问题，并点评提案演讲和回答问题的表现	详细记录专家点评	● 专家评价
教师点评	28．教师点评	（32）提案演讲结束后，指导老师要对团队进行点评和评比，及时宣布分数和评比结果（如团队排名）	详细记录老师点评	● 教师点评

4.3.8　自我总结

自我总结是广告策划创意的最后一个环节，表 4.9 为自我总结任务的内容与实施、自检要求。

表 4.9　自我总结任务的内容与实施、自检要求

内　容	实施步骤	实施方法	注意事项	自　检
团队总结会	29．自我总结	（33）每个团队均应在提案演讲结束后专门召开总结会议，会上要充分讨论，每个人畅所欲言，以达到总结提高的目的	人人都必须自我总结，并在小组会上发言，无论是遗憾的体会，还是欣喜的收获，都是一次难得的促进	● 总结笔记 ● 总结报告

4.4　改进提升篇

4.4.1　视频广告策划创意

1．视频广告概念

视频广告是采用视频拍摄技术制作广告影片的一种广告作品类型，具有声、像、色兼备，听、视、读并举，创意形式生动活泼的特点，成为现代最引人注目的广告形式之一，发展速度极快，并具有惊人的发展潜力。视频广告分为传统视频广告和移动视频广告两类。

2．视频广告策划创意方法

要充分利用视频广告的特点进行策划创意，通过创意充满趣味的视频情节、内容吸引目标消费者，从而将产品、品牌传递到消费者心目中的某个有利位置。

在创意的过程中，可采用以下几点提升视频广告效果：

① 增加广告的趣味性、吸引力和感染力，变无意收看为有意关注，要注意分析广告作品的完播率和转发率。

② 对广告内容进行事件策划，通过创造抢眼球的事件广告，达到抢看、点赞、转发的效果。

③ 设计广告内容的含金量，如看广告回答问题获奖、看广告抽奖等。

④ 强调简洁单一诉求，越简单越尖锐，越容易记住。

⑤ 画面、广告语和音乐要制造冲击力。

⑥ 要在商品利益和观众利益之间建立合理的关联性。

⑦ 可演化成系列广告，取悦观众并积累品牌形象。
⑧ 采用代言可以将观众带入情景，激发他们的自我情境体验，从而形成好感和消费冲动。
⑨ 创作旋律简单、朗朗上口、易于流传的广告歌曲可以增加转发率。

4.4.2 平面广告策划创意

1. 平面广告概念

平面广告，若从空间概念界定，泛指以长、宽两维形态传达视觉信息的各种广告作品，因为传达信息简洁明了，能瞬间扣住人心，从而成为广告的主要表现形式之一。

2. 平面广告策划创意方法

首先，应创意精准、感人的广告主题口号，将广告概念准确表达出来。其次，围绕广告主题可通过以下几点提升广告效果：

① 采用直接展现的创意手法，充分运用设计技巧，将产品真实的精美质地引人入胜地表现出来，使消费者对所宣传的产品产生一种亲切感和信任感。

② 采用突出特征的创意手法，即突出广告概念和主题，着力加以渲染，使受众迅速对其产生注意和发生视觉兴趣，刺激购买欲望。

③ 采用对立冲突的创意手法，达到简洁、有趣、回味的喜剧效果，借助出乎意料的感悟来揭示产品的独特卖点，增强广告作品的感染力。

④ 采用夸张想象的创意手法，对USP（独特销售主张）进行适度夸张，鲜明强调USP为消费者提供的利益，突出USP的震撼力、冲击力，直抵消费者心底。

⑤ 采用以小见大的创意手法，抓住一点或一个局部延伸放大，更充分地表达产品的卖点，这是利用了"好苹果效应"（即吃了一个好苹果会认为整棵树都是好苹果），引导消费者展开想象。

⑥ 采用幽默风趣的创意手法，巧妙安排喜剧性元素，达到"出乎意料之外、合乎情理之中"的创意效果，使受众在会心微笑中认同产品卖点。

⑦ 采用借喻的创意手法，借用互不相干但又与卖点有相似之处的事物，"以此物喻彼物"，以此借题发挥，使本来难以表达的卖点有了表现的机会，使受众领会其意并意味无穷地记住了产品卖点。

⑧ 采用制造悬念的创意手法，使人对广告画面乍看不解题意，造成一种猜测和紧张的心理，然后通过广告主题和主旨文字揭开谜底，给人留下难忘的强烈心理感受。

⑨ 采用系列成套的创意手法，符合"寓多样于统一之中"形式美学原理，系列广告反复积累，加深了受众对广告主题的印象，而"同"中见"异"的喜剧效果使广告卖点更加深入人心。

4.4.3 广播广告策划创意

1. 广播广告概念

广播广告是指依靠无线电波或通过导线传播，利用人们听觉特点的广告。广播广告最显著的特点是目标受众仅仅凭听觉来接受广告里的信息，能给人以广阔的联想空间，而联想是引发人类审美情趣的神奇武器。所以，广播是一种高情商媒介，它运用声情并茂的广播语言深深拨动听众的心弦，而不会因为缺少画面而失色。

2. 广播广告策划创意方法

广播电台现在的受众已不是过去以抱着收音机的中老年听众为主了，由于汽车、手机、网站、MP3、Wi-Fi 等收听工具广泛使用，方便了私家车主、学生、年轻人和公司职员，他们收听广播是为了休息双眼，这些群体是消费主力军，也是商家看中的目标。

运用以下技巧，可以使广播广告收到较好的效果：

（1）锁定针对性栏目或节目

当今广播的发展已由"广播"变为"窄播"，不同的节目有不同的听众群，听众不是锁定频率而是锁定节目。因此，在做策略创意时，可根据产品对象多计划几个电台，在不同时间锁定同类的节目，如汽车类、房产类、金融类、餐饮类、娱乐类等节目。

（2）注意非黄金时段的策略

黄金时段收听率相对较高，但也不能因此抛弃非黄金时段。因为听众收听广播的时间有很大的差异性，不是每位喜欢收听广播的人都习惯在黄金时间收听广播节目，而且非黄金时段广告成本也较低。

（3）在广告互动上进行创意

可在广播节目中设计通关语句，并让听众参与互动，可回答一句之前节目中已经设计进去的语句，即可取得奖品或礼券，起到强制传达广告的作用。

（4）巧妙植入广告

硬广告容易使听众抵触，但顺理成章的广告听众往往也顺其自然地接受，如在整点由某品牌报时、现场采访某企业的听众、由某企业提供奖品、在某企业现场直播等。

4.4.4 口碑广告策划创意

1. 口碑广告概念

口碑广告是指通过关注者或购买者以口口相传的方式将有关商品的广告信息传递给家人、朋友和其他人，从而促使更多的人产生购买的一种广告传播方式。

随着近年来互联网、微信、QQ、抖音短视频等新媒体对口碑营销的推动发展，口碑广告也快速发展起来。其实，口碑广告一直存在，只是因为没有互联网、移动手机这类合适的载体而没有得到发展，最早的形式就是嘴巴对耳朵的口口相传，后来随着媒体业的发展，口碑广告也发生了很大的变化，但其优势却没有改变：成本低廉，效果显著。

口碑广告传播成本仅是媒体广告传播成本的 1/10、1/50、1/100，甚至没有成本。成功的口碑广告都是采用以小搏大的策略，而效果则远胜其他硬性广告传播方式。

2. 口碑广告策划创意方法

一件事情想让别人谈论甚至传播就必须有一个吸引人的事件内容与话题，对于需要大规模传播的市场行为更是如此。但是，口碑的效果可以被放大，口碑本身却是没有办法凭空制造出来的。

可注意利用以下几点要素，使口碑广告收到更好的效果：

（1）从最熟悉的朋友开始

在真正开始之前，试试看能不能说服你最好的朋友购买或使用你的产品或服务。口碑就是一个在信任的人之间一次一次传递商品信息的过程，如果正面的商品信息在你和你的朋友之间都无法顺畅地传递，也不要指望信息会通过口碑的形式在更大的范围内被广泛传播。

（2）寻找正确的意见领袖

虽然口碑广告传播是细水长流的工作，但是在大部分情况下意见领袖还是可以帮助你达到事半功倍的效果。所以，寻找真正喜欢你产品的意见领袖就变得非常重要。技巧是在产品的粉丝团里面寻找，或者培养意见领袖，有时候比把行业专家变成产品的粉丝要容易得多。

（3）充满热情和幽默感

大部分情况下，消费者在传播口碑的时候都是义务的。所以，作为受益者，企业和口碑广告的实施者必须对所有消费者充满热情，让他们感受到你的支持和鼓励，幽默感也是非常重要的。

（4）诚实和责任感

这点最重要，互联网让信息不对称的情况越来越少，谎言越来越容易被揭穿。以诚相待是长久赢得消费者青睐的唯一办法。不要试图去欺骗和隐瞒什么，那样做最终只能是掩耳盗铃而已。

（5）借势和利益

口碑广告的特点就是以小搏大，在实施时要善于借用各种强大的势能来为己所用，可以借助突发事件或竞争对手的势能，以利益为纽带与目标受众直接或间接地联系起来。

（6）重视自媒体和人脉圈子

今天人人都是麦克风、人人都是媒体，广告业就将每个人称为自媒体。人脉圈子是一批"志同道合"的自媒体聚集的地方，他们中既有意见领袖，也有跟风者，也有只收听不发言，他们都有着良好的人脉关系，口碑广告往往会无缝快速传播。

4.4.5 整合传播广告策划创意

1. 整合传播广告的概念

整合就是把各个独立的要素综合成一个整体，以产生协同效应。整合传播广告是指综合协调和利用一切可以成为媒介的广告形式，在不同形式的媒介上以统一的目标、统一的传播形象传递一致的产品信息。

2. 整合传播广告策划创意的方法

注意以下几点，可以使整合传播广告更有效：

（1）整合传播广告应该围绕消费者触点

消费者和广告之间有许多的接触点，这不是单靠传统的媒介所能达到的，如消费者接触产品包装、打开包装见到产品、拨打销售电话、参加产品公关活动等。只要消费者接触到的就可认为是一种媒介，广告要围绕消费者这些不同的触点进行分别创意和设计。

（2）要注意保持一致性

保持一致性是一个最基本的整合传播管理要求。随着传播环境的日趋复杂化，各种接触方式所形成的信息以及各种信息的内涵往往出现混乱甚至相互矛盾，因此必须采用某种方式使信息具有一致性。一致性不仅可以降低不同传播过程中的自我消耗，而且在降低传播成本的同时还能够使得品牌信息更加清晰。

一致性首先要做到信息统一，所有传播媒介和所有的广告接触点都必须达成一致，其次要做到信息连续，在传播过程中所有传播媒介和所有的广告接触点要有连贯性，不能前后不一。

（3）筛选最关键的触点

要承认一个事实，在消费者的内心深处的确存在着一个"关键时刻"。消费者不会糊里糊涂地喜欢一个品牌，也不会糊里糊涂地不喜欢一个品牌。尤其是移动互联时代，他们不会因为接触广告而贸然做出购买决策，一定是在某个"关键时刻"接触广告才做出购买决策，这个"关键时刻"就是最关键的触点。

4.5　巩固练习篇

一、问答题

1．广告策划创意流程有哪些环节？
2．为什么要重视广告策划创意实训自检？
3．整合传播广告策划创意为什么要筛选最关键的触点？
4．广告提案一共有 3 个类型，分别是什么？

二、判断题

1．广告策划创意是在广告创作的策划过程中产生的创意思维。（　　）
2．目标消费群是指与市场定位相一致的现实或潜在目标消费者群体，也称为目标市场。（　　）
3．广告策划并非广告作品的策划，而是广告活动的策划。（　　）
4．广告活动针对不同的对象、不同的时间、不同的地域、不同的形式，内容应该有所不同。（　　）

三、多选题

1．下述哪些方面是广告目的需要考虑的？（　　）
　A．扩大知名度
　B．说服购买
　C．提高占有率
　D．短期促销
　E．提醒购买
　F．通知购买

2．广告预算的四种方法是（　　）。
　A．量入为出、销售百分比、竞争对等、目标客户
　B．量入为出、销量百分比、竞争对等、目标任务
　C．量入为出、销售百分比、竞争对等、目标任务
　D．量入为出、销量百分比、竞争对等、目标客户

四、单选题

1．广告策划是指广告人通过周密的＿＿＿＿和系统的分析，利用已经掌握的知识、情

报和手段，合理而有效地开展广告活动的过程。

A．市场调查　　　　　　　　　　B．广告构思
C．创意组织　　　　　　　　　　D．工作布置

2．广告活动是一次完成广告任务的全过程，针对不同的对象、不同的时间、不同的地域、不同的形式，内容应该有所不同，可分为以下几个阶段：第一阶段为广告环境分析，第二阶段为_____，第三阶段为活动计划实施。

A．广告策划创意　　　　　　　　B．广告地点选择
C．顾客沟通交流　　　　　　　　D．广告媒介选择

3．广告策划创意的任务就是要为一个优秀的广告找到一个_____，它以新颖独特的诉求和表现，体现了产品卖点是如何满足需求的，以此打动目标消费群产生购买的行为。

A．广告设计方法　　　　　　　　B．广告活动指导思想
C．适合的产品　　　　　　　　　D．核心的内涵

4．广告诉求定位策略包括：_____，比附定位，生活情调定位，目标消费群定位。

A．功效定位　　　　　　　　　　B．形象定位
C．需求定位　　　　　　　　　　D．人口定位

5．广告诉求方法有三种：理性诉求，感性诉求，_____。

A．非理性诉求　　　　　　　　　B．理性加感性诉求
C．非感性诉求　　　　　　　　　D．产品诉求

6．广告的目标市场策略是指在广告中根据不同目标市场的特点，依据其不同的生活习惯、工作环境及_____等，制定不同的广告诉求点和广告的表现形式，力求在目标市场上更准确有力地传递广告信息。

A．消费需求特点　　　　　　　　B．文化特点
C．地理特征　　　　　　　　　　D．人口特点

7．所谓无差别市场广告策略，就是面对_____，通过各种媒介所做同一主题内容的广告宣传。

A．集中市场　　　　　　　　　　B．整个市场
C．差别市场　　　　　　　　　　D．专业市场

8．差别市场广告策略是指在市场细分的基础上，企业根据_____的特点，运用不同的媒体组合，做不同主题的广告。

A．有差别的消费人群　　　　　　B．无差别的消费人群
C．不同的细分市场　　　　　　　D．相同的细分市场

9．所谓集中市场，是指企业不是面向整体市场，也不是把力量分散使用于若干个细分市场，而只选择一个或_____作为目标市场。与此相应的广告策略具体体现为：以针对性满足一部分人的个性化需求为宗旨。

A．两个细分市场　　　　　　　　B．三个细分市场
C．少数几个细分市场　　　　　　D．四个细分市场

10．广告目标可分为通知购买、说服购买和_____。

A．劝说购买　　　　　　　　　　B．要求购买
C．强调购买　　　　　　　　　　D．提醒购买

4.6 训练总结篇

训练任务 1 《消费产品广播广告》课堂 90 分钟创意实务训练

时间：90 分钟练习

内容：老师指定本地的一款大家熟知的消费产品（如饮料、蛋糕、手机等均可）作为学生的练习对象，要求各模拟公司学习小组按照广告策划的工作过程，最后当堂录制并提交 1 段 1 分钟的广播广告作品。

组织形式：请各模拟公司学习小组按照以下流程完成任务。

（1）用 10 分钟分头采集相关信息；

（2）用 20 分钟集体讨论，得出市场定位、独特卖点和广告目标等；

（3）用 20 分钟编写广告文案脚本；

（4）用 20 分钟选择恰当的背景音乐、音效，用手机录制完成；

（5）老师用 20 分钟安排各组学生团队上台来与全班分享完成的广告作品，老师和其他团队的代表共同担任评委打分。最后，由老师做总结。

要求：每个模拟公司学习小组的成员都必须参与练习。

训练要点：掌握广告策划创意的工作过程。

训练总结：

___

训练任务 2 《爱·净在身边》课外思考分析

松下公司想创造一种"新母爱"概念，表达自己的产品在时代发展与人性需求的冲突中始终如一坚持人性关怀，体现松下的人本价值创造精神。

参考答案 4-2

请同学们通过互联网搜索爱捷净系列松下洗衣机《爱·净在身边》视频广告作品，复习黄尧教授"喜剧营销创意理论"，思考后写下分析总结。

思考问题：

松下公司《爱·净在身边》视频广告有哪些吸引人的创意构思？请分解出喜剧营销创意的 4 要素。

分析总结：

___

训练任务 3 《李宁广告词七次变更》课外案例作业

对本土品牌而言，安踏体育、李宁、特步国际和 361 度显然占据了中国运动市场的半壁江山。根据 2017 年财报，在市值方面，安踏 1 030.87 亿元，李宁 176.1 亿元，特步 92.85 亿元，361 度 52.1 亿元；在营收方面，安踏 166.9 亿元，李宁 88.74 亿元，特步 51.13 亿元，361 度 51.58 亿元。

参考答案 4-3

李宁曾经是绝对的领先者，后来 7 次变更广告词，三起三落渐渐发展缓慢。历次广告词如下：
1. 中国新一代的希望
2. 把精彩留给自己
3. 我运动我存在
4. 运动之美 世界共享
5. 出色，源自本色
6. 一切皆有可能！(Anything is Possible)
7. 让改变发生（Make the Change!）

【案例作业】
1. 哪一句广告词给你的印象最深？以创意的 4 个重要特征之一说明为什么。
2. 用 USP 理论说明哪一句的独特价值主张最突出。
3. "一切皆有可能"已经符合"夸张想象的创意手法"，为什么并不成功？
4. "我运动我存在"能否达到"突出特征的创意"效果？为什么？

作业总结：
_____
_____

项目 5　非投资性产品营销策划创意实训

【学做一体作业】非投资性产品营销策划创意全程"游泳训练"任务

智能门禁产品策划创意

任务目标：

非投资性产品是最为常见的消费产品，通过实训较快理解如何通过策划创意满足目标市场需求，体会为什么说创意是策划的发动机，进一步熟悉策划创意工作过程。

任务内容：

智能门禁是21世纪高科技安防产品，参见图5.1。该产品可集成人脸识别、掌纹识别、指纹识别、刷卡识别、密码识别等多种模式，并且安全性能越来越高，但价格却越来越便宜，市场规模也在扩大。

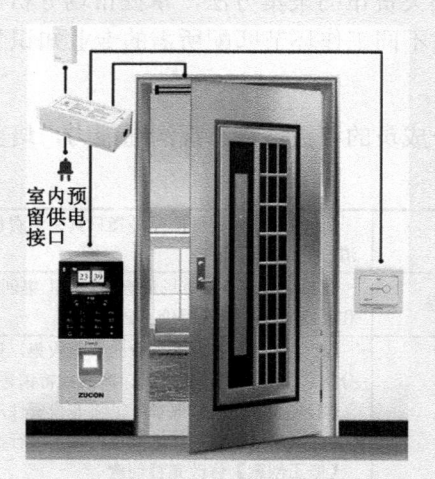

图 5.1　智能门禁产品

任课老师可以在本地寻找此类产品的生产或销售企业，邀请他们提供产品信息、市场信息，请他们根据市场开发的需求提出营销策划任务，并参与学生团队最终的提案评价，将本实训作业设计成真实项目的实训。

任务要求：

要求学生团队通过采集企业、产品和市场资讯，进一步了解智能门禁的产品现状和市场现状。通过SWOT、STP、USP分析，发现本地哪些机构或个人需要该产品，我们应该选择什么目标市场，我们如何策划产品的定位，并为产品设计一句广告口号。要求创意的内容包含产品3层次、进入市场定价等营销4P组合及线上网商、微商策略。学生团队可寻求外部人员协助设计产品包装及广告作品，同时，切记进行投入产出分析和策划效果预测。

实训步骤：

学生模拟公司应根据本项目所列的产品策划工作过程步骤开展实训。

成果评估：

三周后提案竞标，以文案和PPT形式提交，现场讲解、答辩。PPT同样应该是充满创意并易于理解的，能在几分钟内打动评委。

5.1 学习导航篇

1. 知识能力

掌握营销学理论在营销策划创意中的运用，掌握非投资性产品的概念和特性，重点学习产品3层次、产品SWOT、市场STP、广告USP等知识点。

2. 方法能力

掌握产品策划创意的真实工作过程，懂得如何开展产品策划，了解每个环节的关键内容，熟悉开展市场和企业相关资讯的采集方法，掌握市场分析的方法和整合资源的手段，培养策划行动能力，能够在不同工作环节匹配所需的专业知识和理论工具。

3. 社会能力

学生团队充分调动每个成员的积极性，掌握沟通能力，培养责任感和行动能力。

4. 学习导航

	基本概念	【定义】非投资性产品是指只具有消费价值的产品，意味着产品的价值随着消费的时间而降低
非投资性产品营销策划创意实训	营销策划创意流程	包括7个环节：市场调查分析、汇集创意、创意确定、修正创意、创意文案和提案制作、创意评价、自我总结
	任务内容	【市场调查分析】客户背景资料收集，进行目标消费者需求分析、市场环境分析、目标市场定位分析、产品独特销售主张分析等 【汇集创意】头脑风暴，汇集非投资性产品营销策划创意 【创意确定】从创新性、逻辑性、可行性3个方面确定最佳创意 【修正创意】修改完善创意 【创意文案和提案制作】文案写作、提案制作 【创意评价】演讲与答辩、客户评价、专家评价、教师点评 【自我总结】团队总结会
	典型产品营销策划创意的技巧	卖点产品营销策划创意 功能产品营销策划创意 竞争产品营销策划创意 空白产品营销策划创意

《导入案例》

世界那么大，为什么是白加黑？

白加黑推出时，已值 1994 年年末，比 1989 年进入中国的康泰克和 1993 年进入中国的泰诺都晚。而且，在这两个品牌中，康泰克凭借独有的缓释胶囊技术，第一个建立了全国性强势品牌，其广告是"早一粒晚一粒，远离感冒困扰"，在当时普遍 6 小时吃一次的感冒药中，确立了"长效"定位；泰诺则依赖"30 分钟缓解感冒症状"诉求成功，其定位于"快效"，与康泰克针锋相对。此时，感冒药市场基本上就被两强瓜分了。

面对强大而又被消费者广泛认同的的竞争对手，新的感冒药想要获得成功就必须找到自己与众不同的产品定位，这个定位必须成为一个伟大的产品创意，能够迅速被消费者认可。那么，这个产品创意的关键就是要发现消费者没有被康泰克和泰诺满足的需求，围绕这个目标消费群迅速提出清晰、直接而震撼的产品定位及其广告口号。

果然，拜耳医药保健有限公司发现了轻度感冒的司机、白天上班族服用康泰克和泰诺后的不适，甚至严重影响了他们的工作。这是一个非常庞大而清晰的目标市场（目标消费群），也是康泰克和泰诺产品的"痛点"！为此，公司将新产品命名为"白加黑"，提出"白天服白片，不瞌睡；晚上服黑片，睡得香"，将两位领先者重新定义为黑白不分的感冒药，自己是"日夜分服"。

"白加黑"的广告定位非常干脆简练："治疗感冒，黑白分明"，USP 广告口号是"白天服白片，不瞌睡；晚上服黑片，睡得香"。USP 独特销售主张清晰地传达了 STP 确定下来的产品定位：黑白分明，参见图 5.2。

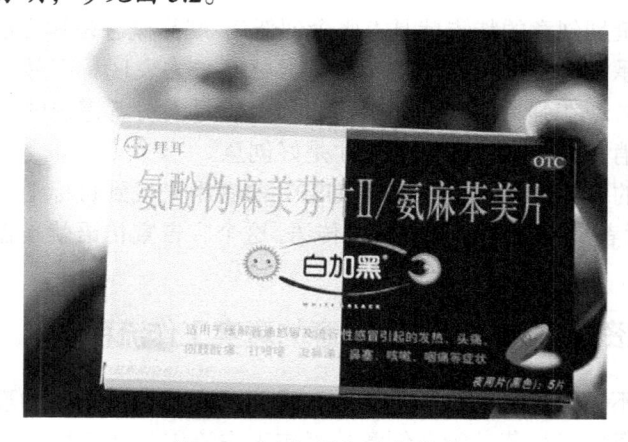

图 5.2 "白加黑"黑白分明

"白加黑"上市仅 180 天，就像暴风骤雨一般，销售额迅速突破 1.6 亿元，在拥挤的感冒药市场上分割了 15%的份额，登上了行业第二品牌的地位，在中国大陆的产品营销策划史上堪称奇迹，这一现象被称为"白加黑"震撼，白加黑凭此定位进入了感冒药三强品牌之列。

案例思考：

"白加黑"的产品营销策划创意令人惊叹，它在产品生产上又有什么创意呢？

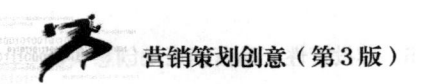

分析提示：

发现没有被满足的需求，并且在广告宣传中干脆简练地提出只有我能满足，这是策划创意的重要法则。

其实，广告宣传只是实事求是传播产品的卖点，而伟大的策划创意就是产品自身的创意，它看似简单，只是把感冒药分成白片和黑片，并把感冒药中的镇静剂"扑尔敏"放在黑片中，其他什么也没做。实则不简单，它不仅在品牌的外观上与竞争品牌形成很大的差别，更重要的是它与目标消费者的生活形态相符合，达到了引发联想的强烈传播效果。

伟大的创意往往是简单而不经意的！

5.2　基础知识篇

5.2.1　非投资性产品营销策划创意的基本概念

产品是指能够提供给消费者，被人们使用和消费，并能满足人们某种需求的任何东西。

非投资性产品是指只具有消费价值的产品，意味着产品价值随着消费时间而降低。非投资性产品是不以投资为目的的产品，是日常生活中经常接触到的消费品，供给和需求之间的关系比较易于理解，在营销策划创意中相对投资性产品易于掌握。

5.2.2　非投资性产品营销策划创意的特点

非投资性产品策划创意的特点就是"概念创新"。产品概念是卖点的承诺，是产品可以满足消费者需求的承诺，是产品定位的一种差异化竞争力表现。产品策划过去强调请消费者注意我们的产品，现在强调要注意消费者。只有满足消费者需求的产品才是好产品，只有解决了如何满足消费者需求的产品创意才是好创意。

概念创新主要的理论依据就是 STP 和 USP，前者用来找到目标消费群和产品在目标消费群心中的定位；后者用来创意一条广告宣传语，这个广告宣传语就是宣传产品概念——独特销售主张。

5.2.3　非投资性产品营销策划创意的真实工作流程

产品策划创意不是无计划的、盲目的头脑发疯，它是按照一定的程序，有计划、有步骤地进行的。非投资性产品营销策划创意的真实工作流程包括下列内容：

1. 市场调查分析

对市场环境进行深入细致的分析和研究，明确目标市场消费者对产品的需求，掌握企业外部竞争的影响因素，以摆正产品在市场上的位置，从而确定广告在市场上的定位。

2. 产品创意

对产品效用和卖点进行深入了解和研究，掌握好产品的个性特征，以决定该产品的市场定位和独特销售主张应该是什么。

3. 营销目标

产品通过一定时间的营销活动后必须达到一定的市场目标，通常是销量、市场占比或品牌形象等方面的营销成果。

4. 营销策略创意

产品创意明确之后，产品的价格策略、渠道策略和促销策略也需要逐步创意，尤其是促销策略中的广告宣传创意。

《哈慈驱虫消食片》案例阅读

哈慈老板在总结哈慈十多年来在医药保健品行业的经验时说，一靠好的产品，二靠好的策划，三靠好的队伍，强调了产品策划创意对企业具有非常重要的意义。

首先，要通过调查分析发现需求，进行概念创新。

驱虫消食片如何开拓市场的蓝海？突然有一天，我们发现了："成千上万的家长为孩子的挑食、厌食问题伤透了脑筋。"当家中小皇帝进食时，多少父母围着团团转啊！挑食、厌食正是小儿消化不良的症状表现，"症状明确"是OTC保健品营销的利器，如康泰克、斯达舒等诸多品牌都是走这条通往辉煌的大道。哈慈驱虫消食片因此完成了从"打虫"到"解决厌食"的概念创新。

其次，从产品本身进行改良，使产品在多方面满足消费者的需求。

驱虫消食片的消费者是儿童，虽然俗语说"良药苦口"，但不能让家长在硬逼孩子吃饭时还要硬逼孩子吃药，必须调出孩子们喜欢的口味。这对于重复购买、提升销量是必要的。于是，哈慈请了欧洲一流的调味师，终于调出了"香香水果味"的驱虫消食片。

最后，广告策划也要调研。

1999年，正值北京的夏天，驱虫消食片此时开展大规模的广告策划市场调研工作，项目组成员跟着大学生访问员跑遍了北京各个层次的小区，跟小孩的父母、爷爷奶奶亲切地交谈。在完成了定量的调研后，项目组成员还要跟他们进一步交流进行定性调研。一位退休的老同志谈到现在的孩子是怎么不爱吃饭，怎么不听话，谈到他的担心，并跟访问员分享他是如何成功地哄他的外孙每顿吃得好好的，很形象地学孩子的妈妈是怎么逼孩子吃饭的——"你吃不吃？到底吃不吃？再不吃妈妈就生气了！"驱虫消食片的电视广告正是取材于这个素材，蒋雯丽饰演的"妈妈"对着镜头说："你吃不吃？到底吃不吃？再不吃妈妈要生气了！"

5.3 实训操作篇

5.3.1 概述

以真实工作过程为导向，经过对所需知识与技能进行解构，再按7环节对非投资性产品营销策划创意实训流程进行重构，参见表5.1。

表5.1 非投资性产品营销策划创意实训流程

实训流程	内容要求
市场调查分析	客户背景资料收集，进行目标消费者需求分析、市场环境分析、目标市场定位分析、产品独特销售主张分析等
汇集创意	头脑风暴，汇集非投资性产品策划创意
创意确定	从创新性、逻辑性、可行性3个方面确定最佳创意
修正创意	根据情况变化和策划需要，进一步修改完善创意
创意文案和提案制作	撰写文案，制作PPT提案
创意评价	提案讲解及答辩，专家、老师和企业对创意做出评价
自我总结	模拟公司对照评价进行总结反思

5.3.2 市场调查分析

市场调查分析是非投资性产品营销策划创意的第1个环节，表5.2为市场调查分析任务的内容与实施、自检要求。

表5.2 市场调查分析任务的内容与实施、自检要求

内容	操作步骤	操作方法	注意事项	自检
企业内部资料收集	1. 直接沟通	（1）与客户进行各种方式沟通，并深入到企业现场，收集有关企业资料和产品资料	学会与产品经理、销售经理、项目经理、企业领导等沟通，以使资料具有权威性	● 资料清单 ● 问题清单
市场环境资讯采集	2. 间接采集 3. 直接采集	（2）通过商场、卖场、门店和网络、报刊、书籍，以及政府公布的数据，进行第二手资料收集 （3）确定调查目标、调查内容、调查问卷、样本窗、抽样数量、抽样方法、调查计划 （4）亲赴真实市场，以标的产品为对象开展市场调查	① 开展资料采集之前，需明确项目产品及其企业，做好人员分工，落实调查分析的工具，如计算机、纸笔、计算器等 ② 复习之前学过的市场调查分析知识与工具	● 调查问卷 ● 抽样数量 ● 抽样方法 ● 调查计划 ● 调查分工
市场环境资讯消化	4. 数据统计 5. 图表描绘	（5）问卷数据输入计算机，统计输出结果 （6）根据产品定位分析需要，绘制柱状图、饼图等	① 团队成员分工，共同协调、协作完成 ② 注意图形标注合理，色彩搭配美观	● 统计结果 ● 绘制图形

续表

内　容	操作步骤	操作方法	注意事项	自　检
产品调查分析	6．产品基本信息调查 7．产品竞争力分析和市场占有率	（7）完成产品基本信息调查，包括产品名称、性能及特性、效用和价值、品牌与专利、产品所处的生命周期 （8）进行竞争对手优劣势比较，分析市场占有率	① 产品的差异化优势是否有如下之一：成本优势、技术优势、质量优势 ② 运用 SWOT 进行分析	● 产品生命周期 ● 竞争力分析 ● SWOT 矩阵分析表
目标市场分析	8．细分市场 9．目标市场	（9）分析消费者需求、行为和特征，根据消费者的态度、行为、人口变量、心理变量和消费习惯细分市场 （10）分析和选择企业的市场覆盖战略：单一市场、产品专门化、市场专门化、有选择的专门化、完全覆盖 （11）分析和选择企业的目标市场策略：无差别性市场、差别性市场、集中性市场	① 注意产品、品牌现状分析，学会运用单变量、二变量、三变量、多变量细分市场 ② 必须与客户进行沟通 ③ 运用 STP 进行分析	● 细分市场描述 ● 市场细分"五性" ● 目标市场描述
市场定位分析	10．市场定位效果 11．市场定位方法	（12）定位是头脑之战，在竞争分析中寻找消费者未被满足或未被充分满足的内容，寻找产品能达到"消费者第一提及"效果的市场定位 （13）可以选用 8 种定位方法之一完成定位 （14）确定产品的独特销售主张	① 在创意中注意避免过度定位、混乱定位、过窄定位、过宽定位 ② 运用 USP 进行分析	● 未被满足的需求 ● 定位描述 ● 定位在第一 ● 独特销售主张

1．产品竞争力分析

从以下 3 个方面进行分析：

（1）成本优势

成本优势指企业的产品依靠低成本获得高于同行业其他企业的赢利能力。

（2）技术优势

技术优势指企业拥有的比同行业其他竞争对手更强的技术实力及研究、开发新产品的能力。

（3）质量优势

质量优势指企业的产品以高于其他企业同类产品的质量赢得市场，从而取得竞争优势。

2．市场占有率分析

市场占有率指一家企业的产品销售量（销售额）占该类产品整个市场销售总量的比例，直接反映企业所提供的产品和劳务在消费者和用户心中的满足程度，表明企业的产品在市场上所处的地位，也就是企业对市场的控制能力。市场占有率越高，表示公司的经营能力和竞争力越强，公司的销售和利润水平越好、越稳定。

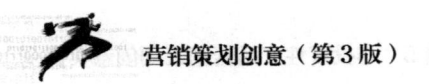

3. 目标市场"五性"分析

市场细分的五性分析也就是目标市场的五性分析。

第一，可衡量性。目标市场边界清晰可划定，即用来描述目标市场的各种参数、指标是可以识别和衡量的，有明显的区别，有合理的范围。如果消费者的需求和特点很难衡量，市场无法界定、难以描述，目标市场就失去了意义。

第二，可进入性。企业能够进入该目标市场进行有效的营销活动：一是能够把产品的信息传递给消费者；二是产品通过一定的渠道能抵达消费者手中。

第三，可赢利性。目标市场规模要大到能够使企业获利的程度，使企业值得为它设计一套营销规划方案，以便顺利地实现营销目标。

第四，差异性。目标市场具有独特性和差异化，与其他市场之间能被区别、区隔。

第五，相对稳定性。目标市场相对稳定，即目标消费群的特定需求在一定时间内保持相对稳定，否则来不及组织生产和营销。

《星巴克的目标市场定位》案例阅读

在网络社区、博客或文学作品的随笔中，不少人记下了诸如"星巴克的下午""哈根达斯的女人"等这样的生活片段，似乎在这些地方每天发生着可能影响人们生活质量与幸福指数的难忘故事："我奋斗了5年，今天终于和你一样坐在星巴克里喝咖啡了！"此时的星巴克还是咖啡店吗？不！它承载了一个年轻人奋斗的梦想。

关于人们的生存空间，星巴克似乎也很有研究。霍华德·舒尔茨曾这样描述星巴克对应的空间：人们的滞留空间分为家庭、办公室和除此以外的其他场所。第一空间是家，第二空间是办公地点。星巴克位于这两者之间，是让大家感到放松、安全的地方，是让人产生归属感的地方。20世纪90年代网络浪潮的兴起也推动了星巴克"第三空间"的成长。于是星巴克在店内设置了无线上网的区域，为旅游者、移动商务办公人士提供服务。

其实我们不难看出，星巴克选择了一种"非家、非办公"的中间状态。舒尔茨指出，星巴克不是提供服务的咖啡公司，而是提供咖啡的服务公司。因此，作为"第三空间"的有机组成部分，音乐在星巴克已经上升到了仅次于咖啡的位置，因为星巴克的音乐已经不仅仅只是"咖啡伴侣"，它本身已经成了星巴克的一个很重要的商品。星巴克播放的大多数是自己开发的有自主知识产权的音乐，很多迷上星巴克咖啡的人也迷恋星巴克的音乐。这些音乐正好迎合了那些时尚、新潮、追求前卫的白领阶层的需要。他们每天面临着强大的生存压力，十分需要精神安慰，星巴克的音乐正好起到了这种作用，确确实实让人感受到在消费一种文化，它催醒人们内心某种也许已经快要消失的怀旧情感。

---

4. 产品差异化定位法

营销策划创意人员应自问：本公司所销售的产品有什么显著的差异性？

寻找产品自身独特卖点所在，如功效、品质、形象、价格等与其他同类产品的差异之处，然后向消费者传达这些差异（自身产品的独特之处），以使消费者对产品、产品特性、产品形象等产生固定的联想，使消费者在一听到或者别人一提起什么产品特点时就能首先想到本产品（这就是"消费者第一提及"），也使其他产品无法比拟、无法对比、无法攻击。例如，高露洁牙膏的定位是双氟加钙配方，牙刷的定位是独有钻石型刷头；农夫山泉的定位是有点甜；五谷道场方便面的定位是非油炸；等等。

如果产品自身并无特别明显的区别于同类产品的特性，那么可以考虑定位为同类产品共有的，但是从没有同类竞争品牌提到过的利益诉求，如立白洗衣粉不伤手（其实没有哪个牌子的洗衣粉是伤手的）。

STP 细分市场定位理论

《Pillsbury 差异化定位》案例阅读

Pillsbury 公司在面粉包装内附赠面食食品烹调食谱，使其面粉和竞争者产生差异性，并称此为"您想要的面粉"。作为产品定位的另一个例子，FamousFixtures 公司生产及装设零售店用的商店设备，它把自己定位为对零售店拥有丰富经验的公司，因为其母公司就是"零售业：零售业所拥有，零售业所创设，并经零售业测试过的公司"。所以，该公司产品差异性不只是在于其产品，同时也扩及其服务。

产品差异性有时很容易被模仿，如上述第一个例子——GoldMeda 面粉模仿 Pillsbury 面粉，在包装袋内附加随赠食谱。但产品特征如果真正是产品本来就有的，就不容易被模仿了，如上述第二个例子。制造商店设备的公司，大多数都不是零售商业者所创设的，它们通常只想制造自己理想中的设备，在生产及装设零售店设备时，并没有真正站在零售店的立场来思考。而 FamousFixtures 则地地道道是由零售店从业者所创立的公司。此外，在这两个定位实例中，产品定位始于差异性，而这些差异性对目标市场都是有意义的。对家庭主妇而言，产品差异性包括为家人烹调食物的新方法或更好的方法；对零售业者而言，FamousFixtures 具有零售导向，知道如何布置零售店才能提高销售，同时也了解迅速完成零售店装设、早日开始营业的重要性。

"逻辑陷阱排伪法"问卷设计理论

在问卷调查中，面临最大的问题是我们不知道被访者是否在敷衍了事或有意说谎。由于营销策划采用 STP 法必须先调查消费者需求才能细分消费者市场，如果被采访的消费者敷衍或说谎，这些数据就无法带给我们真实数据的支撑，那么，做出的创意和策划就可能是错误的。事实上，我们发现有不少调研报告采用的调查数据与事实感受有很大偏差，即使一些权威的官方调查机构或著名调查公司的数据有时也存在这样的情况。我们还发现，教科书强调的是采样方法要科学，权威机构和公司也强调自己的采样方法是最科学的，也就是在符合统计学原理的采样方法和操作流程上避免虚假样本等，殊不知这些方法根本无法避免来自被访者自身的敷衍和有意说谎，更无法避免调查员参与问卷答案造假。

黄尧教授总结市场问卷设计的经验，提出了"逻辑陷阱排伪法"，即市场问卷设计理论，可以排除不真实或造假的问卷，其原理就是：在问卷设计中编织逻辑陷阱，如果被访者不说真话，一定会掉进逻辑陷阱，这张问卷被视为作废。该方法在中国电信、中国移动、美国赛百味、茅台习酒、娃哈哈、大明山、百年乐等项目中，进行了上百次的市场调查分析，得到有效验证，效果显著，客户反映良好。

所谓逻辑陷阱，就是在问卷设计中事先安排好前后逻辑关联的问题，被调查者如果回答前面的问题时说谎，就必定会在回答后面的问题时造成逻辑矛盾，掉进预先在后面的问题中设计的逻辑陷阱。例如，先问"你觉得某三明治好吃吗？"，其实你根本没有吃过，但你随口回答"好吃"或"不好吃"，那么后面会设计一个问题问"你喜欢该三明治的三角形吗？"，你回答"喜欢"或"不喜欢"都是错误的，因为这款三明治只有一种形状，就是潜水艇型的。

5.3.3 汇集创意

这是非投资性产品营销策划创意的第 2 个环节，表 5.3 为汇集创意任务的内容与实施、自检要求。

表 5.3 汇集创意任务的内容与实施、自检要求

内 容	操作步骤	操作方法	注意事项	自 检
头脑风暴	12. 头脑风暴	（15）每个成员发挥灵感创意，团队按头脑风暴法进行创意活动，创意的目标是产品创意和营销策略创意	每个成员均应事先练习创意思维方法和创意工具的运用	● 头脑风暴会议记录
汇集产品创意汇集营销策略创意	13. 产品 3 层次创意 14. 产品包装创意 15. 营销策略创意	（16）分析投资品属性和特征，在产品 3 层次上进行创意 （17）围绕产品定位，重点进行 Logo 和品牌包装的创意 （18）产品 4P 营销组合策略创意	① 重点分析产品带给消费者的效用和利益，产品创意要在以下方面进行创新和可行性的分析：质量创新、品种创新、包装创新、定位创新、产品组合创新 ② 特别注意投资品营销与消费品的不同特征，策略创意的实施要特别关注以下 8 个方面：产品投资特点的变化、代理商的选定、针对代理商的促销、精心准备售后服务、周密安排产品宣传活动、选择高端媒体、按照独特的销售主张设计广告、关注公共关系创意	● 产品 3 层次 ● 广告口号 ● Logo 设计 ● 公关创意 ● 营销策略创意

《买相机就是买回忆》案例阅读

买照相机时,照相机是有形层,核心层是回忆,即人生瞬间的珍贵记忆。因此,买照相机的实质是买回忆。照片是否非常清晰、漂亮,是否能真实而完美地捕捉人生的瞬间,而且留下一个很好的光影,这才是人们真正想要的回忆。如果忘记这一点,光是滔滔不绝地说照相机多便宜、生产技术有多好,这些指向都是有形产品,完全忽略了它的核心产品是消费者的生活回忆,消费者就不会被打动。正因为某照相机品牌了解到只有回忆才是消费者最关心、最重视和最想要的,因此他们的广告语直击消费者心底引起共鸣:"每一刻别悄悄溜走,好好珍惜,分享此刻,分享生活。"

1. 撇脂定价

撇脂是一种高价策略,撇脂定价(Skimming Pricing)策略也叫取脂定价策略,与渗透定价策略一起都属于心理定价策略。当生产厂家将新产品推向市场时,利用一部分消费者的求新心理,制定一个高价格,像撇取牛奶中的脂肪层那样先从他们那里取得一部分高额利润,然后再把价格降下来,以适应大众的需求水平,这就是所谓的撇脂定价策略。

具体做法是:将产品以最高的价格卖给市场中最有钱的客户,等这部分客户买得差不多了,再减价卖给中档客户,最后以低价甩卖占领市场来处理旧型号产品。当然,通常情况下,产品的成本低于中档价格,甚至是低于低档价格定位的价格。

《苹果 iPod 如何撇脂》案例阅读

苹果公司的 iPod 产品是最成功的消费类数码产品之一,一推出就获得成功。第一款 iPod 零售价高达 399 美元,即使对于美国人来说,也是属于高价位产品,但是有很多"苹果迷"既有钱又愿意花钱,所以部分消费者还是纷纷购买。苹果公司的撇脂定价取得了成功。但是苹果公司认为还可以"撇到更多的脂",于是不到半年又推出了一款容量更大的 iPod,当然价格也更高,定价 499 美元,仍然卖得很好。苹果公司的撇脂定价策略大获成功。

作为对比,索尼公司的 MP3 也采用撇脂定价法,但是却没有获得成功。索尼公司失败的第一个原因是产品的品质和上市速度。索尼公司在推出新产品时"步履蹒跚",当 iPod mini 在市场上热卖两年之后,索尼公司才推出了针对这款产品的 A1000,可是此时苹果公司却已经停止生产 iPod mini,推出了一款新产品 iPod nano,参见图 5.3,苹果公司保持了产品的差别化优势,而索尼公司则总是在产品更新速度上落后一大步。此外,苹果公司推出的产品马上就可以在市场上买到,而索尼公司还只是预告,新产品正式上市还要再等两个月。速度的差距,使苹果公司在长时间内享受到撇脂定价的厚利,而索尼公司的产品虽然定价同样高,但是由于销量太小而只"撇"到了非常少的"脂"。

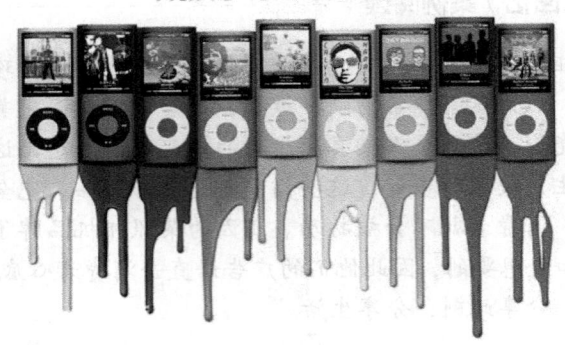

图 5.3　苹果公司的 iPod nano

2. 渗透定价

渗透定价（Penetration Pricing）与撇脂定价恰好相反，是指在新产品投放市场时，将价格定得比较低，以吸引大量消费者，提高市场占有率。采取渗透定价策略不仅有利于迅速打开产品销路，抢先占领市场，提高企业和品牌的声誉，而且由于价低利薄，从而有利于阻止竞争对手的加入，保持企业一定的市场优势。通常渗透定价适合于产品需求价格弹性较大的市场，低价可以使销售量迅速增加。渗透定价要求企业生产经营的规模经济效益明显，成本能随着产量和销量的扩大而明显降低，从而通过薄利多销获取利润。

渗透定价分为两种：一是快速渗透，就是低价高促销；二是慢速渗透，就是低价低促销。

《淘宝平台的渗透定价》案例阅读

低价策略通俗地说就是用低价格吸引人气，赢得市场份额。即设定最初低价，以便迅速和深入地进入市场，从而快速吸引大量的消费者，赢得较大的市场份额。例如，阿里巴巴公司旗下的淘宝网，当年许多服务都是免费的，如网上开店、享受支付宝服务、网店宣传等，其目的是和易趣网竞争，培养网络购物市场，聚集淘宝网的人气，渗透市场的速度和广度正如雨露润万物，不到两年就将易趣网击败。现在目的实现了，淘宝网也开始用各种方式收费了。

"低价引流，高价赢利"定律

在世界500强的沃尔玛超市中，具有竞争力的低价商品或优惠幅度大的商品，通常都会放在入口的显眼处和顾客容易看到的货架上；在沿街的商店里，聪明的老板将低价和促销价的商品放在门口或商品面朝外面的橱窗，目的是吸引顾客进入。无论是沃尔玛超市还是沿街的商店，他们希望真正获利的是超市或商店内部那些高档的高价商品。只要顾客进店并在货架上浏览，就有可能购买那些获利高的商品。

因此，我们不必为他们给某些商品定那么低的价格而担心他们经营亏本。现在，我们也可以在许多网店中看到了这个定律的运用，网店老板们一定尝到了甜头！

这种放在橱窗或入口显眼处的低价、促销甚至免费的商品，就是商场将该商品作为引流商品（开门商品），哪怕亏损，只要能大量揽客，亏损的成本比广告宣传的投入更划算。

5.3.4 创意确定

这是非投资性产品营销策划创意的第 3 个环节，表 5.4 为创意确定任务的内容与实施、自检要求。

表 5.4 创意确定任务的内容与实施、自检要求

内 容	操作步骤	操作方法	注意事项	自 检
优选最佳创意	16. 分析创意 17. 优选创意	（19）团队分析获得 3 个较优创意 （20）通过市场访问、问卷调查、专家建议来收集对创意的意见和建议 （21）根据收集的意见和建议，再次进行分析 （22）最后由团队投票决定优选哪个创意为最佳创意	重点研究分析创意的市场定位、独特卖点、广告诉求是否做到"人无我有，人有我新，人新我特"	● 创意描述 ● 创意评价意见
投入产出预算 效果预测	18. 费用估算 19. 效果预测	（23）围绕优选的最佳创意，明确表述产品创意和营销策略创意，在此基础上对产品生产及营销的投入产出进行预算 （24）以一年为周期，对期末的产品营销效果是否达到或超过营销目标进行预测。除了文字表述，还应该有数字的预测	特别注意各项测算必须经过市场调查与验证来完成，必须实际可行	● 投入产出预算 ● 效果预测

1. 投入产出预算

产品营销的投入产出预算是对未来一段时间内产品营销的收支情况进行预计，可以根据预测到可能存在的问题、环境变化的趋势进行预算，在营销过程中能够控制偏差，保证营销目标实现。

产品营销的投入产出预算可以通过编制投入产出表来完成，投入产出表是由投入表与产出表交叉制成的，前者反映产品生产成本与产品营销投入的情况，包括预算期间的中间投入和最初投入；后者反映产品的收益情况，包括中间收益和最终收益，参见表 5.5。

表 5.5 产品营销的投入产出预算表

销售收入预算					
编号	产品	时间周期	销售量	销售额	说明
1	产品一				
总收入			元		
生产成本预算					
编号	产品	成本单价	数量	总成本	说明
1	已销产品	产品一			
2	库存产品	产品一			
总成本			元		
营销费用预算					
编号	产品	项目	预算	总预算	说明
1	产品一	市场销售费用			
		市场管理费用			
总费用			元		
总利润			元		

2. 市场销售费用预算的常用方法

在确定市场销售费用预算水平时,采用何种方法应根据公司历史、产品特点、营销组合方式和市场开发程度等多方面因素加以确定,常用方法如下。

(1) 最大费用法

这种方法是在公司总费用中减去其他部门的费用,余下的全部作为销售预算。这个方法的缺点在于费用偏差太大,在不同的计划年度里,销售预算也不同,不利于销售经理稳步地开展工作。

(2) 销售百分比法

用这种方法确定销售预算时,最常用的做法是用上年的费用与销售百分比,结合预算年度的预测销售量来确定销售预算。另外一种做法是把最近几年的费用与销售百分比进行加权平均,其结果作为预算年度的销售预算。这种方法往往忽视了公司的长期目标,不利于开拓新的市场,比较适合于销售市场比较成熟的公司。

(3) 同等竞争法

同等竞争法是以行业内主要竞争对手的销售费用为基础来制定销售预算。用这种方法的销售经理都认为销售成果取决于竞争实力。

（4）任务目标法

任务目标法是一个非常有用的方法，它可以有效地分配达到目标的任务。以下举例说明。

如果公司计划实现销售额 140 万元时的销售费用为 5 万元。其中，销售水平对总任务的贡献水平若为 64%，那么，由于销售人员努力获得的销售收入=140×64%=89.6（万元），那么，费用÷销售额≈5.6%。假设广告费用为 2 万元，广告对总任务的贡献水平为 25.6%。由于广告实现销售收入=140×25.6%=35.84（万元），广告的费用÷销售额≈5.6%，这种情况下，两种活动对任务的贡献是一致的。

否则，如果广告实现的销售收入低，公司可以考虑减少广告费，增加人员销售费用。

这种方法需要数据充分，因而管理工作量较大，但由于它直观易懂，所以很多公司使用这种方法。

3. 营销效果预测

营销效果预测是指围绕既定的营销目标，经过营销策划后，能够达到或超过营销目标的可能性、可行性分析。

营销目标是指在本计划期内所要达到的目标，是营销计划的核心部分，对营销策划和行动方案的拟定具有指导作用。营销目标是在分析营销现状并预测未来的机会和威胁的基础上确定的，一般包括财务目标和营销目标两类。其中财务目标由利润额、销售额、市场占有率、投资收益率等指标组成。市场营销目标由顾客忠诚度、广告渗透度、营销网络覆盖面、品牌形象提升水平、价格水平等指标组成。通常，我们只需要针对销售额、市场占比和品牌形象 3 个指标做出预测即可反映出营销策划的效果水平。

"产品划算公式"理论

由于消费者购买产品必然会根据产品性价比来选择划算的产品，黄尧教授根据研究提炼了产品划算公式：

产品划算=（30%产品品质+20%产品包装+50%产品精神）÷价格

其中，百分比因子是项目权重，表明该项消费需求得到满足时消费价值感的提升速度。

产品品质是消费者对产品效用的价值需求，产品包装是消费者感观的价值需求，产品精神是消费者精神文化的价值需求。产品精神是产品内涵、灵魂、文化和人格的统一体，是产品价值的核心内容。根据"马斯洛需求层次论"分析，人们对满足第 3 层以上的精神文化价值需求往往是不惜代价的，随着消费者日趋注重个性体验和自我价值认同，产品精神的作用越发重要，产品被赋予的品牌内涵和灵魂越独特、越丰富、越持久，就越有竞争力，哪怕价格更昂贵，消费者也会觉得划算！

"产品划算公式"脱胎于"产品三层次"：核心层（效用—品质）、有形层（包装）、延展层（服务—精神），更清晰地指出产品三层次在满足消费者需求方面的精神与物质关系，因此能有效指导营销策划工作的重点。

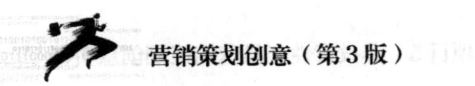

5.3.5 修正创意

这是非投资性产品营销策划创意的第 4 个环节，表 5.6 为修正创意任务的内容与实施、自检要求。

表 5.6 修正创意任务的内容与实施、自检要求

内 容	操作步骤	操作方法	注意事项	自 检
修正创意	20. 修正完善创意	（25）对照目标市场需求特征和产品定位，对创意进行修正 （26）随时根据最新资料的分析、客户意图的理解、市场环境变化的分析、营销策略的调整等，在投标演讲前，可以对创意做进一步的修正和完善	客户的要求和市场的状况是对立统一的关系，以客户为中心是工作的重点，务必注意协调处理好客户关系	● 创意修改要点

5.3.6 创意文案和提案制作

这是非投资性产品营销策划创意的第 5 个环节，如表 5.7 所示为创意文案和提案制作任务的内容与实施、自检要求。

表 5.7 创意文案和提案制作任务的内容与实施、自检要求

内 容	操作步骤	操作方法	注意事项	自 检
创意文案撰写	21. 创意说明 22. 促销文本 23. 撰写创意文案	（27）该说明在团队内提交，解释产品策划创意思路和创意的独特亮点，以便后续开展策划设计工作 （28）编写促销所需要的文本，包括广告宣传、营业推广、人员推销、公关活动 4 个方面要用到的文本，如销售路演脚本、公关活动主持词、广告宣传口径等文本，并完成所需要的产品 VI、平面广告、视频广告等模板、样板的创意设计 （29）将前面流程中形成的市场分析、产品创意、策略创意、设计作品、促销文本等，按照策划方案的结构撰写成《产品营销策划创意方案》	① 注意独特亮点的表达要同样能吸引读者 ② 文本应以清晰、明白为原则，要求图文并茂 ③ 可请外援协助完成产品 VI、广告模板、样板等创意设计 ④ 方案撰写应由一人负责全文统一编写，另安排一人负责检查逻辑性和可行性，再安排一人检查数据的可信和准确	● 创意说明 ● 创意方案 ● 促销文本 ● 广告作品 ● 路演脚本
创意提案制作	24. 提案构思 25. 提案制作	（30）在整体风格、美学效果、时间把握方面首先进行构思 （31）使用最新版 PPT 工具进行电子幻灯片提案制作	注意团队中至少有一个成员对 PPT 工具的运用比较熟练	● PPT 提案作品
演讲与答辩	26. 预演练习 27. 正式演讲与答辩	（32）练习背诵、解读、时间控制、与计算机操作的组员配合 （33）商务礼仪展现、职业能力体现、专业能力展示	① 预演，预演，再预演，是成功的基础 ② 现场氛围控制非常重要，这是通过礼仪和能力来把握的	● 预演 3 次 ● 演讲 ● 礼仪 ● 预备问题

1. 营销策划创意方案

营销策划创意方案的基本结构分为市场分析、策略创意、计划安排3个部分，其结构与营销策划方案是基本相同的。

（1）市场分析

这部分主要针对企业内部现状和市场环境进行分析，具体根据策划内容而定。

（2）策略创意

这部分主要针对营销策略的创新性、可行性进行推理和描述。

（3）计划安排

这部分主要是将有关的策略创意按照企业营销活动的范围、目标、时间周期根据流程、步骤进行安排，并据此做出投入产出预算和效果预测。

2. 商务礼仪

在项目训练和提案活动中，同学们都会接触到企业的领导、专家及商务人士，只有用合适的商务礼仪进行沟通和交往，才能在职业化方面获得更多的尊重，也才能得到更多职业素质的锻炼。因此，同学们要在相关的商务礼仪课程中多加学习和训练。

（1）尊重为本

一是自尊。自尊是通过言谈举止、待人接物、穿着打扮来体现的，自己不自尊自爱，别人是不会看得起的。

二是尊重别人。尊重别人要讲规矩，对交往对象要进行准确定位，就是你要知道他的身份和地位，然后才能决定用怎样的方式对待他。

（2）善于表达

商务礼仪是一种形式美，不善于表达或表达不好都不行，表达要注意环境、氛围、历史、文化等因素。

3. 提案技巧

如果策划创意没有让客户接受，那么此前的任何付出都是白忙一场。所以，要非常重视面对项目客户的提案训练，有关技巧如下。

（1）要有一个有趣的开场白（桥段）

不要一上来就急着直接讲方案，你需要把客户的注意力集中到你身上来，融入你想建立和把握的氛围中，可以是小调侃、小幽默、流行词等桥段。

（2）要事先训练口才表达能力

也许方案不是你设计的，也许后面的跟进执行不是你，但如果你练就了口齿伶俐的表达能力，同时又极富亲和力、感染力，那么就可以由你来进行提案。

（3）提案前一定要问自己3个问题

① 你是否对自己这个创意充满热爱，并且深知它的来龙去脉？

② 你是否对自己提案的对象（客户）足够了解，并且清楚他们在想什么？

③ 你是否已经有足够的勇气去迎接提案的失败，当然也不会在成功后兴奋得晕厥？

（4）确定提案人的"颜色"

① 理性蓝色（blue）

"蓝色"提案人是理性的，他们用清晰的头脑说服别人并引起所有人的注意。

② 激情红色（red）

"红色"提案人是感性的，具有爆破力和强烈感染力，热情是他们的动力。

③ 中庸灰色（grey）

"灰色"提案人是平庸的，缺乏"红色"的火热和"蓝色"的敏锐，他们宁可平庸也不要冒险以免使自己看起来很笨。

5.3.7 创意评价

这是非投资性产品营销策划创意的第6个环节，表5.8为创意评价任务的内容与实施、自检要求。

表 5.8 创意评价任务的内容与实施、自检要求

内　容	操作步骤	操作方法	注意事项	自　检
客户评价	28. 客户意见和建议	（34）在投标演讲答辩中，客户会很直接地提出意见和建议	详细记录客户所说的每一句话，诚恳地解释自己的创意	● 客户评价
专家评价	29. 专家提问和点评	（35）在评标中，邀请的行业专家会从专业的角度提出问题，并点评提案演讲和回答问题的表现	详细记录专家所说的每一句话	● 专家评价
教师点评	30. 教师点评	（36）模拟投标 PK 活动结束后，指导老师要进行综合点评和评分排名，向中标者宣布中标名单和中标内容	详细记录指导老师所说的每一句话	● 教师点评

5.3.8 自我总结

这是非投资性产品营销策划创意的最后一个环节，表5.9为自我总结任务的内容与实施、自检要求。

表 5.9 自我总结任务的内容与实施、自检要求

内　容	操作步骤	操作方法	注意事项	自　检
自我总结	31. 自我总结	（37）每个团队均应在项目结束后，专门组织撰写自我总结报告，召开总结会议，会上要进行充分讨论，畅所欲言，以达到总结提高的目的	人人都必须完成自我，在小组会上发言，无论是遗憾的体会，或是欣喜的收获，都是一次难得的促进	● 总结笔记 ● 总结报告

5.4 改进提升篇

5.4.1 卖点产品营销策划创意

卖点产品的意思是突出某卖点作为产品的核心竞争力，这种营销策划创意的方法需要提炼产品的独特销售主张，即 USP。

例如，"给你的宝宝一个你孩提时代不曾拥有的东西：一个清爽的屁股。"（帮宝适纸尿裤);"只溶在口,不溶在手。"(M&M 巧克力);"27 层净化"(乐百氏纯净水);"防止蛀牙"(高露洁牙膏)等。

5.4.2　功能产品营销策划创意

功能产品的意思是以功能为出发点策划的产品,按照消费者需要解决的产品功能性问题,着重创意产品的功能特性。

例如,脑轻松的功能是健脑,可以降低脑疲劳;王老吉是降火;红牛是补充牛磺酸和维生素以达到抗疲劳和补充能量的目的等。

5.4.3　竞争产品营销策划创意

竞争产品是通过模仿并超越竞争对手而策划的产品。模仿跟进是最经济、高效的方法,在市场中常见的成功案例也不少,如百度模仿并超越了谷歌,淘宝模仿易趣并超越了易趣,QQ 模仿并超越了 ICQ 等。

5.4.4　空白产品营销策划创意

空白产品就是针对竞争对手没有开拓的空白市场而策划的产品。空白产品的策划创意需要具备敏锐的市场触角(洞悉市场趋势)、宽广的视野(发现有潜力的空白产品)、快速行动的能力(把握竞争机会)。

5.5　巩固练习篇

一、问答题

1. 产品营销策划创意的 USP 包括哪 3 个要点?
2. 产品营销策划的 2 个部分同时对应了产品营销策划创意的 2 个部分,具体是哪 2 个部分?
3. 产品营销策略创意需要撰写的路演脚本是什么?
4. 什么是空白产品?

二、判断题

1. 弱点-机会(WO)对策是利用内部劣势来弥补外部机会,使分析对象克服劣势而获取优势的对策。(　　)
2. "撇脂"是一种低价策略,撇脂定价策略也叫取脂定价策略,属于心理定价策略。(　　)
3. 分析和选择企业的目标市场策略有 2 种:无差别性市场、差别性市场。(　　)
4. 产品 3 层次包括核心产品、有形产品和无形产品。(　　)

三、多选题

1. 市场定位可以采取如下方法(　　)。
A. 差异定位法
B. 利益定位法

C. 使用者定位法
D. 消费定位法
E. 分类定位法
F. 针对特定竞争者定位法
G. 公共关系定位法
H. 问题定位法

2. 细分市场的"五性"原则（　　　　）。
A. 可衡量性、可赢利性、可进入性、可差异性、可稳定性
B. 可衡量性、可赢利性、可进入性、可差异性、可容易性
C. 可衡量性、可赢利性、可界定性、可差异性、可稳定性
D. 可衡量性、可赢利性、可界定性、可差异性、可容易性

四、单选题

1. 定位起始于产品，但并不是对产品本身做什么行动。定位是指要针对目标消费者的心理反应和思考模式进行分析，最终要将产品在他们的_____中确定一个适当的位置，最好是"第一提及"的位置！定位是对顾客的头脑进行争夺，目的是在目标消费者心智中获得有利的地位。定位理论实际上是 STP 理论的发展和深化。
A. 人群　　　　　　　　　B. 心智
C. 市场　　　　　　　　　D. 思想

2. 为塑造品牌服务是广告的_____的目标。
A. 重要　　　　　　　　　B. 最主要
C. 主要　　　　　　　　　D. 必须兼顾

3. 随着同类产品_____减小，品牌之间的同质性的增大，消费者选择品牌时所使用的理性就越少，因此，描绘品牌的形象要比强调产品的具体效用和功能特征要重要得多。
A. 竞争性　　　　　　　　B. 差异性
C. 相似性　　　　　　　　D. 同质性

4. 消费者购买时所追求的是"效用利益+心理利益"，对某些消费群体来说，广告尤其应该_____来满足其心理上的利益诉求。
A. 运用文字　　　　　　　B. 运用图片
C. 运用形象　　　　　　　D. 运用代言

5. 消费者相信，如果在一棵果树上摘下的一颗果子是甜的，那么这棵树上的_____也都会是甜的。这就是品牌的"果子效应"。
A. 某些果子　　　　　　　B. 花朵
C. 其余果子　　　　　　　D. 叶子

6. 在资讯收集阶段，要完成以下工作任务：_____、一般资讯采集、消费需求调查、竞争对手调查、产品资讯采集、相关资讯采集。
A. 特定资讯采集　　　　　B. 产品资讯采集
C. 对手资讯采集　　　　　D. 企业咨询采集

7. 消费者也可能形成某种购买意图而偏向购买他们喜爱的品牌，但是，在_____之间，会受到其他人的态度和未预期到的情况因素的影响。

A．认知需求和收集信息　　　　B．收集信息与选择评估
C．品牌评估与购买选择　　　　D．购买意图与购买决策

8．在消化资讯阶段，要完成以下工作任务：市场需求细分、_____、市场定位描述、产品独特卖点描述、营销目标描述。

A．目标市场特征描述　　　　B．细分市场特征描述
C．目标市场描述　　　　　　D．细分市场描述

9．在进行创意修正阶段，要完成以下工作任务：运用理论工具分析完善创意、运用技巧和方法激发更多创意、分析论证最优创意、_____。

A．进行广告创意和设计　　　　B．撰写创意方案
C．全面系统地描述最优创意　　D．评估创意效果

10．营销策略若没有创意做支撑是没有作用的。客户往往只是买我们的_____，而不是买我们的产品。

A．服务　　　　　　　　　　B．诚意
C．品牌　　　　　　　　　　D．创意

11．在策略形成阶段，要完成以下工作任务：_____、形成以最优创意支撑的策略内容描述、在创新性、逻辑性、可行性方面对策略创意进行全面分析论证、完善策略创意的内容。

A．了解什么是策略　　　　　B．分析策略需要什么要素
C．选择与最优创意配套的营销策略类型　D．找到恰当的创意

12．每次广告活动都必须确定向诉求对象重点传达的信息，称为_____。

A．广告重点　　　　　　　　B．重点信息
C．诉求重点　　　　　　　　D．诉求信息

13．非投资性产品是指_____的产品，意味着产品的价值随着消费的时间而降低。

A．没有投资价值　　　　　　B．耐用消费
C．只具有消费价值　　　　　D．快速消费

14．非投资性产品营销策划的目标是如何将_____推销给客户，如快速消费品、低值易耗品、高值耐用品等。

A．产品的功能　　　　　　　B．产品的使用价值
C．产品的服务　　　　　　　D．产品效用与服务

5.6　训练总结篇

训练任务 1　《本校纪念品策划创意》60 分钟实务训练

时间：60 分钟练习

内容：学生可为本校创意一款纪念品，并进而想办法运用创意策略迅速推广给本校师生，要求各模拟公司按照产品策划的工作过程列出每个步骤的要点，并通过头脑风暴筛选出产品创意的最佳点子。

组织形式：请各模拟公司学习小组按照以下流程完成任务。

（1）用 10 分钟分头采集本校以往纪念品信息和同学们对纪念品需求的信息；

（2）用 10 分钟集体讨论，写出纪念品市场定位、产品的创新概念；

（3）用5分钟创意纪念品广告口号；

（4）用10分钟手绘纪念品，并写出产品特点和推广思路；

（5）老师用20分钟安排各组学生团队上台来与全班分享完成的广告作品，老师和其他团队的代表共同担任评委打分。最后，由老师做总结。

要求：每个模拟公司学习小组的成员都必须参与练习。

实训要点：掌握产品营销策划创意的工作过程。

训练总结：

_____

_____

训练任务2 《个人职业发展SWOT》90分钟实务训练

时间：课内30分钟，课外60分钟。

内容：每名同学在一张A4白纸上画出SWOT矩阵分析表，按照本章的SWOT分析步骤，以"营销策划师"为职业发展目标，在表中填入相应信息，并在表后给出一段总结文字。同时，还要撰写一篇分析报告《个人职业发展目标分析报告》。

考核要求：

1. 由老师抽取三名同学在班上分享自己的SWOT分析结果。
2. 每名同学均要上交1 000字以上的分析报告，由老师批阅打分。

分析要点：

SWOT分析是一种分析内外部环境的战略级分析工具，从宏观上分析内部能力与外部条件的现状，按照存在的优势和劣势、面临的机会和威胁进行梳理，并与竞争对手的SWOT进行对比，试图找出一种最有利于自己的对策。

分析步骤：

1. 围绕发展目标，确认内部能力是什么。
2. 开展竞争环境分析，确认外部条件是什么。
3. 将上述两个方面信息填入SWOT矩阵分析表中S、W、O、T字母下方表框内。
4. 把S和W信息分别分成两组，一组与O有关，另一组与T有关。
5. 对上述4组信息进行发展趋势与对策，形成对策结论，填入表格中SO、WO、ST、WT的下方表框。
6. 根据表格作出一段总结文字，表5.10为SWOT矩阵分析表。

表5.10 SWOT矩阵分析表

外部因素	内部能力	
	S	W
O	SO	WO
T	ST	WT

训练总结：

_____

_____

训练任务 3 《鹰卫浴发展策略》案例作业

鹰卫浴推出了"Smartliving 慧生活"的新理念后，建立起属于自己品牌的"慧生活"目标市场，一群以"自在、适度、永续"为 SL 族生活观念的消费群，他们在满足需求的基础上，力求自然环保，不增添消耗、减少负担，倡导"实用""好用"的产品。该品牌通过有效的营销策划，在多年的营销活动中不断激发 SL 族的兴奋点，成功地保持在卫浴市场的前十名，再次获得 2017 年度十大卫浴品牌荣誉。

参考答案 5-3

目前中国卫浴市场前三名品牌是科勒、TOTO、美标，鹰卫浴为了进一步使企业的产品品种及其结构适合市场需求的变化，将企业资源有效地分配到合理的产品结构中去，以提供企业效益和市场竞争力，在激烈竞争中向前三名发起冲击。2018 年 7 月初，该企业营销策划部和市场部共同开展市场调查，获得 2018 年上半年有关市场信息表 5.11 为 2018 年上半年中国卫浴市场销量统计表。

表 5.11 2018 年上半年中国卫浴市场销量统计表

（单位：亿元）

品　牌	坐便器销量	卫浴五金销量	洗脸盆销量
科勒	48.88	15.9	35.18
TOTO	17.25	4.4	11.64
美标	7.02	3.45	6.72
鹰牌	6.67	1.94	6.88
市场总销量	115	53	82

2018 年上半年，鹰牌总产值 21.5 亿元，其中，坐便器占 31%、卫浴五金占 9%、洗脸盆占 32%；营销推广费用占 40.5%，生产成本占 36.4%，财务成本占 15.8%，利润达 7.3%；坐便器贡献率 31%，卫浴五金贡献率 6%，洗脸盆贡献率 47%，其他 16%。

2017 年下半年，鹰牌总产值 17.5 亿元，其中，坐便器占 33%、卫浴五金占 11%、洗脸盆占 31%；营销推广费用占 40.5%，生产成本占 36.4%，财务成本占 15.8%，利润达 7.3%。坐便器贡献率 27%，卫浴五金贡献率 10%，洗脸盆贡献率 57%，其他 6%。

研究企业产品组合的市场发展战略最有效的工具之一是"波士顿矩阵理论"，下面请用该理论以 10%的市场增长率和 20%的相对市场占有率为高低标准分界线进行相应的计算并给出策略建议。

【案例作业】

1. 以前 3 名为竞争对手，计算鹰牌 3 类产品在波士顿矩阵中的坐标点，并画出矩阵图。
2. 以领先者为竞争对手，计算鹰牌 3 类产品在波士顿矩阵中的坐标点，并画出矩阵图。
3. 以美标为竞争对手，计算鹰牌 3 类产品在波士顿矩阵中的坐标点，并画出矩阵图。
4. 对比以上的产品竞争策略，你认为哪个最优？为什么？
5. 按照最优的策略选择，3 种产品的投资发展策略应该如何决断？

作业总结:

_____

_____

训练任务 4 《针锋相对的策划》案例作业

（1）复方扶芳藤合剂是我国老中医发掘的隋朝宫廷秘方，以我国中医学理论为依据，历经 30 年的临床实践组成的处方，由扶芳藤、黄芪、人参等中药组成，含有黄酮、生物碱、酚类化合物、叶绿素衍生物、胡萝卜素等成分，具有延年益寿、补血养颜、善治未病、补气益血、安神补脑的功效，自上市以来以其确切、神奇的疗效，可靠的质量获得了权威认可，为此被载入 2000 年版《中国药典》目录，被评为国家中药保护品种和国家基本药物。

参考答案 5-4

（2）阿胶固元膏，据传是慈禧晚年非常喜欢的一道药膳，也有说此方是由唐代杨贵妃所创，来源于《水经注》："岁尝煮胶，以贡天府"，是中国传统糕类药膳之一，也称为阿胶固元糕，常用于气血两虚、头晕目眩、心悸失眠、食欲不振及贫血，具有较好的美容、乌发、补血效果，可以减缓衰老。

【案例作业】

1. 最近，某品牌阿胶固元膏正在某区域市场针对某品牌复方扶芳藤合剂展开竞争，后者该如何策划针锋相对的促销策略？

2. 若对手采用降价促销和捆绑促销等营业推广策略进行回击，请为某品牌复方扶芳藤合剂策划下一步的营销策划。

作业总结:

_____

_____

项目6　投资性产品营销策划创意实训

【学做一体作业】投资性产品营销策划创意全程"游泳训练"任务

房地产商业街营销策划创意

任务目标：

在中国，房地产是比较典型的投资性产品，学生们可通过实训体会投资性产品营销策划创意的流程，改变其他教材仅重视非投资性产品营销策划的情况，把握投资性产品的供需弹性，体会投资性产品与非投资性产品的不同特点，理解购买投资性产品必然成为中国发展的趋势。

任务内容：

商业街铺面是一种典型的地产类投资性产品，与住宅产品主要用于居住消费的特点不同，投资商业街铺面主要是为了通过经营后提高铺面出租或出售价格而达到投资增值的目的。老师可在本地楼盘中挑选一个占地面积达到60 000平方米、建筑面积达到50 000平方米的商业街，商业街的风格可为仿古建筑，集购物、休闲、观光于一体，可经营花鸟虫鱼、古玩字画、奇石珠宝、盆景根雕、特色餐饮、居家饰品、民族特色工艺品等，参见图6.1。

图6.1　商业街

任务要求：

要求学生团队通过企业调研、市场调查完成市场分析，收集产品和市场资讯，包括招商对象分析和项目消费群分析，完成营销策划创意，《营销策划总体方案》及《营销策划执行手册》。

实训步骤：

学生模拟公司应根据本项目所列的策划流程开展实训。

成果评价：

三周后提案竞标，以文案和PPT形式提交，现场讲解、答辩。邀请商业街业主及房地产行业专家共同担任评委。

6.1 学习导航篇

1. 知识能力

掌握投资性产品的概念和特性，重点关注投资性产品在目标市场客户需求、市场定位等方面与非投资性产品不同的特点。

2. 方法能力

掌握投资性产品营销策划创意真实的工作过程，懂得如何开展投资性产品策划，了解典型投资性产品的策划创意技巧。

3. 社会能力

学生团队应继续磨练深入市场和企业的能力，学会与客户沟通，学会协调外部资源，能够按照具体项目安排好每个成员的工作目标、内容、时间等任务指标，逐渐熟练地通过配合完成项目，充分发挥每个成员的积极性，掌握沟通能力，培养责任感和行动能力。

4. 学习导航

投资性产品营销策划创意实训	基本概念	【定义】投资性产品是指购买后不需要追加新的使用价值，也不需要附加新的价值，即可择机出售获利（也可能亏损）的产品
	策划创意流程	包括7个环节：市场调查分析、汇集创意、创意确定、修正创意、创意文案和提案制作、创意评价、自我总结
	任务内容	【市场调查分析】收集企业背景和市场环境资料、分析投资客户的需求，分析如何满足客户对未来预期价值的追求、精准的目标市场定位、产品定位和独特销售主张 【汇集创意】头脑风暴，汇集投资品策划创意 【创意确定】从创新性、逻辑性、可行性3个方面确定最佳创意 【修正创意】根据情况变化和策划需要，进一步修改完善创意 【创意文案和提案制作】文案写作、提案制作 【创意评价】演讲与答辩、客户评价、专家评价、教师点评 【自我总结】团队总结会
	典型投资品策划创意	艺术投资品策划创意 家具投资品策划创意 酒茶投资品策划创意 玉石投资品策划创意 房地产投资品策划创意

《导入案例》

有些人购买红酒不是消费而是投资

红酒投资，是指以红酒为投资对象，当期投入一定数额的资金而期望在未来获得回报，是将货币低风险地转化为较为丰厚回报的过程。它是一项集消费与投资为一体的商业活动。近年来，随着人们物质财富的增长和对精神财富追求的提升，红酒为越来越多的投资、收藏爱好者所青睐。

红酒成为投资新宠，与它巨大的市场潜力和超高的利润空间息息相关。在近年的红酒市场上，投资红酒带来的丰厚利润，大大超过同期道琼斯和标准普尔指数成分股的增值速度。据悉，在1982年出产的法国知名红酒拉菲，参见图6.2，10年的投资报酬率高达近千的百分比。在尝到顶级红酒的甘甜之后，越来越多的投资者开始涌入这个市场，红酒的价值也远远超过了人们餐桌上佐餐佳酿的价值。

红酒投资市场的4大投资途径：

1. 高端模式：投资海外酒庄。国际高级的酒庄是集种植、酿造、装罐和贮藏等于一体，从原料到成品酒，围绕葡萄庄园而进行的红酒生产。

2. 常规模式：现酒，红酒现货酒，就是所谓的瓶装酒。如果以投资为目的，那么通常投资数量以箱为单位，一箱有12瓶。多数的红酒投资者可以直接通过酒商购买现酒。

3. 潜力模式：期酒，又称红酒期货，是指在红酒完成发酵工艺后，刚刚放入橡木桶陈酿环节，酒商购买其所有权，这时购买的红酒即为期酒。此时的红酒尚不能饮用，还需要将红酒存放在酒窖中，经过18~24个月的陈酿之后，红酒完全成熟，装瓶出窖，才能交付给客户饮用。

4. 专家理财：红酒基金。如果对红酒不甚熟悉但又想参与投资，可以把投资期酒的风险转化到专业的基金公司，这类基金由专业人士用期酒和现酒构造投资组合。

案例思考：红酒投资比黄金投资回报率更高吗？

分析提示：顶级红酒的投资收藏价值是有目共睹的。有分析家指出，投资法国波尔多地区红酒的回报率较高的年份是1982年份、1986年份、2000年份、2005年份、2009年份。与购买黄金、股票等投资方式不同，投资红酒必须认同红酒文化，要对红酒有一定的品鉴能力。策划成功的红酒投资产品会比黄金的投资回报率更高。

图6.2 1982年的法国红酒拉菲

6.2 基础知识篇

6.2.1 投资性产品营销策划创意的基本概念

1. 投资性产品的定义

投资性产品是指购买后不需要追加新的使用价值,也不需要附加新的价值,即可择机出售获利(也可能亏损)的产品。追加新的使用价值是指增加新的功能和用途,或者改变其功能和用途;附加新的价值是指把购买的投资性产品与其他有价资产组成投资组合,例如,购买一家公司股权后附加另一家公司的应收账款一起出售,这没有追加使用价值,但附加了新的价值。

经济学基本原理表明,非投资性产品的供给曲线单调递减,需求曲线单调递增,在市场规律的作用下可以实现单一的均衡价格 P_0,参见图6.3(a)。

2. 投资性产品特性

投资性产品的供给与需求曲线在有些阶段与消费品相似,因为在投资品市场,"逢低买入,逢高减仓"是重要的买卖依据之一。

但是,投资性产品的供给与需求曲线更多时候是与消费品相反的,因为"买涨不买跌""追涨杀跌"也是投资者进行投资品买卖的重要心理。在这种买卖依据作用的阶段,当投资品价格上涨,投资者买入意愿更加强烈,卖出意愿减弱,即对投资品的需求增加、供给减少;当投资品价格下跌时,投资者买入意愿减弱,卖出意愿增强,即对投资品的需求减少、供给增加。投资性产品在这一阶段的供给与需求曲线变化方向与非投资性产品正好相反。

投资性产品供给与需求曲线的阶段性反向变化使产品价格既有可能在偏高的价格暂时均衡,也有可能在偏低的价格暂时均衡,还有可能在中间价格段形成暂时均衡。投资品没有均衡价格,或者说有多个暂时均衡价格 P_0、P_1、P_2 等,参见图6.3(b)。这一规律称为"投资性产品无均衡价格定律"。

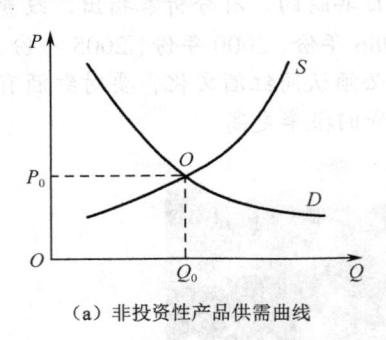

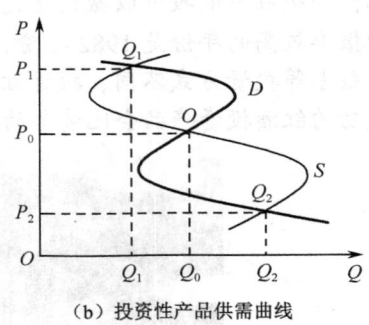

(a)非投资性产品供需曲线   (b)投资性产品供需曲线

图6.3 产品供需弹性曲线

可见,投资性产品与非投资性产品的最大不同有2点:一是价值让渡的方式和目标不同,前者是未来价值预期的让渡,因此具有投资价值,后者是当前使用价值的让渡,因此具有效用价值;二是供应与需求的曲线不同,前者只有一个均衡价格,后者有多个均衡价格。

因此,必须将投资性产品与非投资性产品区别开来,有针对性地开展营销策划创意工作。

3. 投资性产品类型

投资性产品可分为以下 2 种类型。

（1）纯投资品

这类投资品没有使用功能，只有投资功能，如股票（或股权）、期货、金融衍生产品等。

（2）复合投资品

这类投资品既有使用功能又有投资功能，如房地产、红木家具、白酒、金银首饰、艺术品、普洱茶等。

《红木是什么木》案例阅读

红木家具主要是指用紫檀木、黑酸枝木、红酸枝木、香枝木、花梨木、乌木、条纹乌木和鸡翅木等制成的家具，其外观简朴对称、材色天然、纹理宜人，参见图 6.4。红木家具的制作主要采用我国家具制造的雕刻、榫卯、镶嵌、曲线等传统工艺。在《中国花梨木家具图考》中总结加工红木家具的 3 条基本法则是：非绝对必要不用木销钉；在能避免处尽可能不用胶粘；任何地方都不用镟制，即不用任何铁钉和胶粘剂。所以在红木家具的造型和工艺中明显的民族性是对许多收藏者最有吸引力的部分，很多人称红木家具为人文家具、艺术家具。

图 6.4　红木家具

6.2.2　投资性产品营销策划创意的特点

投资性产品策划创意与非投资性产品营销策划创意的思维方式是基本相同的，但需要注意以下几个方面。

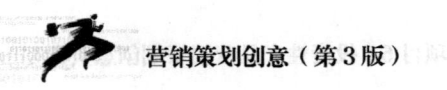

1. 产品创意

在产品创意阶段要特别注重调查顾客在投资方面的需求和欲望，形成产品策划的目标、方向；要特别注意分析企业的产品开发资源及条件，挖掘企业的优势，发现存在的问题，分析市场潜在的机会和危险。

2. 营销策略创意

要注意从营销策划角度研究投资性产品，找出其独特的投资价值；对投资产品的目标投资者要进行详细的投资心理和行为习惯的调查和分析，找准市场的切入点；按照市场当前的调研资料确定产品的定价；注意创新投资性产品投放市场的渠道；不同的投资性产品针对不同目标投资者要制定不同的促销策略和广告策略；针对投资需求比消费需求弹性变化大的特点，实施营销策略创意时特别要注意根据实际情况调整。

6.2.3 投资性产品营销策划创意的真实工作流程

投资性产品营销策划创意的真实工作流程包括下列内容。

1. 市场调查分析

对所研究的投资品市场环境进行深入细致的分析和研究，明确投资客户对投资品的需求，分析投资品竞争环境的影响因素和竞争机会与挑战，分析企业对投资品的市场定位需求，从而确定策划创意思维的定位和导向。

2. 投资品价值分析

根据投资品的价值回报特性，对投资品卖点进行深入地研究，掌握投资品的估值方式和升值趋势等信息，由此才能决定该投资性产品的市场定位和独特销售主张。

3. 营销目标

营销目标是通过一定时间的营销活动，计划达到的市场目标，通常要在销量、市场占比或品牌形象等方面做出一个量化要求。

4. 营销策略创意

根据 4P 理论来分解营销策略创意，投资品的目标消费群和市场定位明确后，产品的价格策略、渠道策略和促销策略也逐步明确，尤其是促销策略中的广告宣传创意。

6.3 实训操作篇

6.3.1 概述

以真实工作过程为导向，经过对系统化知识与技能的解构，采用七步法按课程建设的需要，对投资性产品营销策划创意实训流程进行重构，参见表 6.1。

表6.1 投资性产品策划创意实训流程

实训流程	内容要求
市场调查分析	收集产品企业背景资料和市场环境资料，分析投资客户对投资性产品的需求，分析营销策划如何满足客户对产品预期价值的追求，确定目标市场，明确市场定位和独特销售主张
汇集创意	头脑风暴，汇集投资品策划创意
创意确定	从创新性、逻辑性、可行性3方面确定最佳创意
修正创意	根据情况变化和策划需要，进一步修改完善创意
创意文案和提案制作	撰写文案，制作PPT提案
创意评价	提案讲解及答辩，专家、老师和企业对创意做出评价
自我总结	模拟公司对照评价进行总结反思

6.3.2 市场调查分析

这是投资性产品营销策划创意的第1个环节，表6.2为市场调查分析任务的内容与实施、自检要求。

表6.2 市场调查分析任务的内容与实施、自检要求

内容	操作步骤	操作方法	注意事项	自检
产品企业内部资料收集	1. 直接沟通	（1）与客户进行各种方式的沟通，并深入企业现场，收集有关企业资料和产品资料	必须能与产品经理、销售经理、项目经理、企业领导等沟通，以使资料具有权威性	● 资料清单 ● 沟通记录
市场环境资料采集	2. 间接采集 3. 直接采集	（2）通过公开的数据进行第二手资料收集 （3）确定调查目标、调查内容、调查问卷、样本窗、抽样数量、抽样方法、调查计划 （4）亲赴真实市场，以目标产品的投资心理与行为习惯为对象开展市场调查	① 开展资料采集之前，需设想产品的目标市场 ② 复习之前学过的市场调查分析知识与工具	● 调查问卷 ● 抽样数量 ● 抽样方法 ● 调查计划 ● 调查分工
资料消化	4. 数据统计 5. 图表描绘	（5）将问卷数据输入计算机，统计输出结果 （6）根据产品定位分析需求，绘制柱状图、饼图等	① 团队成员分工，共同协调、协作完成 ② 注意图形标注合理，色彩搭配美观	● 统计结果 ● 绘制图形
产品调查	6. 产品基本信息调查 7. 产品竞争力分析	（7）完成投资品基本信息调查，包括产品名称、特征、特性、预期价值、品牌等 （8）与竞争对手进行优劣势分析 （9）进行SWOT分析	① 投资品是否有如下优势：风险小、长期效益高、流通性强、变现成本低 ② 运用SWOT工具进行分析	● 投资价值分析 ● 消费价值分析 ● 竞争力分析 ● SWOT分析

续表

内　　容	操作步骤	操作方法	注意事项	自　检
目标市场分析	8. 细分市场 9. 目标市场	（10）分析客户需求、行为和特征，根据客户对投资品的态度、行为习惯、人口变量、心理变量和投资习惯细分市场 （11）分析和选择企业的市场覆盖战略：单一市场、产品专门化、市场专门化、有选择的专门化、完全覆盖 （12）分析和选择企业的目标市场策略：无差别性市场、差别性市场、集中性市场	① 注意产品、品牌现状分析，学会运用单变量、二变量、三变量、多变量细分市场 ② 必须与客户进行沟通 ③ 按步骤完成 STP 分析	● 细分市场"五性" ● 目标市场描述 ● STP 分析
产品定位分析	10. 产品定位步骤 11. 产品定位方法	（13）定位是头脑之战，寻找消费者的心理空间占位，按照定位方法一步一步练习 （14）确定选用 8 种定位方法之一	① 在创意中注意避免、过度定位、混乱定位、过窄定位、过宽定位 ② 确定产品独特卖点 ③ 按步骤完成 USP 分析	● 定位描述 ● 产品定位 ● 独特卖点 ● USP 分析

1. 消费型投资品

（1）房地产产品

房地产产品作为投资品得到社会的普遍认同，但其投资价值却受到诸多因素的影响，市场分析的内容较为复杂与多样，主要内容包括：①地区经济分析；②区位分析；③市场分析；④供求分析；⑤项目竞争分析。

（2）艺术收藏品

艺术收藏品由来已久，主要包括瓷器、玉石、金属物品、钱币、邮品、磁卡、书画、红木等，市场分析内容包括：①投资机遇分析；②投资风险分析；③应对策略分析；④重点客户战略分析。

（3）消费收藏品

消费收藏品与房地产产品、艺术收藏品的相同之处在于其来源于生活的需要，是生活资料中物以稀为贵的体现。但消费收藏品的根本不同在于其与艺术相关不大，而与时间有关，时间越长，其价值越高。但有些消费收藏品需要特殊的收藏条件，如红酒等。

2. 纯投型投资品

（1）股票

股票主板市场是以传统产业为主的股票交易市场，目前国内有上海证券交易所与深圳证券交易所挂牌上市的股票可供投资者选择。二板市场是创业板市场，上市标准较低，主要以高科技、高成长的中小企业为服务对象，美国的纳斯达克是世界上最著名的创业板。三板市场是代办股份转让系统，我国的三板市场比较特殊，所交易的都是从股票主板退下来的股票，如某些企业连年亏损，被迫从股票主板摘牌，那么就可以转到三板市场继续交易。

（2）期货

国内期货市场包括金属、农产品、能源类期货投资产品。期货具有套期保值的功能，对于参与者来说，其具有套利性、投机性。

（3）其他

其他纯投型投资品还有基金、外汇、贵金融、彩票、债券等。

《白酒收藏投资在中国》案例阅读

近年来，白酒文化内涵深厚、便于储存、资源稀缺等特点使它逐渐成为收藏市场的新宠。很多白酒收藏专家认为：白酒收藏有望继红酒收藏之后，成为国内收藏市场一个新的亮点。因为国人对白酒更有感情，也更了解有关的文化。

2011年4月，贵州首届茅台酒专场拍卖会在贵阳开槌，113瓶茅台酒共拍出1 200多万元，其中，一瓶1992年的汉帝茅台酒拍出890万元高价；1957年出厂价几元的一瓶茅台，在2007年拍到了138万元。

从中国白酒收藏史来看，只有极少数高品质白酒，才经得起时间的考验，有资格成为投资型白酒。首先是产地。中国最优的白酒，几乎都产自北纬30°附近的酿酒带上。其次是陈年能力。影响白酒陈年能力的因素很多，大体可归结为酿酒的原料、工艺、盛酒容器、恒温恒湿的储藏环境等。白酒的陈年能力，是白酒成为投资型产品的关键要素，也是增值和获得收益的前提。再者是品牌和历史。拥有古董级窖池和传承技艺的产品，更有潜力成为投资型白酒。此外，由于酱香型白酒（如茅台、习酒、郎酒等）更易引导微生物生长，因此可考虑作为白酒投资的首选种类。最后是稀缺性。能成为投资型的白酒，产量一般极低，如全国酱香型白酒每年产量远远低于浓香型白酒的产量。国内顶级酱香型品牌的超高端白酒产量，每年保持在几吨左右，其珍稀度不亚于铂金钻石。期酒投资"封坛"活动参见图6.5。

图6.5 期酒投资"封坛"活动

6.3.3 汇集创意

这是投资性产品营销策划创意的第 2 个环节，表 6.3 为汇集创意任务的内容与实施、自检要求。

表 6.3 汇集创意任务的内容与实施、自检要求

内容	操作步骤	操作方法	注意事项	自检
头脑风暴	12．头脑风暴	（15）每个成员发挥灵感创意，团队按头脑风暴法进行创意活动，创意的目标是产品创意和营销策略创意	每个成员均应事先练习创意思维方法和创意工具的运用	● 头脑风暴会议记录
汇集产品创意汇集营销策略创意	13．产品 3 层次创意 14．产品包装创意 15．营销策略创意	（16）分析产品属性和特征，在核心产品、有形产品和延伸产品 3 层次上进行创意 （17）围绕产品定位，重点进行 Logo 和品牌包装的创意 （18）产品 4P 营销组合策略创意	① 注意投资品与消费品有何不同，重点分析投资品带给客户的预期利益、未来价值 ② 采用拟人法研究产品和品牌的性格特征	● 产品 3 层次 ● 广告口号 ● Logo 设计 ● 包装创意 ● 营销策略创意
产品营销策略	16．分析投资品 3 个层次与非投资品有何不同 17．产品包装策略和品牌包装策略 18．产品定价策略、广告总精神、媒体建议	（19）分析投资品属性和特征，确定核心层、有形层和附加层的卖点，形成产品卖点 （20）分析目标市场特征，进行 Logo 和包装策略的创意 （21）按照投资品无价格均衡理论构思营销战略和战术计划 （22）投资品定价策略分析、广告诉求分析、媒体效果分析		● 产品描述 ● Logo 设计 ● 包装设计 ● 广告总精神 ● 广告口号 ● 定价策略 ● 媒体建议

1. 投资品包装策略

一方面，包装是指盛放产品的容器或产品的外部包装，是产品策略的重要内容，有识别、便利、美化、增值和促销等功能。包装是产品不可分割的一部分，产品只有被包装好后，生产过程才算结束。另一方面，包装有着广博而宏大的含义，世界可以被包装，城市可以被包装，商场可以被包装，店面可以被包装，人的个体也可以被包装……

例如，在我国房地产类投资行业高速发展的几十年间，我国引进和出版了很多建筑类、规划类、市场研究类、景观设计类、装修设计类图书，这些也正是为房地产产品包装做足工夫的基础。红酒、珠宝、首饰类投资品的包装策略则应根据不同产品、不同市场环境灵活使用，要以有利于营销为原则。总之，包装已成为强有力的营销手段。

2. 广告总精神

"每个广告总带着一种精神"，广告总精神既是投资项目的精神定位，也是贯穿项目的核心理念，是前期制定好的广告推广思路。投资项目进展的各个时期的不同广告表现，都要基于这个核心理念，其文字总结一般不应超过 10 个字，以便广告团队记忆和把握。

《东郊半岛的广告精神》案例阅读

无瑕，所以无价。这是东郊半岛的广告语，参见图6.6。

东郊半岛房地产项目是一个纯地中海风情、纯手工打造的艺术品级别墅，它精炼、唯美，广告总精神只是几个字，却表达了绵绵不绝的一种情感和一种无人能敌的力量。因此，此案广告总精神也可以拿来直接作为广告主题词（广告口号）。

以广告总精神的6个字为核心理念继续演绎广告文案，展开了如下纯美的想象：

"如此可遇不可求的蓝白，东郊半岛，有幸相遇结缘，43幢有年份、有来历、有气味的建筑，东郊半岛的地中海风格是一种纯粹，是褪却所有繁杂后的唯一风格，醇厚而历久弥坚。当大量叠加与华丽流行，那群白色温润的小岛宛如天然的礼物，越单纯、越唯一、越珍贵……"

"在东郊半岛上，没有一样的白墙，没有一样的驳岸，没有一样的窗，因为岛上没有一样的风，也没有一样的阳光，每一个瞬间，都由建者与观者的心灵角度而变幻无穷……"

广告是品牌形象的包装，传递着"纯地中海"品牌定位信息，激起投资者体会这个房地产项目的投资价值，引起无尽共鸣。

图6.6 东郊半岛广告语

课堂练习

编写广告总精神

老师在本地的商业地产项目中挑选一个案子，出题让学生模拟公司调研案子情况，并为其编写广告总精神（不超过10字），并以感性文体编写广告文案（不超过300字），为该项目广告策划奠定主题和主体内容，今后可用于户外广告、海报广告、短视频广告、网站广告、网店广告等。各团队派一名代表上台分享，老师和其他团队为其评分。

6.3.4 创意确定

这是投资性产品营销策划创意的第 3 个环节，表 6.4 为创意确定任务的内容与实施、自检要求。

表 6.4 创意确定任务的内容与实施、自检要求

内　　容	操作步骤	操作方法	注意事项	自　　检
创意确定	19. 创意验证 20. 优选创意	（23）运用市场检验、客户沟通、专家评价来验证创意的效果 （24）根据创意验证效果的评分和综合考虑，由团队投票决定选择哪个创意	特别考察创意的市场定位、独特卖点、广告诉求是否做到"人无我有，人有我新，人新我特"，要有明确的营销创意主题	● 创意描述 ● 创意评分表
营销活动预算	21. 费用估算	（25）根据投资品价格策略、市场规模，对营销渠道建设成本、促销成本进行估算	特别注意各项费用测算必须经过市场需求的调查来完成，必须符合当前实际	● 费用预算

1. 市场规模

市场规模即总市场潜量，通常用一个目标市场供应品的潜在消费者或潜在消费总量来预测表达。市场规模大小与竞争性可能直接决定了新产品设计开发的投资规模。测量市场规模的方法：估算的潜在消费者数量 N 乘以上一个消费者的平均消费数量 Q，再乘以每个平均单位的价格 P。P 一般通过消费者使用该产品获得收益，并愿意支付产品的最大合理平均价格来决定，很多时候是通过研究消费者来确定这个标量的。

因此，市场规模 M 的计算公式为：

$$M = N \times Q \times P$$

2. 市场需求

市场需求不是一个固定的数字，而是在一组条件下的函数，因此也称为市场需求函数 C。市场最低量 L 和市场规模 M 之间的差距，表示了全部的营销需求敏感性。因此，市场需求的函数表达为：

$$C = \{L, M\}$$

根据不同市场条件，可以得出市场需求 C 的不同函数组，组成函数矩阵。

3. 市场规模与市场需求的关系

市场规模是市场需求的测量目标，市场需求是市场规模的推动力，两者相辅相成。可以通过用户确定的标量来反映市场需求，从而确定市场规模。

6.3.5 修正创意

修正创意是投资性产品营销策划创意的第 4 个环节，修正创意任务的内容与实施、自检要求，如表 6.5 所示。

表6.5 修正创意任务的内容与实施、自检要求

内容	操作步骤	操作方法	注意事项	自检
修正创意	22. 修正完善创意	（26）对照目标市场需求特征和产品定位，对创意进行修正 （27）随时根据最新资料的分析、客户意图的理解、市场环境变化的分析、营销策略的调整等，在投标演讲前，可以对创意做进一步的修正和完善	客户的要求和市场的状况是对立统一的关系，以客户为中心是工作的重点，务必注意协调处理好客户关系	● 创意修改要点

6.3.6 创意文案和提案制作

这是投资性产品营销策划创意的第5个环节，表6.6为创意文案和提案制作任务的内容与实施、自检要求。

表6.6 创意文案和提案制作任务的内容与实施、自检要求

内容	操作步骤	操作方法	注意事项	自检
创意文案撰写	23. 创意说明 24. 促销活动创意	（28）解释投资品策划创意思路和创意的独特亮点 （29）根据营销策略及其计划实施的需要，编写销售促进活动的创意文案，包括开盘演讲脚本、主持词、宣传口径等脚本	① 注意独特亮点的表达要同样能吸引读者 ② 脚本文案的文字以清晰、明白为原则，要求图文并茂	● 创意说明书 ● 创意文案 ● 演讲脚本 ● 宣传口径 ● 主持词
创意提案制作	25. 提案构思 26. 提案制作	（30）在整体风格、美学效果、时间把握方面首先进行构思 （31）使用最新版PPT工具进行电子幻灯片提案制作	注意团队中至少有一个成员对PPT工具的运用比较熟练	● PPT提案
演讲与答辩	27. 预演练习 28. 正式演讲与答辩	（32）练习背诵、解读、时间控制、与计算机操作的组员配合 （33）商务礼仪展现、职业能力体现、专业能力展示	① 预演，预演，再预演，是成功的基础 ② 现场氛围控制非常重要，这是通过礼仪和能力来把握的	● 预演3次 ● 演讲 ● 礼仪 ● 预备问题

6.3.7 创意评价

这是投资性产品营销策划创意的第6个环节，表6.7为创意评价任务的内容与实施、自检要求。

表6.7 创意评价任务的内容与实施、自检要求

内容	操作步骤	操作方法	注意事项	自检
客户评价	29. 客户意见和建议	（34）在投标演讲答辩中，客户会很直接地提出意见和建议	详细记录客户所说的每一句话，诚恳地解释自己的创意	● 客户评价
专家评价	30. 专家提问和点评	（35）在评标中，邀请的行业专家会从专业的角度提出问题，并点评提案演讲和回答问题的表现	详细记录专家所说的每一句话	● 专家评价

续表

内　容	操作步骤	操作方法	注意事项	自　检
教师点评	31. 教师点评	（36）模拟投标 PK 活动结束后，指导老师要进行综合点评和评分排名，向中标者宣布中标名单和中标内容	详细记录指导老师所说的每一句话	● 教师点评

6.3.8 自我总结

这是投资性产品营销策划创意的最后一个环节，表 6.8 为自我总结任务的内容与实施、自检要求。

表 6.8　自我总结任务的内容与实施、自检要求

内　容	操作步骤	操作方法	注意事项	自　检
自我总结	32. 自我总结	（37）每个团队均应在项目结束后，专门组织撰写自我总结报告，召开总结会议，会上要进行充分讨论，畅所欲言，以达到总结提高的目的	人人都必须完成自我总结，在小组会上发言，无论是遗憾的体会，或是欣喜的收获，都是一次难得的促进	● 总结笔记 ● 总结报告

6.4　改进提升篇

6.4.1　艺术投资品营销策划创意

艺术品投资属于中长线投资，投资者一般不会抱有即时获利的心态，亦不会因投资艺术品而影响正常的生活，在策划时，应把握最佳策划机会，既可为消费者带来即时的艺术享受，又可作为投资品长期保值、增值。

目前市场上艺术投资品种类越来越丰富，除了传统的古代艺术品，如名人字画、雕塑、碑匾、丝锦、邮票等，现代艺术品外延更是不断拓宽，不仅有由现代艺术家在原有古代艺术品的基础上采用新工艺、新技术、新材质进行创造的现代艺术品，还增加了标本、陨石、生物化石等新品种。

相比古代艺术品，现代艺术品由于是现代在世的艺术家创作，易鉴别，因此在策划时，可以突出现代艺术品很少被仿制，所以有在交易时好操作、风险小等特点。

6.4.2　家具投资品营销策划创意

家具投资品的营销策划有 3 个方面重点，以红木家具为例。

（1）造型优美

庄重典雅的红木家具，在变化中求统一，雕饰精细，线条流畅，既有简洁大方的仿明式，又有雕龙画凤、精心雕琢的仿清式，也有典雅大方的法式等，适合不同人的审美需求。

（2）做工精细

红木家具大都采用榫卯结合，做法灵妙巧合，牢固耐用，从力学角度来看具有很强的科学性。而且，中国传统的红木家具，基本上都是由工艺师们一刀一锯一刨完成的，每落

一刀都耗费工艺师的心力，同时还要讲究整体艺术上的和谐统一。

③ 用料讲究

真正的中国传统红木家具均采用质地优良、坚硬耐用、纹理沉着、美观大方、富于光泽的珍贵硬木制成。

6.4.3 酒茶投资品营销策划创意

以红酒、白酒、发酵茶为代表的酒茶投资品，其营销策划的特点各有不同。

（1）红酒投资品以 Robert Parker 评分为营销策划重点

由于中国人对红酒其实很陌生，因此比较依赖红酒品牌的权威评价，其中 Robert Parker 因以百分制评定红酒的等级受到业界推崇。红酒投资行业有一句话：让投资收入越滚越多的秘诀，就是投资 Robert Parker 评分最高的那些酒。说的就是这个道理。

（2）白酒和发酵茶以体验为营销策划重点

酱香型白酒、发酵茶都是国内产品，是中国人比较熟悉的产品，因此投资价值在很大程度上取决于这些产品的用户体验够不够好。

针对中国文化的"用户体验"，通常情况下需要在一个中国传统文化氛围浓郁、舒适安静的环境中进行，如在一个优雅四溢的茶香或酒香弥漫其中的环境，此时投资者对酒茶投资品未来价值的认同就比仅仅用图片、文字、语言介绍要容易得多。

6.4.4 玉石投资品营销策划创意

玉石投资品的营销策划重点如下。

（1）通过组织投资者学习培育市场

玉石投资者一般想要掌握一定的玉石知识，以便能够独立欣赏玉石作品，因此通过组织投资者学习的方式培养他们的投资观念，使他们在投资心理与行为上获得独特的收获。

（2）通过对比策划独特价值

每件玉石作品往往是独一无二的，投资者总是担心可能会错过最佳的投资时间，因此提供多方对比可帮助投资者做决定。

（3）推荐产品切勿贪多

玉石的种类繁多，玉石的品质等级也繁多，推荐产品太多反而不利于投资者做决定。

6.4.5 房地产投资品营销策划创意

房地产界有一句名言是：第一是地段，第二是地段，第三还是地段。作为不可再生资源的土地，其价格是不断上升的，房价的上升也多半是由地价的上升造成的。在一个城市中，好的地段是十分有限的，因而更具有升值潜力。所以在好的地段投资房产，虽然购入价格可能相对较高，但由于比别处有更强的升值潜力，因而也将获得可观的回报。

房地产投资的回报率相对其他投资品的计算来说更加复杂，其营销策划的重点：房地产投资品的收益很可能与经营收益相关；房地产投资品的成本能够根据房产证可靠地计量；房地产投资品是由可靠的房产商提供的。

6.5 巩固练习篇

一、问答题

1. 投资性产品的供给与需求曲线在哪些阶段与消费品相似？
2. 投资性产品可分为哪两种类型？
3. 投资性产品与非投资性产品的最大不同有哪两点？
4. 酒茶投资品的市场定位是什么？

二、判断题

1. 投资性产品是指购买后不需要追加新的使用价值，也不需要附加新价值，即可择机出售获利。（   ）
2. 家具也可以作为投资品。（   ）
3. 产品在营销策划过程中，务必创意一个主题，使产品活灵活现地将个性呈现在受众面前。（   ）
4. 消费者对品牌形象的认识是基于影响产品形象的各种因素。（   ）

三、多选题

1. 测算市场规模的因素包括（   ）。
   A. 目标市场
   B. 购买人数
   C. 消费总量
   D. 消费价格
   E. 消费忠诚度
   F. 消费平均价格
   G. 潜在消费者
   H. 现实消费者
2. 市场需求函数 C，取决于（   ）。
   A. 市场最低量 L
   B. 市场规模 M
   C. 市场最低量 L 和市场规模 M 之间的差距
   D. 表示了全部的营销需求敏感性

四、单选题

1. 伟大的创意往往是简单而_____的！
   A. 刻意   B. 不假思索
   C. 强大   D. 不经意
2. 投资性产品营销策划的目标是如何将_____推销给客户，如房地产产品、收藏品、金融产品等。
   A. 产品投资价值   B. 无形资产
   C. 产品未来的价值   D. 投资估值

3. 非投资性产品营销策划创意的特点就是_____。产品概念是卖点的承诺，是产品可以满足消费者需求的承诺，是产品定位的一种差异化竞争力表现。

　　A．性能创新　　　　　　　　　　B．效用创新
　　C．包装创新　　　　　　　　　　D．概念创新

4. 概念创新的主要理论依据就是 STP 理论和 USP 理论，前者用来找到目标消费群和产品在目标消费群心智中的定位，后者用来创意一条广告口号，这个广告口号就是宣示产品概念_____。

　　A．独特的销售主张　　　　　　　B．产品定位
　　C．市场定位　　　　　　　　　　D．目标消费群

5. 成本优势是指公司的产品依靠_____获得高于同行业其他企业的赢利能力。

　　A．低成本　　　　　　　　　　　B．规模生产
　　C．高利率　　　　　　　　　　　D．劳动生产率

6. 企业的技术优势是指企业拥有的比同行业其他竞争对手更强的技术实力及_____的能力。

　　A．科研队伍　　　　　　　　　　B．生产制造
　　C．研究与开发新产品　　　　　　D．企业管理

7. 质量优势是指公司的产品以高于其他公司的_____的质量赢得市场，从而取得竞争优势。

　　A．所有产品　　　　　　　　　　B．同类产品
　　C．相关产品　　　　　　　　　　D．创新产品

8. 产品竞争力分析有 3 个方面：（1）_____；（2）技术优势；（3）质量优势。

　　A．成本优势　　　　　　　　　　B．财力优势
　　C．资源优势　　　　　　　　　　D．人力优势

9. 最佳的细分市场必须遵循"五性"原则：第一、可衡量性；第二、_____；第三、可赢利性；第四、可差异性；第五、可稳定性。

　　A．可进入性　　　　　　　　　　B．可策划性
　　C．可操作性　　　　　　　　　　D．可分析性

10. 确定目标市场通常有如下 5 种方式：①单一市场：只选择一个细分市场；②产品专门化：企业集中生产一种产品；③市场专门化：_____；④有选择的专门化：企业选择几个细分市场。

　　A．企业在市场管理上做得很专　　B．企业专门服务于一个细分市场
　　C．企业专门组织一支市场团队　　D．企业专门服务于某一特定顾客群

11. 企业选择"单一市场"的目标市场策略，就是只选择一个细分市场作为目标市场，在单一市场上发挥优势。采用这种策略的企业对目标市场有较深的了解，这是_____应当采用的策略。

　　A．变得清晰　　　　　　　　　　B．有了结果
　　C．值得继续联想　　　　　　　　D．大部分中小型企业

12. 市场定位策略的"差异定位法"，是寻找产品自身独特卖点所在，向消费者传达这些差异，使消费者在一听到，或别人一提起，首先想到本产品，实现"_____"的竞争

领先优势。

  A．消费印象   B．消费动机
  C．消费者第一提及   D．消费期待

  13．基于市场定位策略的"利益定位法"，策划人员应自问：产品所提供的利益，目标市场认为很重要吗？因为消费者获得的利益也许不是产品的品质和价格，而是已经转变为产品的其他价值，如果率先塑造这种价值利益，将在顾客心智中获得一个绝佳的_____，是定位的良好考虑点。

  A．竞争印象   B．效用印象
  C．品质印象   D．优惠印象

  14．投资性产品是指购买后不需要追加新的使用价值，也不需要附加新价值，即可择机出售_____的产品。

  A．获得回报利润   B．获得更多价值
  C．获利（也可能亏损）   D．获得更多投资

  15．投资性产品的供给与需求曲线更多时候是与消费品_____的，因为"买涨不买跌""追涨杀跌"也是投资品买卖的重要心理。

  A．相反   B．相同
  C．相似   D．一致

6.6 训练总结篇

训练任务1 《为家里挑选理财投资品》60分钟实务训练

  时间：60分钟练习

  内容：每个学生的家庭条件各不相同，但作为一个家庭，必须要有积蓄以防不测，因此挑选合适的投资品，可以替代去银行存款，至少超过通货膨胀率，这是每个家庭的诉求。请学生根据自己家庭实际情况，运用本项目的知识和技能，挑选一款合适的投资品，并说明为什么。

  组织形式：请每个同学按照以下流程完成任务。

  （1）用10分钟分析自己家庭的积蓄情况；

  （2）用10分钟和团队讨论，分析不同投资品的优劣；

  （3）用10分钟挑选投资品；

  （4）用20分钟写下自己家庭投资品的策划方案；

  （5）老师用10分钟挑选两个同学上台分享，老师和每个团队的代表共同担任评委打分。最后，由老师做总结。

  要求：每个学生必须参与。

  实训要点：掌握投资性产品营销策划创意的工作过程。

训练总结：

_____

_____

训练任务 2 《红酒助推房产》思考分析

典雅奢装的售楼大厅，一曲高雅舒缓的音乐奏起，拉开了红酒投资品高端理财品鉴会活动的帷幕。在项目推介信息传达完毕，开始理财讲座，讲座结束后是互动环节，来宾可自由提问，然后是抽奖环节。抽奖结束后稍作休息开始品鉴红酒，伴着悦耳的小提琴音，与各位来宾一同品鉴正宗法兰西红酒的香醇。同时，销售中心还另准备了自助冷餐，让来宾在自由交流时随心品尝。

参考分析 6-2

此活动看似推荐红酒投资品，其实是将有投资能力的客户带到楼盘来，助推楼盘项目。
1. 活动主题：醇美时刻·财富人生（银行投资理财讲座+红酒音乐品鉴会）
2. 活动时间：19:00～21:00（考虑到上班时间无空闲，且夏季白天天气炎热）
3. 邀约对象：
（1）银行个人理财 VIP 客户（银行方面自带客户，30 人左右）；
（2）已交商铺认筹款的客户，犹豫不决的客户，以及住宅部分的投资客户（房产项目邀约客户，30 人左右）。
4. 活动地点：项目售楼处接待中心
5. 活动形式：质感节目展演开场+项目推介+红酒理财讲座+红酒品鉴+豪礼抽大奖+音乐自助沙龙
6. 活动格调：高雅流畅、轻松自由
7. 活动内容：红酒品尝+质感节目展演（钢琴演奏或萨克斯独奏）

思考问题：

为什么房地产公司常常会选择联合举办与红酒相关的活动？在整个流程中，红酒带来了什么特别的流程和内容将对推销房产产生特别价值？买房人会买红酒吗？没有一个人买红酒，这个活动会亏本吗？

分析总结：

_____

_____

训练任务 3 《为普洱茶营销做策划》案例作业

存钱不如存对普洱茶！这是珠三角地区流行的一句话。2000 年将 10 万元钱存入银行放到今天应该不会超过 20 万元，而 2000 年 10 万元的普洱茶到今天来看，只要选对品牌，仓储没问题，将会超过 100 万元。但是这句话的正确性是建立在很多外部因素上的，今天就聊一聊普洱茶收藏升值的外部因素。

参考答案 6-3

普洱茶市场有一点毋庸置疑：自 2000 年以后，市场上的产品从来都是供大于求的。否则就不会有大量的老茶存在于这个市场中了，因为普洱茶消费人群一直在稳定增长，老茶的价格随之跟着上升。老茶是过去市场的库存，老茶消费是当前市场的需求。现在的普洱茶消费人群相比 10 年前，增加了 10 倍及以上。那么库存的老茶想不升值都难。

"爷爷藏茶，孙子卖茶"，就是说普洱茶陈放十几年甚至几十年以上，就可以卖个非常不错的价钱，说的也就是普洱茶特有的年份价值、收藏价值和投资价值。

【案例作业】

1. 发酵茶本是消费品,为什么能够成为投资产品?请从投资性产品特性分析普洱茶,如何选择一款正确的产品用于市场营销。

2. 根据茶的爱好者是重点消费对象,在茶叶店中营销普洱茶应注意哪些问题?如何进行营销策划?

作业总结:

_____

_____

训练任务 4 《房产促销的促定成交》案例作业

【销售日记】

中午 13:15。许先生和许太太夫妻一同来售楼处看房,由我接待。了解到两位已是第二次上门了,我判断他们的购房诚意度高,心想一定要好好把握住这次机会。

中午 13:45。我很专业地对整个项目进行了介绍,并分析了其未来的良好趋势、增值空间等。在介绍过程中许先生一直把本项目与附近的楼盘进行对比,也特别强调了价格,最后说出了自己购房的用途主要是投资。我分析了客户的心理需求,明白客户是想要小户型的,而且性价比较高、较有投资价值的房产。

中午 14:00。我仔细地帮两位推荐了一套比较适合的房号,并将首期款及按揭款告诉了他们。这时许先生一直道:"太贵了,按揭利息太高了,不划算,要是能再优惠一点就可以考虑了。"我马上说道:"那您可以选择一次性付款啊!"坐在一旁的许太太终于问道:"那一次性付款能打折吗?"我回答:"一次性付款或按揭对于开发商来说性质都是一样的,并没有区别。这一套是性价比很高的户型,总价是最低的,将来升值空间很大,您已经来了两次,现在的价格已经比上次有所上涨了,不预订就太可惜了,过段时间就更高了。"

中午 14:30。许先生和许太太互相看了一眼,保持沉默……过了30秒钟,我主动提出要带他们再到小区看看,他们均表示不需要了,要是能帮忙拿到折扣就基本上能定了。这时我表示现在已经接近尾盘了,马上三期就要推出了,答应试着跟公司申请一下,但是不能保证一定可以。这时许先生不停地抽烟,许太太不停地喝咖啡。

中午 14:45。过了几分钟,我把王经理请到了现场,事先把情况向他介绍了一下。王经理告诉两位客户,这是最后一套低总价的小户型房了,如果两位今天能预订并一次性付款的话,他可以利用经理权限帮忙申请折扣。此时二位有点心动了,表现出紧张的样子,我赶紧建议他们给家里的孩子打电话。

下午 15:00。许先生打了一个电话告诉儿子,儿子也告之如有更优惠就今天预订下来。

下午 15:15。王经理拿了一份《特事申请单》告诉这两个客户申请已经通过了,我看到他们舒了一口气,双方顺利签单,客户交了定金。

【案例作业】

1. 销售人员在本次促成定金签单(促定成交)的成功销售中起了什么作用?请用优秀销售人员的特征加以分析。

2. 在产品推销中应该满足客户的哪些需求?请用马斯洛需求层次论说明。

3. 房地产产品最主要的特点是什么？销售人员是如何抓住"促定"死穴一蹴而就的？请用非语言沟通原理进行分析。

4. 为什么要请王经理来？王经理为什么愿意来？请结合促成交易的技巧进行阐述。

作业总结：

项目7　促销策划创意实训

【学做一体作业】促销策划创意全程"游泳训练"任务

百年乐复方扶芳藤合剂网络促销策划创意

任务目标：

每一个产品经过促销才能最快实现成交，学生们可通过实训体会促销策划创意的流程，掌握促销策划的特点，尤其注意在促销的组合策划、促销策略创意和线上媒体计划的安排等方面，把握为实现销售目标而策划的方法。

任务内容：

2014年是"百年乐"牌复方扶芳藤合剂面世30周年。该产品为2009年中国—东盟博览会指定健康产品。百年乐系列产品列入《中国药典》品种、国家中药保护品种、国家基本药物，是广西名牌产品。"百年乐"品牌被列为中国中药名牌广西著名商标，以独特的疗效和可靠的质量畅销30年，被国家体育总局指定为中国跳水队专用补剂，深受消费者喜爱。这一款传统的名牌产品是如何在互联网上进行促销的，是本次实训的主要内容。百年乐产品介绍，参见图7.1。

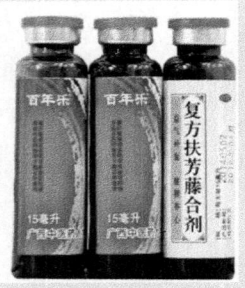

图7.1　百年乐产品介绍

任务要求：

1. 可通过网店联系企业安排真实的营销任务，请企业提供产品代理价和营销宣传费用支持（如按销售业绩计算，在下个季度中配套3%的宣传经费予以支持）。

2. 每个公司通过促销策划创意及对创意的实施，检验创意的成效。
3. 根据业绩成效排名给予分值，每周排名1次，总共排名3次，占本次任务总分的50%。
4. 根据创意提案水平现场给予分值，占本次任务总分的50%。

实训步骤：

学生模拟公司应根据本项目所列的促销策划流程开展实训。

成果评价：

三周后提案竞标，以纸质文案和PPT演示文档形式提交，现场讲解、答辩，由老师和各模拟公司的代表共同担任评委。

7.1 学习导航篇

1. 知识能力

掌握促销策划创意的概念和特性，重点理解促销策划创意发挥作用的方法、原理和其特点，尤其注意掌握促销策划创意4个方面的特点，更要了解当今移动互联、新媒体、新零售、新商业等新形势下促销策划创意的趋势。

2. 方法能力

促销策划创意实训是学生团队直面客户、直面市场的重要方式，同学们应深入掌握沟通客户的技巧，学会整合内、外部资源，能够顺序完成促销策划创意项目。

3. 社会能力

学生团队深入促销一线市场，深入企业内部，每个成员的工作目标、内容、时间等任务指标都应形成明确的计划清单，培养熟练的团队配合能力。

4. 学习导航

促销策划创意实训	基本概念	【定义】促销策划创意就是策划营销者向消费者传递有关本企业及产品各种信息的创新方法，以说服或吸引消费者购买其产品，达到提高销售量的目的
	促销策划创意流程	包括7个环节：市场调查分析、营销战略确定、汇集创意、创意确定、创意文案和提案制作、创意评价、自我总结
	任务内容	【市场调查分析】企业背景资料和市场环境资料收集、客户需求调查分析、目标市场定位、产品定位 【营销战略确定】确定以满足客户需求为中心的营销战略 【汇集创意】头脑风暴、汇集促销策划创意 【创意确定】筛选并确定促销策划创意 【创意文案和提案制作】文案写作、提案制作、演讲与答辩 【创意评价】客户评价、专家评价、教师点评 【自我总结】团队对照老师点评和专家评价进行检查和反思
	典型广告策划创意	淘宝促销策划创意 微商促销策划创意 坐商促销策划创意 行商促销策划创意

《导入案例》

一个微商的自白

这几天,有好几个微商人加我微信,问我怎么增加粉丝。我认识一个朋友,他通过微信朋友圈进行营销,靠一些手段吸引别人关注然后卖保健品。他告诉我,日访问量可以达到3万多次,但是很久才可以成交一单,算下来这转化率可以说是低得令人伤心了!

咱们换个角度来思考:你在看微信朋友圈的时候,是一种什么状态?就拿我来说,我看朋友圈是为了看别人写了什么新鲜的东西,看别人发生了什么,我没考虑购买。为什么在淘宝那么容易成交,很简单的一个道理,去淘宝就是为了买东西的!

很多商家提前做商品预热,告诉粉丝什么时候开卖也是这个原因,想要在当天影响他们的心理活动,让他们从无需求转化成购买需求,从而提高转化率!

如果是我,我会怎么做微商?

(1)定位(明确用户特征)

我的面膜代理价是90元,市场价是200元,我要卖168元,客户说贵了,为什么客户会觉得价格高?

我们来想一想,你的客户定位了吗?如反馈给你信息的人是一名在校生,主要靠家里供给,而且本身也年轻,那么,面膜不过是锦上添花。你认为她会花费168元购买我的面膜吗?她本身需求就不大,可有可无,再加上她以前或许买过更便宜的面膜,综合来看这个价格对她来说就非常高了!就好像我平常买条牛仔裤只需100多元,突然有一条牛仔裤卖300元,我的潜意识会根据我往常的消费习惯来判断值不值得成交,就这样简单!

(2)抓潜(找到用户渠道)

找到了目标客户,那我们就要抓潜,这群客户一般会在什么地方呢?仔细想想,22~25岁的白领有的会不会正在谈恋爱或者结婚了?如果我们再细分一下,可以把目标客户定位在22~25岁的孕后妈妈们。生宝宝后,很多女人身材变样了。最好是找阳光一点的,那就是找一些比较幸福的,但是唯一缺陷就是孕后出现身材后遗症的,她们会在什么地方呢?妈妈论坛?宝宝论坛?妈妈群?宝宝群?孕妇群?宝宝吃喝拉撒群?这类人最关心的就是宝宝的健康,和宝宝有关的微信群是不是会出现她们的身影呢?同时还有一些美女论坛、美女群、模特群、美容护肤群……很简单的道理,去找这些微信社群,然后加她们好友,你要记住,你一定要主动去加她们!

切记不要采取一进去就发广告的低级手段!你可以在群里分享美容化妆小技巧,去网上找一些美容化妆教程免费赠送,由此吸引目标客户加你微信……但是你依然不能在微信群和朋友圈发无聊的广告,你好不容易把她们加进来了,难道还把她们撵走?咱们要做的是去关心她们,关心她们关心的,要像朋友一样对待她们!

(3)互动(顺应人性)

其实,传递感情的不是产品,而是你和粉丝的互动,当她在晒自己宝宝的时候,你是否应该去送上一句祝福而不是点个赞就走呢?要知道,点赞比阅读更重要,评论比点赞更重要,转发比评论更重要。如果你用心看完她写的东西,并且用心去评论,那她对你的印象会如何呢?礼尚往来的道理,你懂的!

（4）活动（拉近距离）

当你有了一部分准确粉丝的时候，你可以开展一些比较有意义的活动。比如团购，一次少卖一点，自己少赚一点，让她们团购。并且你可以考虑赠送一些宝宝用的小礼品，如果舍得，最好送一些好的东西给她宝宝。你这样做不是为了钱，而是利用面膜的活动来增强彼此间的关系，彼此之间像朋友一样，你就把赚面膜的钱用来买礼物送给她宝宝！这样的好处是什么？如果你有100个这样的天使客户，那你几乎什么都不做就很稳定了！

（5）维护（感情交流）

后期的维护是建立在前期的基础上的，如果你前期基础都打不好，就别想靠面膜赚钱。

做到最后，别人认可的是你这个人，而不是你的产品，你今天可以卖面膜，明天可以卖护肤品，后天甚至可以卖臭豆腐，如果他们喜欢，她们也会支持你的！

案例思考： 这个微商说的都是大实话，却是教科书理论的精彩演绎。五个方面分别涉及了捕获精准客户、直击消费心理、拉近客户距离、情感让利促销、维系粉丝忠诚等促销手段，不仅过去地推促销如此，现在线上促销也是如此的。

分析提示： 传统实体店、实体渠道的"营销之困"是成本太高，淘商、微商、抖商等新营销无论是自建平台还是第三方平台，成本都低得多，但若仅依靠价格、品牌吸引客户，等待客户上门也是不够的，如何提升客户情感体验，对消费转化率的影响将越来越凸显。

新商业、新营销，如微商、抖商等，更像是一道小菜或者一个可口的小点心，吸引同好之人共鸣交流，能与同好之人的生活融为一体，这正是他们想要的，是他们主动得到的，他们是快乐的，因此是长久的。所以说，微商、抖商的情感营销更应该做"直抵人心"的促销。

吸粉营销理论

7.2 基础知识篇

7.2.1 促销策划创意的基本概念

促销策划创意就是策划营销者向消费者传递有关本企业及产品各种信息的创新方法，以说服或吸引消费者购买其产品，达到扩大销售量的目的。促销实质上是一种沟通活动，即营销者（信息提供者或发送者）发出作为刺激消费的各种信息，把信息传递到一个或更多的目标对象（即信息接受者，如听众、观众、读者、消费者或用户等），以影响其态度和行为。这些信息本质上就是围绕品牌价值、产品价值而编写设计的内容。

常用的促销手段有广告宣传、人员推销、营业推广和公关促销4种，传统行业或互联网电商行业都可以使用。企业可根据实际情况及市场、产品等因素选择一种或多种促销手段的组合。

7.2.2 促销策划创意的特点

1. 促销的意义

① 传递产品信息。通过信息的传递，使社会各方了解产品销售的情况。

② 扩大产品销售。针对消费者的心理动机，通过采取灵活、有效的促销活动，诱导或

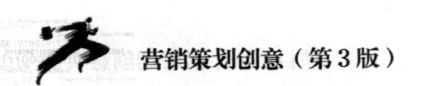

激发消费者某一方面的需求。

③ 凸显产品特色。宣传产品比对手更优的差异化价值和卖点，以及给消费者特定需求带来的满足，使消费者充分认同本产品的独特价值。

④ 反馈客户信息。通过促销活动收集消费者对产品的反馈，及时调整营销策略。

2. 促销策划创意的4个特点

促销策划创意的特点如下。
① 广告宣传创意，是指完成广告宣传的创意及作品制作。
② 人员推销创意，是指在人员推销的内容与形式方面的策略创意。
③ 营业推广创意，是指在迎合节日、事件等短期促销的方法创意。
④ 公关促销创意，是指利用公共关系提升知名度、美誉度、忠诚度的策略创意。

7.2.3 促销策划创意的真实工作流程

1. 市场调查分析

通过市场调查，明确目标市场定位，从而确定促销创意的方向。

2. 明确营销战略

根据目标市场定位和独特销售主张，确定营销战略。

3. 明确促销目标

要在销量、占比或品牌方面对促销活动明确量化目标。

4. 促销策略创意

从促销组合的4个方面进行策略创意。

7.3 实训操作篇

7.3.1 概述

以真实工作过程为导向，经过对系统化知识与技能的解构，采用7步法，按课程建设的需要，对促销策划创意实训流程进行重构，参见表7.1。

表7.1 促销策划创意实训流程

实训流程	内容要求
市场调查分析	对品牌或产品的市场环境进行深入细致的分析和研究，收集企业背景资料和市场环境资料，通过客户需求分析和竞争对手分析，明确客户的价值需求和市场竞争的机会与挑战，明确目标市场定位，明确市场定位，从而确定促销策划创意思维的定位和导向
营销战略确定	根据市场定位和客户的需求，对品牌或产品的卖点进行深入的研究：分析产品卖点的根本价值到底是什么，包括物质性价值和精神性价值两个部分，可否使客户获得满足的精神价值更大。根据产品价值实现的预期目标，进一步规划产品的定价，由此才能决定产品的市场定位和独特销售主张应该是什么，最终确定以满足客户需求为中心的营销战略
汇集创意	围绕营销目标、产品策略和渠道策略开展促销策略头脑风暴，汇集创意

续表

实训流程	内容要求
创意确定	确定产品策略和促销目标、广告诉求、价格建议、销售周期建议、信息沟通方式、媒体建议等,最终筛选确定促销策划创意
创意文案和提案制作	撰写文案,制作提案,并面对项目委托方及专家讲解创意提案
创意评价	项目委托方评价,其他企业和行业专家评价
自我总结	对照老师点评和专家评价进行检查和反思

7.3.2 市场调查分析

这是促销策划创意的第1个环节,表7.2为市场调查分析的任务内容与实施、自检要求。

表7.2 市场调查分析的任务内容与实施、自检要求

内容	操作步骤	操作方法	注意事项	自检
企业内部资料收集	1. 直接沟通	(1)与客户进行各种方式沟通,并深入企业现场,收集有关企业资料和产品资料	必须能与产品经理、销售经理、项目经理、企业领导等沟通,以使资料具有权威性	● 资料收集表格和清单 ● 沟通问题
环境资料采集	2. 间接采集 3. 直接采集	(2)通过商场、卖场、门店和网络、报刊、书籍,以及政府公布的数据,进行第二手资料收集 (3)确定调查目标、调查内容、调查问卷、样本窗、抽样数量、抽样方法、调查计划 (4)亲赴真实市场,以标的产品为对象开展市场调查	① 开展资料收集之前,需明确项目产品及其企业,做好人员分工,落实调查分析的工具,如计算机、纸笔、计算器等 ② 复习之前学过的市场调查分析知识与工具	● 调查问卷 ● 抽样数量 ● 抽样方法 ● 调查计划 ● 调查分工
环境资料消化	4. 数据统计 5. 图表描绘	(5)问卷数据输入计算机,统计输出结果 (6)根据产品定位分析需要,绘制柱状图、饼图等	① 团队成员分工,共同协调、协作完成 ② 注意图形标注合理,色彩搭配美观	● 统计结果 ● 绘制图形
产品调查	6. 产品基本信息调查 7. 产品竞争力分析	(7)完成产品基本信息调查,包括产品名称、特征、特性、预期价值、品牌等 (8)和竞争对手进行优势比较分析 (9)进行SWOT分析	① 产品是否具有差异化独特优势 ② 运用SWOT工具进行分析	● 产品价值 ● 竞争力分析 ● SWOT矩阵分析表
目标市场分析	8. 细分市场 9. 目标市场	(10)分析客户需求、行为和特征,根据客户对投资品的态度、行为习惯、人口变量、心理变量和投资习惯细分市场 (11)分析和选择企业的市场覆盖战略:单一市场、产品专门化、市场专门化、有选择的专门化、完全覆盖 (12)分析和选择企业的目标市场策略:无差别性市场、差别性市场、集中性市场	① 注意产品、品牌现状分析,学会运用单变量、二变量、三变量、多变量细分市场 ② 必须与客户进行沟通	● 是否符合市场细分的"五性"要求 ● 目标市场描述文档

续表

内　　容	操作步骤	操作方法	注意事项	自　　检
产品定位分析	10. 产品定位步骤 11. 产品定位方法	(13) 定位是头脑之战，寻找消费者的心理空间占位，按照定位方法一步一步练习 (14) 确定选用 8 种定位方法之一	① 在创意中注意避免：过度定位、混乱定位、过窄定位、过宽定位 ② 确定产品独特卖点	● 定位描述 ● 定位步骤 ● 产品定位策略 ● 独特卖点

7.3.3　营销战略确定

这是促销策划创意的第 2 个环节，表 7.3 为营销战略确定的任务内容与实施、自检要求。

表 7.3　营销战略确定的任务内容与实施、自检要求

内　　容	操作步骤	操作方法	注意事项	自　　检
营销战略确定	12. 分析并明确企业的经营目标 13. 明确一定时期内市场营销发展的总体设想和规划	(15) 从定位提升到战略，以自身优势瞄准市场空白点或市场差异 (16) 对宏观环境、市场、行业、本企业状况等进行分析，以准确、动态地把握市场机会 (17) 描述营销战略：提出营销的基本指导思想，明确企业和产品的明确定位，确定采取怎样的竞争态势和渠道系统规划，指出需要达到的营销目标	经营理念、方针、企业战略、市场营销目标等，是企业制定市场营销战略的前提条件	● 指导思想 ● 市场定位 ● 竞争态势 ● 渠道规划 ● 营销目标

课堂练习

针对"训练总结篇"的"游泳训练"任务，请各模拟团队根据在实训项目的市场调查分析过程中采集的信息和分析的结果，在课堂上利用 30 分钟，先进行团队讨论，然后通过头脑风暴汇集 USP 的广告口号创意，最后确定最佳广告口号。老师挑选部分公司的代表上台分享，由老师对其评分。

7.3.4　汇集创意

这是促销策划创意的第 3 个环节，表 7.4 为汇集创意任务的内容与实施、自检要求。

表 7.4　汇集创意任务的内容与实施、自检要求

内　　容	操作步骤	操作方法	注意事项	自　　检
汇集创意	14. 头脑风暴	(18) 每个成员发挥灵感创意，团队按头脑风暴法进行创意活动，创意的目标是促销策略，汇集尽可能多的创意	每个成员均应事先练习创意思维方法和创意工具运用	● 头脑风暴会议记录

续表

内　　容	操作步骤	操作方法	注意事项	自　检
制定促销策略	15. 明确促销目标及促销费用预算 16. 创新促销方式	（19）明确促销周期、促销业绩、促销成果等促销目标 （20）在广告宣传、人员推销、营业推广和公关促销4类促销手段中进行创新 （21）提出与之配套的媒体计划 （22）详列促销开支预算明细	促销策略必须在市场营销目标和战略的框架下统一行动	● 促销目标 ● 促销周期 ● 促销业绩 ● 促销成果 ● 促销方法 ● 媒体计划 ● 开支明细

1. 促销策略

促销如同两军对垒，不是简单地硬打硬拼，而要讲究战术和技巧的应用，即具有创意的思维。以下一些成功的策略方法可供借鉴、参考，并可创新出更多的方法。

（1）借势打力策略

借助竞争对手的某种力量，通过一定的策略使这种力量能用到自己手中。这就像《笑傲江湖》中的"吸星大法"，在对手出招的时候，一定想办法把对方的优势转变成自己的优势。例如，利脑是一个地方性品牌，高考期临近，在脑白金、脑轻松等知名补脑品牌纷纷展开效果促销并请一些人现身说法时，利脑就掀起了"服用无效，不付余款"的促销旋风。利脑作为实力弱小的品牌，在广告上无法与大品牌抗衡，而在促销上也无法进行更大的投入，因此只有在跟进促销中采取借力打力策略。

（2）击其软肋策略

在与竞争对手开战前，一定要做到"知己知彼"，这样才能决胜千里。实际上，竞争对手无论怎么投入资源，在整个渠道链条上都会有薄弱部分。在渠道上投入过大，终端投入就往往不够；如果在终端投入多了，在渠道上的投入就少了。如苹果手机为自己的新品大打广告的时候，某些国产手机则迅速组织终端拦截，在拦截过程中也大打新品的品牌，并且低价进入，以此将顾客吸引到自己的柜台。

（3）提早出击策略

当对手比自己强大得多时，他们的促销力度自然比自己的强大。此时，最好的应对方法是提前做促销，让消费者的需求提前得到满足，当对手的促销开展之时，消费者已经毫无兴趣。例如，A公司准备上市一款新的洗衣粉产品，并针对A品牌策划了一系列的产品上市促销攻势。B公司虽然不知道A公司到底会采用什么样的方法，但知道自己的实力无法与之抗衡。于是，在A产品上市前一个月，B公司开始了疯狂的促销——推出了大包装，并且买二送一、买三送二，用低价格俘获了绝大多数家庭主妇。当A品牌产品正式上市时，主妇们已经储备了大量的B品牌产品，A品牌产品放在货架上几乎无人问津。

（4）针锋相对策略

简单地说，针锋相对策略就是针对竞争对手的策略发起进攻。例如，某著名花生油品牌大量印发宣传品，声称其主要竞争对手的色拉油产品没营养、没风味，好看不好吃。后来，该品牌又改变宣传主题，说竞争对手的色拉油原料在生产过程中用汽油浸泡过，以达到攻击竞争对手、提升自己销量的目的。

（5）搭乘顺风车策略

很多时候，当企业明知对手即将运用某种借势的促销手段时，由于各种条件限制，企业无法对其打压，也无法照样进行，但如果不跟进，便会失去机会。此时，最好的办法就是搭乘顺风车。

（6）高唱反调策略

当对手促销效果非常突击，而自己却无法跟进、打压时，最好的策略就是高唱反调，通过这种策略将消费者吸引回来，至少可以扰乱消费者，从而影响对手的促销效果。例如，格兰仕曾经启动了一项旨在"清理门户"的降价策略，将一款畅销微波炉的零售价格大幅降至299元，矛头直指美的。美的立即"高唱反调"，开展了火药味十足的活动，向各大报社传真了一份"关于某厂家推出300元以下的微波炉的回应"材料，认为格兰仕"虚假言论误导消费者"，因此"严斥恶意炒作行为"，还隆重推出了"破格行动"，"破格"两个字极富创意且令人好奇。

（7）得寸进尺策略

所谓"得寸进尺"就是比对手的促销幅度大一点，如对手降低3折，自己就降低3.5折；对手逢100元送10元，自己就逢90元送10元或逢100元送15元。很多时候，消费者可能就会因多一点点的优惠而改变购买意愿。

（8）错峰打击策略

针对竞争对手的促销还可以避其锋芒再出击，针对实际情况进行促销策划、系统思考。例如，某酒企对其名酒在7月高考录取期间开展"金榜题名时，美酒敬父母，美酒敬恩师"活动，另一款竞争品牌则筹备在端午节针对老干部消费群开展"美酒一杯敬功臣"促销活动，取得了较好的效果。

（9）合纵连横策略

合纵连横策略就是与互补品纵向合作或横向联合促销，以此达到促销最大化的效果，并发出超越竞争对手的声音。例如，"看房即送福利彩票，小心中取百万大奖"；方正计算机与伊利牛奶、可口可乐的联合促销；海尔冰吧与新天地葡萄酒联合进行的社区、酒店促销推广；可口可乐与网吧、麦当劳、迪尼斯公园等合作；天然气与房地产开发商合作；家电与装修公司合作等。

（10）连环马策略

促销形成连环马，增强联动性，能很好地提升促销效果，同时让竞争对手水泼不进，容易把竞争对手打压下去。实际上，促销活动一般由三方参加：顾客、经销商和业务员。如果使业务员的引力、经销商的推力、活动现场对顾客的拉力3种力量环环相扣，联动，聚能，就能实现购买吸引力，最大限度地提升销量。例如，某公司活动的主题是"减肥有礼！三重大奖等您拿"，凡购买减肥产品达一个疗程的均可获赠刮刮卡奖票一张，没刮中大奖的顾客一个月后还可参加二次抽奖，奖品更诱人，有手机、彩电等。如果将本人照片和购药发票寄回公司，还可参加后续促销活动，这样的促销策略，顾客参与度高，活动周期长，活动程序复杂，把竞争对手简单的买赠促销完全打压下去。

（11）游击战策略

面对强大的对手，可以采用游击战策略"敌进我退、敌驻我扰、敌疲我打、敌退我追"来策划促销。比如，某果汁A品牌瞄准强大竞争对手B的促销疲惫期进行反击，推出一个大型的消费积分累计赠物活动，但没几天就遭到B品牌更大力度的反击打压。A品牌的促销时间原定为4周，此时立即暂停活动。一周后，看到B品牌的促销势头减弱，A品牌的促销又重新开始，但改变为"捆绑买赠"活动。结果，虽然 B 品牌花了巨大的代价来阻击 A 品牌的促销，但 A 品牌依然取得了不俗的销售成绩。

2. 媒体计划

媒体计划是指一系列的决策，包括把促销信息传播给未来的购买者或者产品、品牌的使用者。媒体计划也是一个过程，它意味着要做出许多决策，并随着策划的进展，每一决策的进展都可能被修改，甚至抛弃。

媒体计划是选择媒体的指导，它要求制定具体的媒体目标，以及设计具体的媒体战略来达到这些目标。

课堂练习

针锋相对促销策略的创意练习

假设百年乐牌复方扶芳藤合剂的对手是某固元膏产品，它近期的促销宣传如下。

国际领先中医配方，拥有提取技术专利保护，主要含大花红景天、狭叶红景天、刺五加、白芍等活肾精华，为补阳类及补气类天然植物。能补肝滋肾、益精养血、补脾益胃，用于肾阳亏虚所至之筋骨不健、腰膝酸软等。现代研究发现：补血类及补气类天然植物多有强健体魄、改善精神状态、抗疲劳等作用。

请各模拟公司团队在 15 分钟时间内，通过头脑风暴，产成针锋相对促销策略，编写宣传文案（不超过 200 字），并派一名代表上台分享。

7.3.5　创意确定

这是促销策划创意的第 4 个环节，表 7.5 为创意确定任务的内容与实施、自检要求。

表 7.5　创意确定任务的内容与实施、自检要求

内　容	操作步骤	操作方法	注意事项	自　检
创意确定	17. 创意验证 18. 优选创意 19. 修正创意	（23）运用市场检验、客户沟通、专家评价来验证创意的效果 （24）根据创意验证效果的评分和综合考虑，由团队投票决定选择哪一个创意 （25）进一步对照营销战略、促销目标，对促销创意做出更完善的修正	特别考察创意在人员推销、广告、公共关系和营业推广 4 类促销方法中的构思	● 创意描述 ● 创意评分表 ● 创意修正要点
促销计划与预算	20. 促销计划 21. 费用估算	（26）为实现促销创意所做的营销工作安排，包括时间、地点、人员、内容等 （27）确定信息沟通方式 （28）估算促销活动开支	特别注意各项费用测算必须通过市场调查来完成，必须符合当前实际	● 促销计划 ● 费用预算

1. 让促销沟通更精准有效

促销的过程实际就是沟通的过程，现代企业面对的营销沟通系统越来越复杂，他们要

与自己的中间商、消费者,以及不同的公众进行沟通,而中间商又要与他们的公众和消费者沟通,同时消费者之间及与其他公众之间又以口头形式进行沟通。这一切的环节和构成都要依靠公司促销沟通部门去引导、规划和控制,否则信息就会因无序、无效而影响公司整体目标的推进。

2. 受众的选择性注意

促销注意解决3种因素的影响:受众的选择性注意、选择性曲解和选择性记忆。其首要的就是受众的选择性注意。当今被称为注意力经济时代,顾客周围每天都充斥着大量的信息,泛滥的信息量已远远超出了他们的注意力范围,这时他们就会有选择地注意一些事情,也就是说他们具有"选择性注意"的特征。这就是为什么有些企业和别人一样选择了同样的媒体和沟通渠道,也花了同样的钱却没有达到同样成功的原因。

3. 受众注意力公式

怎么才能尽可能地让目标受众注意?下面是一个简单的公式:

$$受众注意力 = 认知的报酬强度 / 认知的惩罚强度$$

从以上公式可以看出,受众注意力与受众注意该信息所能得到的报酬成正比,与其注意该信息所需要付出的努力成反比。想增加被注意的可能性就,必须让信息内容符合受众的利益需求,让其一眼看到信息就感觉比别人的信息能给自己带来更大的报酬。同时,还要减少受众注意信息所需花费的时间、精力、体力等各方面的成本,让受众尽可能地在获取自己的信息时能比在获取别人的信息时少花费一些努力因素。

《"多喝多漂亮"促销》案例阅读

创新是促销制胜的法宝。实际上,即使是一次普通的价格促销,也可以组合出各种不同的方法,达到相应的促销目的,这才是创新促销的魅力所在。例如,统一"鲜橙多"为了配合其品牌核心内涵"多喝多漂亮"而推出的一系列促销组合,不但完成了销售促销,同时也达到了品牌与消费者有效沟通、建立品牌忠诚的目的。统一结合品牌定位与目标消费者的特点,开展了一系列与"漂亮"有关的促销活动,以加深消费者对品牌的理解。在不同的区域市场就推出了"统一鲜橙多、TV-GIRL 选拔赛""统一鲜橙多·资生堂都市漂亮秀""统一鲜橙多阳光女孩""阳光频率统一鲜橙多闪亮 DJ 大挑战"等活动,极大地提高了产品在主要消费人群中的知名度与美誉度,促进了终端消费的形成,扫除了终端消费与识别障碍。

7.3.6 创意文案和提案制作

这是促销策划创意的第 5 个环节,表 7.6 为创意文案和提案制作任务的内容与实施、自检要求。

表 7.6 创意文案和提案制作任务的内容与实施、自检要求

内容	操作步骤	操作方法	注意事项	自检
创意文案撰写	22. 策划创意说明书 23. 促销策划建议书	（29）解释促销策划创意思路和创意的独特亮点 （30）根据促销策略及其计划实施的需要，编写促销策划建议书	① 注意独特亮点的表达要同样能吸引读者 ② 脚本文案的文字以清晰、明白为原则，要求图文并茂	● 创意说明书 ● 创意文案
创意提案制作	24. 提案构思 25. 提案制作	（31）在整体风格、美学效果、时间把握方面首先进行构思 （32）使用最新版PPT工具进行电子幻灯片提案制作	注意团队中至少有一个成员对PPT工具的运用比较熟练	● PPT提案
演讲与答辩	26. 预演练习 27. 正式演讲与答辩	（33）练习背诵、解读、时间控制、与计算机操作的组员配合 （34）商务礼仪展现、职业能力体现、专业能力展示	① 预演，预演，再预演，是成功的基础 ② 现场氛围控制非常重要，这是通过礼仪和能力来把握的	● 预演3次 ● 演讲 ● 礼仪 ● 预备问题

《无须降价的促销》案例阅读

有时候，硬打是不行的，要学会差异化进攻。例如，竞争对手采取价格战，我们就进行赠品战；竞争对手进行抽奖战，我们就进行买赠战。可口可乐公司的"酷儿"产品在北京上市时，由于产品定位是带有神秘配方的5～12岁小孩喝的果汁，价格定位也比果汁饮料市场领导品牌高20%。当时，市场竞争十分激烈，很多企业都大打降价牌。但是，可口可乐公司走出了促销创新的新路子：既然"酷儿"上市走的是"角色行销"的方式，那就来一个"角色促销"。于是，"酷儿"玩偶进课堂派送"酷儿"饮料和文具盒，买"酷儿"饮料赠送"酷儿"玩偶，在麦当劳吃儿童乐园套餐送"酷儿"饮料和礼品，"酷儿"幸运树抽奖，"酷儿"脸谱收集，"酷儿"路演……

7.3.7 创意评价

这是促销策划创意的第6环节，表7.7为创意评价任务的内容与实施、自检要求。

表 7.7 创意评价任务的内容与实施、自检要求

内容	操作步骤	操作方法	注意事项	自检
客户评价	28. 客户意见和建议	（35）在投标演讲答辩中，客户会很直接地提出意见或建议	详细记录客户所说的每一句话，诚恳地解释自己的创意	● 客户评价
专家评价	29. 专家提问和点评	（36）在评标中，邀请的行业专家会从专业的角度提出问题，并点评提案演讲和回答问题的表现	详细记录专家所说的每一句话	● 专家评价

续表

内容	操作步骤	操作方法	注意事项	自检
教师点评	30. 教师点评	（37）模拟投标 PK 活动结束后，指导老师要进行综合点评和评分排名，向中标者宣布中标名单和中标内容	详细记录指导老师所说的每一句话	● 教师点评

7.3.8 自我总结

这是促销策划创意的最后一个环节，表 7.8 为自我总结任务的内容与实施、自检要求。

表 7.8 自我总结任务的内容与实施、自检要求

内容	操作步骤	操作方法	注意事项	自检
完善创意	31. 完善创意	（38）在文案和提案制作过程中，根据最新资料的分析、客户意图的理解、市场环境变化的分析、市场目标和营销战略的调整等，在投标演讲前，可以做进一步的修正和完善	客户的要求和市场的状况是对立统一的关系，以客户为中心是工作的重点，务必注意协调处理好客户关系	● 完善活动的纪要
自我总结	32. 自我总结	（39）每个团队均应在项目结束后，专门组织撰写自我总结报告，召开总结会议，会上要进行充分讨论，畅所欲言，以达到总结提高的目的	人人都必须提交自我总结报告和在小组会上发言，无论是遗憾的体会，或是欣喜的收获，都是一次难得的促进	● 总结笔记 ● 总结报告

7.4 改进提升篇

7.4.1 淘宝促销策划创意

在淘宝上，卖家云集，买家的选择面很广。众多买家第一考虑因素就是价格，是否实惠、货比三家。想要战胜其他卖家，吸引买家，获得成交，就必须要有好的促销策划创意。

1. 间接降价销售

很多新卖家，因为没有信誉值，刚开店都会压低自己的价格，吸引顾客来购买，但效果并不明显，因为你没有信誉值，降价离谱的话，产品质量还会遭受怀疑，所以买家宁愿多花点钱买个安全放心。另外，在短期内你可能会获得一定成交量，但所获得的低微利润无法维持正常开销和运营。这时，如果你想通过提高价格来改善的话，你就会很失败。因为买家习惯了你的降价，一但提高价格，他们会选择其他卖家，所以交易量反而减少。

那么新卖家如何赢得买家，获得交易量呢？间接降价销售就是一个很好的销售技巧。什么是间接降价销售呢？就是采取促销、折扣、赠予等销售技巧。

具体方法：搞活动来增加销售量。可以在公告栏里写上新店开张，举行促销活动，比如买就送，可以是买 3 送 1，满 100 元送 10 元，买 3 件包邮等。自由发挥，目的只有一个，吸引消费者的眼球，以优惠来获得销售量。值得注意的是，活动一定要搞得"有声有色"，不光在公告栏里写，在每件宝贝标题上也要写上活动标题，如"买就送""满百送十"等活动关键字。

2. 多搞店铺活动

（1）1元拍

多放点质量可靠、物品能吸引人的商品参加 1 元拍活动。目的不是赢利，而是引流，是让更多买家进入你的淘宝店铺，带动其他产品的销售。但一切都要视自己的实力而行。

（2）抽奖

成功购买物品后，就有机会抽奖。当然你的奖品一定要吸引人，奖项设置得多点，规则一定要简单，要公正、公平、公开，要夺人眼球，促进产品销售。

（3）限时打折

限时打折是淘宝平台提供给卖家的一种店铺促销工具，订购了此工具的卖家可以在自己店铺中选择一定数量的商品在一定时间内以低于市场价的价格进行促销活动。活动期间，买家可以在商品搜索页面根据"限时打折"这个筛选条件找到所有正在打折中的商品，效果非常好。

3. 一定要经常优化店铺

注意写好商品的价格、标题和描述，要与同类网店做友情链接，要把名片与商品一同邮寄，务必经常更新、优化店面主图。

7.4.2 微圈促销策划创意

微圈（微信朋友圈）营销属于一种社交营销，与淘宝、京东商城的店铺不同，因此促销策划创意的技巧也不同。

1. "矩阵"引流技巧

注册一个微信公众平台订阅号（大号），再注册 n 个微信个人账号（小号）做矩阵促销，可以通过小号矩阵深入到各种微信群去吸引粉丝，再导入到大号增加关注度。

2. 微信号拉粉引流技巧

一个微信号可以一天加入几十个微信群，加进去的目的不是为了发广告，而是发表群友感兴趣的话题，使群友产生兴趣，并关注话题中提到的微信公众号，就能成功引流。比如加入妈妈群，那么可以转发一篇文章"宝宝健康饮食，你不得不学的秘密"，文章后面特别注明"如想看更多类似文章，请关注××微信号"。这样就顺利地把公众号植入到群里了，群友获得了有用的内容分享，你也不会因发广告而被群主踢出群。

3. 占领搜索头条的引流技巧

选择与产品紧密关联的关键词，如销售生物纤维面膜，就以面膜、护肤品、化妆品等类目展开关键词定位，去制定 1 000 个与该行业相关的关键词，每一个词生成一个独立营销页面，然后利用技术做交叉链接，快速提高权重，这样只要一搜设定的关键词，首页就会有我们的产品链接，这些关键词的百度指数都是很高的，很快就可以吸引流量到微信公众号。

4. 视频推广微信号的引流技巧

在百度视频里找到精彩的视频资料下载下来，然后利用软件把自己的微信号、QQ 号植入到视频屏幕下方，然后设置不同的关键词标题去各大视频网站上宣传这些带有你微信号、QQ 号的视频，一个关键字就是一个标题对应上传一个视频。这样有 1 000 个关键字就要上传 1 000 个视频，当用户搜索我们设置的某个关键字的时候，我们的视频排名就会靠前，别人就会看到我们的微信号，就会关注。

7.4.3　坐商促销策划创意

坐商就是坐拥店面（线上、线下均可），不是像行商那样靠个人或团队到处推销产品，而是依靠店面吸引顾客前来消费，他们的促销一般是在店面进行广告宣传、人员推销、营业推广和公关促销活动。

有一段时期，许多专家认为走出去做行商才能找到客户赚到钱，坐着就是等死。事实证明这种观点是错误的。一方面，线下实体商业中心如超级市场、家装市场、步行街等坐落于城市 CBD（中央商务区）的大型商业体方兴未艾，线上虚拟商业体如淘宝、京东商城、唯品会等大型电商平台发展迅猛，无论线上还是线下的商业体，它们的门店租金节节攀升，说明坐商很有生意。一方面因为这些大型商业体解决了坐商个体难以聚拢大规模人气的问题；另一方面，所谓"酒香不怕巷子深"，在新媒体、自媒体风起云涌的时代，口口相传的口碑效应比起电视、报纸的广告宣传毫不逊色。比如，质量过硬、特色鲜明的餐饮店，哪怕坐落在偏僻的角落、哪怕装修简单，也会门庭若市，食客唯恐去晚了排队。

坐商促销策划创意技巧如下。

① 坐商一定要以鲜明亮眼的招牌、商号吸引顾客，扩大影响。招牌的形式多样，目前流行使用鲜明的颜色和特色的灯光，还可以将模型、包装、牌匾、旗子作为招牌，悬挂于店铺门前显眼处。

② 在适销对路、物美价廉等方面下功夫，一定要使自己的产品具有与众不同的特色。

③ 所谓"人无笑脸休开店，说话和气招财多""做好生意三件宝，人员门面信誉好"，人员是软件，门面是硬件，信誉是形象。坐商的服务质量、态度是吸引客户的关键。

7.4.4　行商促销策划创意

行商是相对坐商的一种说法，就是走出去做营销，主动找客户，到目标消费群的活动区域（线上、线下均可）去开展促销活动。

1. 客户分类

找准目标客户再做行商促销，才是正确的方法。做行商切忌："我要把产品卖给所有人！"

2. 明确顾客需求点和自己产品的卖点

《道德经》有句话说：知人者智，自知者明。什么叫知人者智，就是了解别人的需求是一种智慧；什么叫自知者明，就是了解自己产品卖点的人是聪明的。这样的促销收获才大。

3. 注意推销技巧

营销界有句名言：没有卖不出去的货，只有不会推销的人。要充分相信自己一定能把产品推销出去。掌握你所推销产品和企业的相关情况，如产品的功能、特点、原理、使用等；走访式推销一定要事先选好线路，否则线路不明晰就会走弯路、走回头路，徒劳无功；掌握洽谈要点，才能在洽谈中言之有物；着装应大方得体，干净利落，切忌不修边幅。

7.5 巩固练习篇

一、问答题

1. 常用的促销手段有哪几种？
2. "得寸进尺"是怎样的促销策略？
3. 淘店促销策划创意技巧中店铺活动有哪 3 种？
4. 微商"矩阵"引流技巧应该怎么做？

二、判断题

1. 促销就是营销者向消费者传递有关本企业及产品的各种信息。（　　）
2. 占领搜索头条的技巧就是选择与产品有针对性的关键词去制定 1 000 个相关关键字。（　　）
3. 顾客有时总想试试自己的运气，所以"抽奖"是一种极为有效的促销活动。（　　）
4. 坐商无需在物美价廉方面下功夫，只需要掌握好客户沟通技巧即可。（　　）

三、多选题

1. 优化电商店铺的方法是（　　）。
 A．写好价格
 B．写好标题
 C．写好描述
 D．不要做友情链接
 E．名片与商品一同邮寄
 F．每天主动发信息给客户
2. 顾客的需要点包括（　　）。
 A．显性需求
 B．刚性需求
 C．潜在需求
 D．趋势性需求
 E．弹性需求

四、单选题

1. 产品属性是指产品本身所固有的性质，是产品在不同领域的差异性（不同于其他产品的性质）的集合。也就是说，产品属性是产品性质的集合，是＿＿＿＿的集合。
 A．产品差异性　　　　　　　　B．产品性质
 C．产品领域　　　　　　　　　D．产品差异
2. 有形层的实体包装本身并不是客人真正需要的东西，但会影响＿＿＿＿和客户对产品价值的认识。
 A．产品特征的表现　　　　　　B．产品价值的表达
 C．产品功能的表达　　　　　　D．产品效用的表现
3. "撇脂"是一种高价策略，撇脂定价（Skimming Pricing）策略也叫取脂定价策略，与渗透定价策略一起都属于＿＿＿＿策略。

A．心理定价 B．竞争定价
C．成本定价 D．市场定价

4．撇脂定价的具体做法是：将产品以最高的价格卖给市场中最有钱的客户，等这一部分客户买得差不多了，再减价卖给中档客户，最后以_____占领市场来处理旧型号产品。

A．高价反弹 B．低价甩卖
C．原价持续 D．捆绑销售

5．心理定价策略是根据消费者不同的消费心理而_____，以引导和刺激购买的价格策略。

A．固定定价 B．无差别定价
C．灵活定价 D．有差别定价

6．心理定价的声望定价策略是指名牌产品的企业往往利用消费者_____的心理而制定大大高于其他同类产品的价格。

A．喜欢名牌 B．同情名牌
C．仰慕名牌 D．仇恨名牌

7．心理定价的习惯性定价策略是指，如果企业定价低于该水准易引起消费者对品质的怀疑，高于该水准则可能受到消费者的抵制，此时企业定价要_____的这种习惯心理。

A．改变消费者 B．引导消费者
C．压住消费者 D．迎合消费者

8．营销目标是在分析营销现状并预测未来的机会和威胁的基础上确定的，一般包括_____和销售目标两类。

A．经营目标 B．财务目标
C．战略目标 D．管理目标

9．小企业在建立渠道初期，不必拘泥于建立_____销售政策，就像一个乞丐，暂时需要的是温饱而不是营养价值，但需要事先为今后的发展做好系统的规划。

A．过分规范的 B．十分谨慎的
C．有点宽松的 D．科学合理

10．营销策划创意方案的基本结构分为市场分析、_____、计划安排三大部分，其结构与营销策划方案是基本相同的。

A．策划创意 B．行动方案
C．策略创意 D．销售策略

11．营销人员能够通过与消费者有效的沟通来帮助消费者增加满意度、减轻察觉到的风险，例如，顾客服务经理可以在产品的包装中夹一张便条祝贺购买者_____。

A．生日快乐 B．节日快乐
C．做出了一个明智的决策 D．健康长寿

12．在原本_____的情况下所购买的一辆新车，漆面上的些许瑕疵、驾驶过程中的轻微杂音都会成为消费者不满意的理由。

A．毫无想法 B．受到营销者引导
C．别人推荐 D．对产品质量预期很高

13．企业生产的一种文具柜非常结实耐用，但销路不佳，经理抱怨："我们的文具柜这么结实，从楼上摔下去也坏不了，为什么买的人这么少？"销售员回答道："问题在于没有一个顾客买文具柜是为了从楼上摔下去。"这说明，忽视消费者_____的需求，不可能获得营销上的成功。

A．对一种产品的整体化、多样化　　B．对文具柜的时尚要求
C．对文具柜的人性化要求　　　　　D．对文具柜的功能要求

14．日益增多的企业把它们的价格建立在_____的基础上，即认知价值定价法（Perceive Value Priceing）。他们明白，作为定价的关键，不是卖方的成本，而是买方对价值的认知。企业利用营销组合中的非价格因素在购买者心目中建立的认知价值将是价格建立在捕捉到的认知价值上的。

A．产品　　　　　　　　　　　　　B．名牌
C．品牌　　　　　　　　　　　　　D．商品

15．可以为促销作出定义：指为了满足顾客某些需要以说服其购买产品、服务、理念或其他物品，而在人与人之间进行_____的过程。

A．产品销售　　　　　　　　　　　B．信息沟通
C．等价交换　　　　　　　　　　　D．商品贸易

7.6　训练总结篇

训练任务1　《贝加尔湖矿泉水促销》60分钟实务训练

时间：60分钟练习

目标：假设我们代理销售俄罗斯的贝加尔湖矿泉水，请以团队为单位分别用30分钟练习扮演坐商或行商的促销。

内容：每个团队抽签决定扮演坐商还是行商，然后由另一个团队的同学扮演客户。

组织形式：请每个团队按照以下流程完成任务。

（1）用10分钟一起分析坐商或行商的促销特点；
（2）用10分钟设计坐商或行商的促销策划创意，写出做法和促销话术；
（3）用10分钟进行角色扮演；
（4）用20分钟完成团队实训活动的优缺点总结；
（5）老师进行点评和总结。

要求：每个团队必须参与练习。

训练总结：
_____
_____

训练任务2　《汽车促销错失良机》案例作业

【销售场景】

一个阳光明媚的下午，上海某奥迪授权的经销商车行里，来访的客户并不多，有的在看样车，有的在与销售人员交谈，还有的在前台阅读车辆介绍手册。

参考答案7-2

此时，两位男士和一位女士走进了车行。

小徐在车行工作了两个多月，销售业绩一般，仅销售了 8 台车。作为一名大学毕业、工作经验尚浅的小伙子，这个业绩也只能算是比较初级的水平。看着走进车行的两男一女，他进行了仔细的观察：

两位男士，虽不是西装革履，但穿着比较讲究，属于休闲类型的装扮，在这个刚入秋的时节，这个装束还是比较合适的，与他们的年龄相匹配。其中一人手里拿着比较流行的一款手机，另外一位夹着一个考究的小皮包。再看这个女士，30 岁左右，着淡妆，上衣属于白领的办公套装，搭配布料长裙，看上去很有气质，随身带了一个女士皮包。

因此，小徐初步判断这是 3 位不错的潜在客户，当看到他们停留在最新款的天蓝色奥迪 A4 车前时，他走了过去……

小徐："各位好！这么好的天，来看看车？"拿手机的男士："对呀，这款是新到的吧？"

小徐："是的，最近销量不错，而且全新上市的 A4 车型都是德国原厂组装的。"三个人看看车，又看着小徐。

小徐接着说："国内的轿车几乎还没有采用全时四驱的技术，这款奥迪 A4 已经采用了这个技术，3.0 的发动机，动力充足，还配有天窗，手自一体化的变速箱，还有最新功能的电子制动稳定系统……"

拿手机的男士打断了小徐的话："好，谢谢，我们就是简单看看，先这样，我们改日再来。" 小徐急忙说："要不，我给你们安排一次试驾，有机会体验真正的驾乘感受。"小徐知道，客户通常会有这个反应。但是，在销售培训时，讲师强调过不要轻易放弃客户，要争取留住客户，因此，他想多一点努力。

仍然是拿手机的男士说："不了，谢谢，我们改日再来。"小徐无语了，只好看着这 3 位潜在客户走出了展厅。

其实，那个拿手机的男士姓张，而另外一个男士姓万，是一家私企的老总，女士姓方，是万总的妻子，张先生是万总的秘书。他们走出车行后对话如下。

张："万总，您看今天……"

万："车是不错，我不怎么懂，还是你看吧。"

方："小张，那个销售员叫什么？"

张："哦，他没有说叫什么。"

方："反正，我都没听懂，万总的意思还是你定。"

张："要不这样吧，不远处还有一个车行，咱们去那儿看看如何？"

万："好，既然今天有空，咱们再去看看。"

不久后，他们就在另一家车行下了定金。

【案例作业】

1. 3 个客户是一起来的，小徐在判断潜在客户方面有没有问题？请问小徐是如何分析潜在客户的。

2. 小徐没有能够抓住机会与客户建立起联系，导致沟通无法继续，请用建立客户关系的正确方法分析存在的问题。

3. 有效的客户沟通是成功销售的基础，请用"创造奇迹的 8 秒钟"为小徐设计一个更合理的开场白。

4. 介绍产品特性和优势是销售中至关重要的环节，请分析小徐如何解决这个问题。

作业总结：

___

训练任务 3 《手机跳水王诞生》案例作业

参考答案 7-3

  2018 年 5 月，罗永浩带着他的坚果 R1 手机和 TNT 工作站在北京鸟巢体育馆与大家见面，在发布会上，老罗对坚果 R1 赞不绝口，可以看出锤子科技对这款手机寄予了厚望。然而现实还是与理想有点距离，才过一个月，坚果 R1 在某电商平台上已经开始降价了。

  该电商平台上销售的坚果 R1 有两个版本，分别是 8GB+128GB 和 6GB+128GB，这两个版本都直降 300 元，现在 8GB+128GB 售价 4199 元，6GB+128GB 售价 3699 元。

  但这其实不是坚果 R1 第一次做降价促销活动，早在 6 月的京东 618 活动中，消费者前往锤子科技京东官方旗舰店购买坚果 R1 就能获赠一张一千元面值的京东 E 卡，相当于免费再送一部 4GB+32GB 的坚果 3，当然用户也可以选择用京东 E 卡购买其他产品。直降 1000 元之后的坚果 R1（6GB+64GB）实际售价 2499 元，这可是比以性价比著称的小米 8 还便宜。

【案例作业】
1. 从市场策略的角度帮老罗思考坚果 R1 的市场定位有没有问题？
2. 入市营销必须进行策划创意，从创意的四个重要特征帮老罗思考坚果 R1 还需要做什么？
3. 坚果 R1 降价是否能获得更多销量？
4. 为老罗下一款手机的发布会给一点"喜剧性创意"的建议。

作业总结：

项目 8　品牌策划创意实训

【学做一体作业】品牌策划创意全程"游泳训练"任务

毛嘉衣架品牌策划创意

任务目标：

在中国，民营企业创品牌比国营企业创品牌难，乡镇企业创品牌更难，而品牌策划创意就是为了迎接挑战而不断创新的过程，学生们可通过实训建构自己对于品牌策划创意的认识和体会，把握品牌策划的难点、要点，学会利用品牌策划创意技能为企业服务。

任务内容：

桂林毛嘉工艺品有限公司是一家由乡镇企业外向型发展起来的大型民营衣架企业，在广西桂林荔浦县（盛产荔浦芋头的地方）带动众多民营企业建立了全球最大的衣架生产基地。该公司自1993年成立以来，一直从事衣架的生产及出口，出口额占公司总销售额的90%以上，主要客户为欧洲中高档服饰品牌运营商（如KENZO等）、跨国大型超市（如家乐福、TARGET等）及其他大型日用品批发商等客户，在国际市场上享有很高的声誉。然而，2008年9月爆发金融危机并引发全球经济危机，欧洲客户急剧下调订单数量，与此同时，毛嘉衣架在国内尚未树立品牌，因此面临运营成本、资金流、库存挤压等多重危机。

本项目的实训就是通过网络收集国内衣架行业状况和毛嘉衣架市场现状信息，为毛嘉衣架品牌进行策划创意。

任务要求：

1. 通过互联网搜索目前在国内市场或者准备策划进军国内市场的竞争对手的情况，即现实竞争对手、潜在竞争对手和替代品竞争对手信息，特别收集分析那些出口型的衣架企业信息。

2. 对国内市场环境进行调查分析，包括消费需求分析、竞争对手分析、产品现状分析等，通过真实有效的数据，为品牌定位、产品定位、价格定位、核心竞争力等品牌策划创意的核心方面做出切实可行的策划。

3. 通过独特卖点的创意构思，形成品牌独特销售主张的广告口号，设计平面广告和网络广告的样本图片，要求广告要素齐全。

实训步骤：

学生模拟公司应根据本项目给出的品牌策划创意工作过程开展实训。

成果评价：

三周后提案竞标，以文案和PPT形式提交，现场讲解、答辩，特邀当地衣架经销商、代理商或厂家的专家、代表参与评分、评价。

8.1 学习导航篇

1. 知识能力
掌握品牌策划创意的真实工作过程和技巧，充分理解品牌策划的重要性、迫切性，形成自己在品牌策划创意方面的技能。

2. 方法能力
学生团队应掌握通过互联网进行有效搜集信息的方法，能够迅速安排好每个成员的工作目标、内容、时间等任务指标，学会将完成的工作内容组合成一份完整的方案。

3. 社会能力
学生团队深入市场、深入企业内部调研，每个成员的工作目标、内容、时间等任务指标都应形成明确的计划清单，形成熟练的团队配合能力。

4. 学习导航

品牌策划创意实训	基本概念	【定义】品牌策划创意是为了企业或产品品牌的创立和发展，运用科学和艺术相结合的逻辑分析与设计方法，创造性地使企业或产品在消费者脑海中形成一种能达成价值共鸣的个性化形象，从而建立起企业的核心竞争力
	品牌策划创意流程	包括7个环节：市场调查分析、品牌战略确定、汇集创意、创意确定、创意文案和提案制作、创意评价、自我总结
	任务内容	【市场调查分析】企业背景资料和市场环境资料收集、客户需求调查分析、目标市场定位、产品定位 【品牌战略确定】确定近期、中期、长期的品牌发展战略目标及模式，明确品牌核心价值定位、文化定位、形象定位 【汇集创意】头脑风暴、汇集品牌策划创意 【创意确定】品牌核心价值、品牌形象、客户关系管理 【创意文案和提案制作】文案写作、提案制作、演讲与答辩 【创意评价】客户评价、专家评价、教师点评 【自我总结】团队对照老师点评和专家评价进行检查和反思
	典型品牌策划创意的技巧	品牌核心价值创意技巧 品牌符号创意技巧 品牌人格创意技巧 品牌故事创意技巧

《导入案例》

阿里巴巴如何策划品牌

阿里巴巴是电子商务领域的领先者和知名企业，是目前全球较大的商务交流社区和网上交易市场，曾两次被哈佛大学商学院选为 MBA 案例，在美国学术界掀起研究热潮，两次被美国权威财经杂志《福布斯》选为全球最佳 B2B 站点之一，多次被相关机构评为全球最受欢迎的 B2B 网站、中国商务类优秀网站、中国百家优秀网站、中国最佳贸易网，被国内外媒体、硅谷和国外风险投资家誉为与 Yahoo、Amazon、eBay、AOL 比肩的五大互联网商务流派代表之一。

阿里巴巴的电子商务业务主要集中于 B2B 的信息流，是电子商务服务的平台服务提供商。阿里巴巴 B2B 着力于营造电子商务信任文化，其独具中国特色的 B2B 电子商务模式为中小企业创造了崭新的发展空间，在互联网上建立了一个诚信的商业体系。

阿里巴巴网上交易市场的发展并不是照搬美国的商业模型，它主要针对亚洲特别是中国的情况制定自己的发展战略。建设初期根据当时中国网络发展状况，集中力量做好信息流构筑网上贸易市场，避开了资金流、物流这些国内电子商务现实状况暂时无法解决的问题。阿里巴巴网站参见图 8.1。

图 8.1　阿里巴巴网站

一、品牌战略目标
1. 成为一家持续发展 100 年的企业。
2. 成为全球最大的电子商务服务提供商。
3. 让世界上没有难做的生意。

二、目标客户群
从中国的中小型制造商到全球的中小企业买家和卖家。

三、产品及服务
1. 诚信通服务。通过阿里巴巴推荐的第三方认证机构认证，享有产品交易保障、阿里推荐的基础服务产品。
2. 网销宝服务。建立在诚信通的基础上，采取预存款的方式付费，设置关键字，买家在利用卖家设置到的关键字搜索时按点击收费，排名固定。

3. 黄金展位服务。在一个行业里面的广告固定位置，位于行业信息右边。

4. 诚信保障体系。建立在诚信通基础之上的，用于交易时提供的赔偿金，可以让客户放心交易。

5. 出口通服务。为客户联系外单，拓展国外贸易。

四、收入及利益来源

阿里巴巴的主要收入是付费会员和竞价排名，另外还有广告业务。

阿里巴巴主品牌旗下子品牌有很多：阿里巴巴、阿里妈妈、淘宝、支付宝、雅虎中国、口碑网、阿里软件等，其中，阿里巴巴是B2B；阿里妈妈是流量广告；淘宝是C2C；支付宝是第三方支付平台，它的资金余额十分可观，可以用于其他投资；雅虎中国是搜索引擎门户，有搜索排名和广告等业务；口碑网是宣传广告；阿里软件是商务软件。

五、品牌关键措施

对内，通过统一价值观的培养、干部队伍培养、员工投资等关键措施提升公司综合能力；对外，在开展网络推广业务时坚持免费原则，以最低的成本为客户提供最大的服务，为客户创造最大的价值。

品牌活动则持续举办以"帮你上网做生意，让你生意更成功"为主题的全国系列会员培训会，成立了名为"e商之道"专业培训机构。

六、品牌核心竞争力

1. 极具凝聚力的企业文化。
2. 坚固的管理团队。
3. 优质的信息服务。

七、品牌策划创意

1. 正确的定位，制胜的差异化战略。定位于为中小企业提供服务，只做信息流，不做资金流。

2. 客户服务。树立客户永远是对的理念；加强与客户的配合；加强对客户的管理。

案例思考：阿里巴巴为何只用不到十年就打造出了世界级品牌？

分析提示：从本案例中可以很清楚地看到，阿里巴巴运用市场细分和精准定位的策划头脑，避开传统产业竞争的红海，专为无人愿意为他们服务的中小企业提供了优质服务，"长尾理论"击败了"头部理论"。由于中国中小企业客户的巨大规模和海量需求，将阿里巴巴推向了世界的巅峰。

策划阿里巴巴品牌

8.2 基础知识篇

8.2.1 品牌策划创意的基本概念

品牌策划创意是为了企业或产品品牌的创立和发展，运用科学和艺术相结合的逻辑分析与设计方法，创造性地使企业或产品在消费者脑海中形成一种能产生价值共鸣的个性化形象，从而建立起自己的核心竞争力。

品牌策划创意给品牌拥有者带来溢价、增值的无形资产，创意成果是用以和其他竞争对手相区分的名称、术语、象征、记号、设计、故事及其传播组合，品牌溢价增值的部分正是来自消费者脑海中对创意成果产生印象的深刻程度和共鸣程度。

所以，我们往往说，能够做到口口相传的牌子才称得上品牌。

8.2.2 品牌策划创意的特点

① 品牌策划创意需要经过可行性分析，让企业或产品还未进入市场之前就对市场需求做出正确的判断，有效避免了企业不正确的操作造成巨大的经济损失，为品牌投入市场提供有效的保障。

② 品牌策划创意需要完成逻辑性分析与设计，使品牌与竞争对手形成超越、差异、区隔来引导目标消费群的选择，并在目标消费者的心智中形成竞争优势的定位价值。

③ 品牌策划创意更注重的是创新性，即在消费者的知识和体验中产生崭新的意识与心理冲击，从而形成深刻的印象和长远的记忆，为品牌实现"第一提及""领先品牌"的竞争力价值。

④ 具备策划创意的品牌才拥有成为名牌的价值。对于消费者而言，选择有影响力的品牌无疑是一种既省事又减少风险的方法。

⑤ 策划成功的品牌可以超越产品的生命周期，是一种无形资产。

⑥ 造就强势品牌，能使企业享有较高的利润空间。

《忍受高价只为二个字》案例阅读

苹果手机因"苹果"两个字，价格比国产同类手机高三倍以上。可见，苹果手机的品牌策划创意是非常成功的。苹果手机完全运用自己的故事让人口口相传。苹果手机的策划者从苹果的商标、创始人的性格、公司的企业文化、产品的内外特质，做了一系列的演绎，将苹果手机的特立独行、与众不同告诉大家：这所有的一切，只为造就一部好手机！

反观国产高性能低价格的手机，配置也不低，价格也低很多，为何产生不了这种排队抢购的营销效果。如有位影响很高的公众人物使用了某款国产手机，并展示在大众媒体前，该品牌本可以围绕这一产品做许多持续性传播，从而建立起品牌的高端位置。可事情后续完全没有发酵，企业也没有对品牌故事进行生动演绎与传播，那么，品牌的高端塑造自然也就无法实施。

可见，一个没有经过策划的品牌是没有故事的品牌，缺乏内涵与灵魂，不能引起消费者的共鸣，也就激发不了大众对拥有这个品牌产品的渴望，哪怕这个产品的性能再好也很难促发热销。

8.2.3 品牌策划创意的真实工作流程

品牌策划创意的真实工作流程包括以下内容。

1. 市场调查分析

明确品牌价值发展的机会与挑战，明确品牌的市场定位，从而确定品牌创意的方向。

2. 明确品牌战略

根据品牌的市场定位和消费需求，对品牌的独特卖点进行深入研究，尤其注意研究品牌文化和品牌精神如何使客户获得更大的精神价值满足，对品牌人格和品牌个性进行描述，确定品牌的独特价值主张，最终确定以满足客户需求为中心的品牌战略，确定短期、中期、长期的品牌发展战略目标及模式，明确品牌核心价值定位、文化定位、形象定位。

3. 品牌营销目标

品牌营销目标是经过一定时间的品牌营销活动后预期达到的品牌价值提升目标，通常要在品牌认知度、美誉度、忠诚度，以及品牌估值、品牌公关排名等方面量化指标。

4. 品牌策略创意

按照品牌战略和品牌营销目标的导向，开展头脑风暴和逻辑推演，形成系列品牌策略创意。

8.3 实训操作篇

8.3.1 概述

以真实工作过程为导向，经过对系统化知识与技能的解构，采用7步法，按课程建设的需要，对品牌策划创意实训流程进行重构，参见表8.1。

表 8.1　品牌策划创意实训流程

实训流程	内容要求
市场调查分析	企业背景资料和市场环境资料收集，消费者分析，竞争对手分析，目标市场定位，产品与品牌现状分析
品牌战略确定	确定短期、中期、长期的品牌发展战略目标及模式，明确品牌核心价值定位、文化定位、形象定位，确定品牌策划目标
汇集创意	头脑风暴，汇集品牌策划创意
创意确定	确定品牌创意内容，包括品牌核心价值、品牌形象、客户关系管理等内容
创意文案和提案制作	撰写文案，制作提案，并面对项目委托方及专家讲解创意提案
创意评价	项目委托方评价，其他企业和行业专家评价
自我总结	在提案过程中，对照老师点评和专家评价进行检查和反思

8.3.2 市场调查分析

这是品牌策划创意的第1个环节，表8.2为市场调查分析任务的内容与实施、自检要求。

表 8.2　市场调查分析任务的内容与实施、自检要求

内　容	操作步骤	操作方法	注意事项	自　检
企业内部资料收集	1. 直接沟通	（1）与客户进行各种方式的沟通，并深入企业现场，收集有关企业资料和产品资料	必须能与产品经理、销售经理、项目经理、企业领导等沟通，以使资料具有权威性	● 资料收集表格和清单 ● 沟通问题
环境资料采集	2. 间接采集 3. 直接采集	（2）通过商场、卖场、门店和网络、报刊、书籍，以及政府公布的数据，进行第二手资料收集 （3）确定调查目标、调查内容、调查问卷、样本窗、抽样数量、抽样方法、调查计划 （4）亲赴真实市场，以标的产品为对象开展市场调查	① 开始资料采集之前，需明确项目产品及其企业，做好人员分工，落实调查分析的工具，如计算机、纸笔、计算器等 ② 复习之前学过的市场调查分析知识与工具	● 调查问卷 ● 抽样数量 ● 抽样方法 ● 调查计划 ● 调查分工
环境资料消化	4. 数据统计 5. 图表描绘	（5）问卷数据输入计算机，统计输出结果 （6）根据产品定位分析需要，绘制柱状图、饼状图等	① 团队成员分工，共同协调、协助完成 ② 注意图形标注合理，色彩搭配美观	● 统计结果 ● 绘制图形
产品及品牌现状调查	6. 产品及品牌基本信息调查 7. 产品及品牌竞争力分析	（7）完成基本信息调查，包括产品名称、特征、特性、预期价值、品牌等 （8）进行市场进入优势和竞争对手比较优势分析 （9）进行 SWOT 分析	① 产品与品牌是否有差异化独特优势 ② 运用 SWOT 工具进行分析	● 品牌价值 ● 品牌竞争力 ● SWOT 矩阵分析表
目标市场分析	8. 细分市场 9. 目标市场	（10）分析客户需求、行为和特征，根据客户对品牌的态度、行为习惯、人口变量、心理变量和消费习惯细分市场 （11）分析和选择企业的市场覆盖战略：单一市场、产品专门化、市场专门化、有选择的专门化、完全覆盖 （12）分析和选择企业的目标市场策略：无差别性市场、差别性市场、集中性市场	① 注意产品、品牌现状分析，学会运用单变量、二变量、三变量、多变量细分市场 ② 必须与客户进行沟通	● 是否符合市场细分的"五性"要求 ● 目标市场描述文档
品牌定位分析	10. 品牌定位步骤 11. 品牌定位方法	（13）定位是头脑之战，寻找消费者的心理空间占位，按照定位方法一步一步练习 （14）确定选用 8 种定位方法之一	① 在创意中注意避免：过度定位、混乱定位、过窄定位、过宽定位 ② 确定品牌独特卖点	● 品牌定位 ● 定位步骤 ● 定位策略 ● 独特卖点

1. 品牌价值

品牌价值是指品牌在某一个时点用类似有形资产评估方法计算出的估值，一般是市场认可的某种均衡价格，也可以说是品牌在需求者心目中的综合形象。

品牌价值是品牌管理要素中最为核心的部分，也是品牌区别于同类竞争品牌的重要标

志。迈克尔·波特在其品牌竞争优势理论中曾提到：品牌的资产主要体现在品牌的核心价值上，或者说品牌核心价值也是品牌精髓所在。

2. 品牌竞争力

品牌竞争力是指企业的品牌拥有区别或领先于其他竞争对手的独特能力，能够在市场竞争中显示品牌内在的品质、技术、性能和服务，可引起消费者的品牌联想并促进其购买行为。

因此，品牌竞争力是企业核心竞争力的外在表现，有不可替代的差异化能力，是企业所独具的能力，是竞争对手不易，甚至是无法模仿的；具有使企业能够持续盈利的能力，更具有获取超额利润的品牌溢价能力。

品牌竞争力不是一个单一能力而是一种集合能力，它是产品、企业及外部环境等创造出的不同能力的集成组合，主要包括核心力、市场力、忠诚力、辐射力、创新力、生命力、文化力和领导力，依次延伸递进。

3. 品牌定位

品牌定位是指品牌在文化取向及个性差异上的商业性决策，它是建立一个与目标市场匹配品牌形象的过程和结果。换言之，即指品牌在目标消费者心智中占领一个特殊的位置。例如，在炎热的夏天突然口渴时，人们会立刻想到"可口可乐"的清凉爽口。

品牌定位和市场定位密切相关，品牌定位是市场定位的核心，是市场定位的扩展和延伸，是实现市场定位的手段，因此，品牌定位的过程也就是市场定位的过程，其核心就是STP分析。选择目标市场和进入目标市场的过程同时也是品牌定位的过程。

《"非可乐"定位》案例阅读

长期以来，可口可乐和百事可乐是饮料市场无可争议的顶尖品牌，在消费者心中的地位不可动摇，许多新品牌无数次进攻均以失败而告终。然而，七喜却以"非可乐"的品牌定位，成为可乐饮料之外的另一种关联饮料选择，不仅避免了与两种可乐的正面竞争，还巧妙地从另一个角度与两种品牌挂上了钩，使自己提升至和它们并列的地位，稳坐市场交椅。可以看出，七喜的成功主要是"非可乐"的品牌定位成功。品牌定位对于一个品牌的成功起着十分重要的作用，商品Logo参见图8.2。

图8.2 七喜与可乐Logo

8.3.3 品牌战略确定

这是促销策划创意的第 2 个环节，表 8.3 为品牌战略确定任务的内容与实施、自检要求。

表 8.3 品牌战略确定任务的内容与实施、自检要求

内　　容	操作步骤	操作方法	注意事项	自　　检
品牌战略确定	12. 分析并明确企业的核心竞争力 13. 明确品牌战略的内容	（15）从品牌定位提升到核心竞争力的认识，提升到品牌战略，以自身优势瞄准市场空白点或市场差异 （16）对宏观环境、市场、行业、本企业状况等进行分析，以准确、动态地把握市场发展方向 （17）做出以下营销战略的决策：品牌化决策、品牌模式选择、品牌识别界定、品牌延伸规划、品牌管理规划	消费者需求、经营理念、竞争优势、市场差异化定位等，是企业制定品牌战略的前提条件	● 指导思想 ● 品牌定位 ● 竞争态势 ● 品牌模式 ● 品牌规划 ● 品牌识别 ● 品牌管理

1. 品牌战略

品牌战略是公司将品牌作为核心竞争力以获取利润与利益的企业经营战略。品牌战略是市场经济中竞争的产物，本质是塑造出企业的核心竞争力。

2. 品牌化决策

品牌化决策解决的是品牌的属性问题。是选择制造商品牌还是经销商品牌，是自创品牌还是加盟品牌，在品牌创立之前就要解决好这个问题，不同的品牌化决策决定了企业选择不同的道路与命运。

3. 品牌模式选择

品牌模式选择解决的是品牌的结构问题。是选择综合性的单一品牌还是多元化的多品牌，是联合品牌还是主副品牌。品牌模式虽无好坏之分，却有一定的行业适用性与时间性。

4. 品牌识别 CI

品牌识别 CI 是指品牌被客户认可的价值与利益，也是企业希望客户认同的品牌价值，它是品牌战略的重心。它的主要内容是从品牌的理念识别 MI、行为识别 BI、视觉识别 VI 3 个方面规范了品牌的思想、行为、外表等内外含义。

5. 品牌规划

品牌规划是对品牌未来发展领域、前景和目标的清晰界定，它明确了未来品牌适合在哪些领域、行业发展与延伸，在降低延伸风险、规避品牌稀释的前提下，以谋求品牌价值的最大化。

6. 品牌管理

品牌管理是从组织机构与管理机制上为品牌建设保驾护航，明确品牌发展各阶段的目

标与衡量指标，企业做大、做强需要依靠品牌管理。

《宝马品牌战略》案例阅读

宝马公司是世界著名的汽车公司，俗话说"坐奔驰，开宝马"，表明了宝马品牌战略：BMW、MINI 和 Rolls-Royce 3 个品牌共有一个诉求，即"驾驶乐趣"。

BMW 定位："感悟汽车"；MINI 定位："另类的高贵"；Rolls-Royce（劳斯莱斯）定位："永恒的高贵和典雅"。宝马品牌核心价值是"驾驶的乐趣和潇洒的生活方式"。

例如，宝马集团在华的品牌宣传战略——BMW 之悦（JOY is BMW）的品牌广告大获成功，虽然在宣传中突出"BMW 之悦"这一主题，但家喻户晓的"纯粹驾驶乐趣"的广告语不会被取代，"BMW 之悦"延伸了"纯粹驾驶乐趣"的内涵，而且更加全面地反映了品牌与消费者之间更深层的情感联系，参见图 8.3。

BMW 之悦品牌视频广告

图 8.3　宝马 7 系的 BWM 之悦广告

8.3.4　汇集创意

这是品牌策划创意的第 3 个环节，表 8.4 为汇集创意任务的内容与实施、自检要求。

表 8.4　汇集创意任务的内容与实施、自检要求

内　容	操作步骤	操作方法	注意事项	自　检
汇集创意	14. 头脑风暴	（18）每个成员发挥灵感创意，团队按头脑风暴法进行创意活动，创意的目标是品牌策略	每个成员均应事先练习创意思维方法和创意工具运用	● 头脑风暴会议记录
策略汇集	15. 汇集品牌策略的点子	（19）明确采用哪个品牌策略：产品线研展、品牌延伸、多品牌、新品牌、合作品牌 （20）品牌化深度 （21）品牌形象化的拟喻采用，如拟人化、信息化等品牌包装策略	品牌策略必须在品牌战略的框架下统一行动	● 品牌形象化 ● 品牌策略点子

1. 品牌化深度

品牌化深度是表示在目标客户头脑中对该品牌的认知度、认同度、忠诚度 3 种不同的深化程度，品牌化深度决定了客户的忠诚度，见图 8.4。

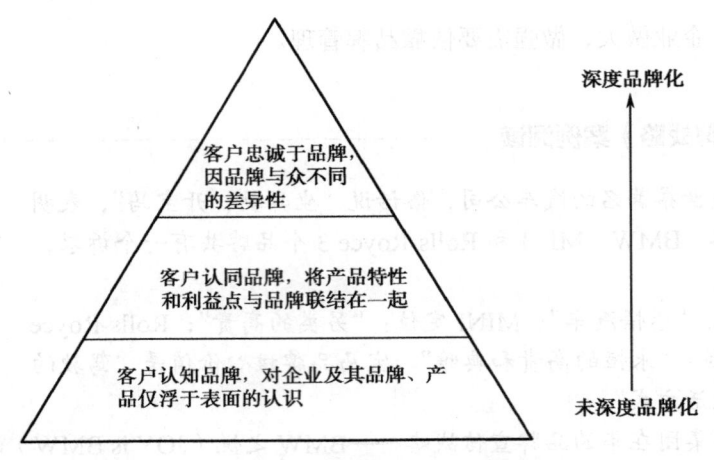

图 8.4　品牌化深度决定了客户的忠诚度

2. 品牌策略类型

品牌策略类型共有 5 种，即产品线扩展策略、品牌延伸策略、多品牌策略、新品牌策略和合作品牌策略。

（1）产品线扩展策略

产品线扩展是指企业现有的产品线使用同一品牌，当增加该产品线的产品时，仍沿用原有的品牌。这种新产品往往都是现有产品的局部改进，如增加新的功能、包装、式样和风格等。通常厂家会在这些商品的包装上标明不同的规格、不同的功能特色或不同的使用者。

（2）品牌延伸策略

品牌延伸是指一个现有的品牌名称使用到一个新类别的产品上。品牌延伸并非只借用表面上的品牌名称，而是对整个品牌资产的策略性使用。品牌延伸一方面在新产品上实现了品牌资产的转移，另一方面又以新产品形象延续了品牌寿命，因而成为企业的现实选择。

（3）多品牌策略

在相同产品类别中引进多个品牌的策略称为多品牌策略，各品牌相互之间是既有差别又有联系的，不是大杂烩，组合的概念蕴含着整体大于个别的意义。

（4）新品牌策略

为新产品设计新品牌的策略称为新品牌策略。当企业在新产品类别中推出一个产品时，它可能发现原有的品牌名称不适合它，或是对新产品来说有更好、更合适的品牌名称，企业需要设计新品牌。

（5）合作品牌策略

合作品牌（也称为双重品牌）是两个或更多的品牌在一个产品上联合起来，每个品牌都期望另一个品牌能强化产品整体的形象或增强消费者购买意愿。如摩托罗拉公司和掌中宝公司共同出品一款手机就叫"摩托罗拉掌中宝"。

3. 品牌形象化

品牌形象化是指通过一定的方式和手段使品牌在社会公众心目中表现出个性化特征，向消费者传递可形象化认知的品牌价值，包括符号、包装、图案、广告等设计。

实施"品牌形象化"可分为 4 步：
第 1 步，设定品牌使用场景，设计文化、风俗、家庭等各因素配置关系。
第 2 步，设定拟人性别和人格化特征，设计品牌角色。
第 3 步，用文字描写品牌画像，用画笔设计品牌生动化形象。
第 4 步，评估品牌形象化造型在技术上的可行性。

4．品牌拟人化

品牌形象化理论

品牌拟人化是使品牌像人一样具有人格、人性。若品牌具有消费者认可的人格，则容易被消费者接受。实施"品牌拟人化"可分为 6 步。

第 1 步，确定核心价值。品牌核心价值是品牌的 DNA，和人一样，DNA 决定了外在表现的一切行为。

第 2 步，设计品牌个性。个性是个体对外界的某种习惯行为，消费者个性影响消费习惯，品牌个性若与消费者个性共鸣，就能成为消费者的购买习惯。

第 3 步，明确品牌气质。品牌气质是消费者对品牌产生的人格体验，比如，雀巢温馨、奔驰威严、宝马潇洒、百事激情、惠普称职等。

第 4 步，赋予品牌年龄。品牌年龄要和目标消费者相仿。比如，可口可乐目标消费者年龄为 25～40 岁，百事目标消费者年龄为 18～25 岁。

第 5 步，归属品牌阶层。人是社会性动物，只有在同一阶层才能找到自己人，品牌也一样。

第 6 步，设计品牌故事。品牌故事是根据特定的文化演绎出来的成长履历。

通过对这 6 步的梳理，品牌会如一个"人"那样鲜活起来。当品牌不再是一个商标，而是一个能与消费者交往、沟通的"人"，在抢占消费者心智的竞争中，就会脱颖而出。

8.3.5 创意确定

这是品牌策划创意的第 4 个环节，表 8.5 为创意确定任务的内容与实施、自检要求。

表 8.5 创意确定任务的内容与实施、自检要求

内 容	操作步骤	操作方法	注意事项	自 检
创意确定	16．创意验证 17．优选创意 18．修正创意	（22）运用市场检验、客户沟通、专家评价来验证创意的效果 （23）根据创意验证效果的评分和综合考虑，由团队投票决定选择哪个创意 （24）进一步对照品牌战略、品牌规划目标，对品牌策划创意做更完善的修正	特别考察创意在品牌策略中的构思	● 创意描述 ● 创意评分表 ● 创意修正要点
费用预算和效果预测	19．实施计划 20．预算与预测	（25）为实现品牌策划创意所做的实施计划安排，包括品牌核心价值、品牌形象、客户关系管理等 （26）费用预算和效果预测	特别注意各项费用测算必须通过市场调查来完成，必须符合当前实际	● 实施计划 ● 费用预算 ● 效果预测

8.3.6 创意文案和提案制作

这是品牌策划创意的第 5 个环节，表 8.6 为创意文案和提案制作任务的内容与实施、自检要求。

表 8.6 创意文案和提案制作任务的内容与实施、自检要求

内容	操作步骤	操作方法	注意事项	自检
创意文案撰写	21. 策划创意说明书 22. 品牌策划建议书	（27）解释品牌策划创意思路和创意的独特亮点 （28）根据品牌策略及其计划实施的需要，编写品牌策划建议书	① 注意独特亮点的表达要同样能吸引读者 ② 脚本文案的文字以清晰、明白为原则，要求图文并茂	● 创意说明书 ● 创意文案
创意提案制作	23. 提案构思 24. 提案制作	（29）在整体风格、美学效果、时间把握方面首先进行构思 （30）使用最新版 PPT 工具进行电子幻灯片提案制作	注意团队中至少有一个成员对 PPT 工具的运用比较熟练	● PPT 提案
演讲与答辩	25. 预演练习 26. 正式演讲与答辩	（31）练习背诵、解读、时间控制、与计算机操作的组员配合 （32）商务礼仪展现、职业能力体现、专业能力展示	① 预演，预演，再预演，是成功的基础 ② 现场氛围控制非常重要，这是通过礼仪和能力来把握的	● 预演 3 次 ● 演讲 ● 礼仪 ● 预备问题

8.3.7 创意评价

这是品牌策划创意的第 6 个环节，表 8.7 为创意评价任务的内容与实施、自检要求。

表 8.7 创意评价任务的内容与实施、自检要求

内容	操作步骤	操作方法	注意事项	自检
客户评价	27. 客户意见和建议	（33）在投标讲演答辩中，客户会很直接地提出意见和建议	详细记录客户所说的每一句话，诚恳地解释自己的创意	● 客户评价
专家评价	28. 专家提问和点评	（34）在评标中，邀请的行业专家会从专业的角度提出问题，并点评提案演讲和回答问题的表现	详细记录专家所说的每一句话	● 专家评价
教师点评	29. 教师点评	（35）模拟投标 PK 活动结束后，指导老师要进行综合点评和评分排名，向中标者宣布中标名单和中标内容	详细记录指导老师所说的每一句话	● 教师点评

8.3.8 自我总结

这是品牌策划创意的最后一个环节，表 8.8 为自我总结任务的内容与实施、自检要求。

表 8.8 自我总结任务的内容与实施、自检要求

内　容	操作步骤	操作方法	注意事项	自　检
修正完善创意	30. 修正完善创意	（36）在文案和提案制作过程中，根据最新资料的分析、客户意图的理解、市场环境变化的分析、市场目标和营销战略的调整等，在投标演讲前，可以做进一步的修正和完善	客户的要求和市场的状况是对立统一的关系，以客户为中心是工作的重点，务必注意协调处理好客户关系	● 完善活动的纪要
自我总结	31. 自我总结	（37）每个团队均应在项目结束后，专门组织撰写自我总结报告，召开总结会议，会上要进行充分讨论，畅所欲言，以达到总结提高的目的	人人都必须提交自我总结报告和在小组会上发言，无论是遗憾的体会，或是欣喜的收获，都是一次难得的促进	● 总结笔记 ● 总结报告

8.4 改进提升篇

8.4.1 品牌核心价值创意

努力塑造品牌核心价值已成为国际一流品牌的共识，是否具备核心价值已成为品牌是否成功的重要标志。

1. 理性价值

品牌理性价值是顾客在功效、性能、质量、便利等方面认可的理性效用标签，这是绝大多数品牌在品牌初创时期的安身之本。例如，飘柔的理性价值是"让头发飘逸柔顺"，海飞丝的理性价值是"快速去除头屑"，潘婷的理性价值是"补充头发营养"，沙宣的理性价值是"专业头发护理"。

2. 感性价值

品牌感性价值是顾客在购买和使用过程中产生的心理感受标签，这种感受赋予品牌与消费者更深的意义和关系。强势品牌的核心价值创意之所以成功，就是在理性价值之外特别注重感性价值的创意。

感性价值可以通过如下几个方面来营造。
① 熟悉关系：我非常了解这个品牌。
② 怀旧关系：这个品牌让我想起生命中某个特别的阶段。
③ 自我价值关系：这个品牌与我非常相符。
④ 合伙关系：这个品牌非常看重我。
⑤ 结合关系：如果找不到这个品牌我会非常沮丧。
⑥ 承诺关系：不管生活好坏我都将继续使用这个品牌。
⑦ 依赖关系：一旦我不使用这个品牌，我感到有什么东西正在消失。

比如，可口可乐创造的是"依赖关系"，麦当劳餐厅创造的是"熟悉关系"，苹果计算机创造的是"自我价值关系"，南方黑芝麻糊创造的是"怀旧关系"。

8.4.2 品牌符号创意

品牌符号包括名称、标志 Logo、基本色、口号、象征物、代言人、包装等，这些识别符号的元素形成一个有机系统，对消费者施加影响。品牌符号化最大的贡献就是能帮助消费者简化他们对品牌的识别和判断，对企业而言是最节省沟通成本的做法。

1. 创造感官认知品牌的方式

品牌符号是用消费者感官认知品牌价值的方式，从"眼耳鼻舌身意"六个感官认知的方面创意品牌符号内容，让消费者可以看到它、触摸它、闻到它、拿着它、听到它、感受它，此时品牌已经成为品牌化的信息体系，成为好记、可信、富有意味、与众不同、便于使用、不断增值、能够跨越文化和习俗、迅速为人们所认知的丰富内涵。

2. 打通通向品牌的入口

比起其他感官认知来，标志符号 Logo 更能直接承载关于品牌的可辨识信息，是通向品牌的入口，所以我们特别要重视品牌标识 Logo 创意。标志 Logo 为人们熟知后，人们往往会用它来代替公司名称。

3. 理顺品牌符号的认知顺序

创意品牌符号需要研究人的感知科学，在进行品牌符号创意时必须记住人们识别和接受信息刺激的认知顺序。

首先是形状。大脑接受的如果是与众不同的形状，记忆会更牢固。

其次是色彩。颜色可以触动冷、暖、硬、软等情感并引发关于品牌的联想，是一种很好的记忆手段。

最后是文字内容。大脑需要用更多的时间来处理文字信息，所以我们把文字内容放在形状和色彩之后，以德州石油、三星、美国税务公司标志的认知为例，参见图 8.5。

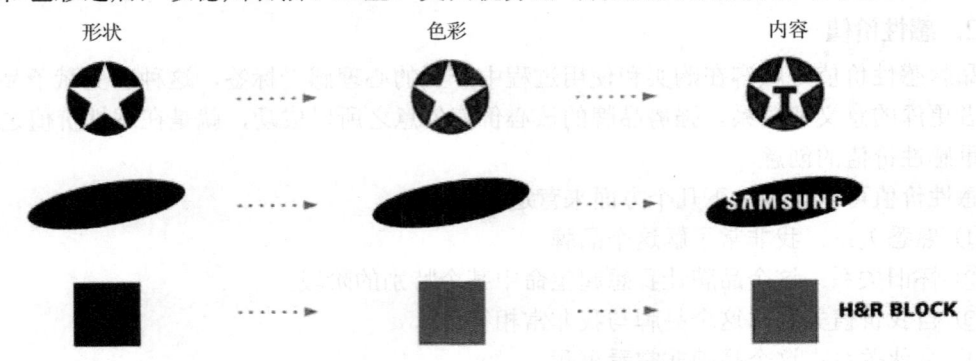

图 8.5 人们对德州石油、三星、美国税务公司标志的认知顺序

8.4.3 品牌人格创意

消费者的消费需求已经升级，不再满足基本的物质需要，越来越多的消费是为了满足社交性、尊严性、象征性的精神需要，当消费者想要表达真实自我而又不能直接说出口时，他甚至可以通过自己消费某种品牌的行为来表达。

如果品牌没有人格化，就没法与消费者建立感情，形成偏好，就没有稳定的性格和行为特征，消费者无法认同品牌个性，自然也无法与消费者自己的个性进行比较并确认是否一致。

广告大师威廉·伯恩巴克认为，每种成功品牌都会产生一种与人们的心理有着微妙联系的东西，即"与生俱来的戏剧性"。换句话说，品牌相当于一个"演员"，市场就是一个"舞台"，如果品牌在这个"大舞台"上表现得出神入化，就会成为拥有千万粉丝的魅力明星。

这种把品牌当作"演员"，把市场作为"舞台"，将品牌变成"演员"甚至打造成"魅力明星"的方法就被称为品牌人格创意。

品牌人格创意有以下三个方面的技巧。

1. 品牌人格神奇化

神奇的故事塑造品牌神奇的人格，吸引非同一般的注意力，拉近与消费的心理距离。

例如，国际化妆品 REVLON 为了塑造一个中国式的人格化传奇故事，将其品牌名称译成了唐代诗人李白名句："云想衣裳花想容，春风拂槛露华浓"的点睛之笔——"露华浓"，使这个品牌名称具有了杨玉环的人格，激发了中国女性对 REVLON 的神往。

2. 品牌人格吉祥化

吉祥物以夸张的手法传递出品牌人格吉祥化的形象，使消费者很容易接受品牌理念和文化，有助于品牌与消费者之间的沟通，使品牌具有亲切感。

3. 品牌人格个性化

品牌的个性应该是品牌人格化后显示出来的独特性，比如人的脾气、行为方式、偏好等特征，品牌具备这些人格化心理特征就创造了品牌的个性和形象识别，代表了一个品牌区别其他品牌的差异性，让品牌脱颖而出。

8.4.4 品牌故事创意

品牌故事是"讲"出来的。品牌经过策划者精心创意和设计，对曾经发生过或编写的故事重新寻找切入角度，安排更合理的情节，进行渲染气氛等创意加工，将它们传播给目标受众，从而激起受众兴趣，一下子就深化了目标受众对品牌的印象，达到良好的品牌传播效果。

翻开成功品牌的历史，都会发现他们拥有独一无二的品牌故事，品牌文化就是由不为人知到无人不知的过程中许多品牌故事所组成的文化。例如，农夫山泉的故事是"有点甜"、乐百氏的故事是"27 层过滤"、海尔的故事是"怒砸冰箱"、肯德基的故事是"大叔烹炸鸡块"、麦当劳的故事是"销毁卖剩的汉堡"、赛百味的故事是"帮大学生减肥成功"。

8.5 巩固练习篇

一、问答题

1. 品牌策划创意的概念是什么？
2. 品牌人格创意有哪 3 种技巧？
3. 谈谈品牌核心价值中象征价值的作用和意义。

4. 客户关系管理对品牌策划有何作用？

二、判断题

1. 神奇的故事并不能塑造品牌神奇的人格。（　　）
2. 品牌竞争力是指企业的品牌拥有区别或领先于其他竞争对手的独特能力。（　　）
3. 品牌识别 CI 从品牌的 MI、BI、VI 3 个方面规范了品牌的思想、行为、外表等含义。（　　）
4. 品牌抢先占位法是指发现消费者心智中有一个富有价值的阶梯位置无人占据，就全力去占据它。（　　）

三、多选题

（1）品牌形象化策略有四步（　　）。
A．设定使用场景
B．设定拟人性别和人格化特征
C．描写品牌画像
D．利用色彩提升形象化效果
E．利用语言描绘品牌形象化角色
F．评估品牌形象化造型在技术上的可行性

（2）品牌感性价值的创意可以通过塑造以下关系进行（　　）。
A．熟悉关系
B．朋友关系
C．怀旧关系
D．自我价值关系
E．合作关系
F．承诺关系
G．依赖关系

四、单选题

1. 品牌策划创意给品牌拥有者带来溢价、增值的无形资产，品牌溢价增值的部分正是来自消费者脑海中对创意成果产生_____的深刻程度和共鸣程度。
A．辨识　　　　B．印象　　　　C．困惑　　　　D．反感

2. 品牌竞争力不是一个单一的能力而是一种集合的能力，它是产品、企业及_____等创造出的不同能力的集成组合。
A．渠道　　　　B．外部环境　　　C．合作伙伴　　　D．顾客

3. 品牌定位的目的就是将产品转换为品牌，以利于潜在顾客的正确认识。成功的品牌都有一个特征，就是以一种_____的形式将品牌的功能与消费者的心理需要连接起来，通过这种方式将品牌定位信息准确地传达给消费者。
A．灵活变化　　B．多姿多彩　　C．始终如一　　D．与时俱进

4. 商务礼仪一般要求男士皮带的颜色要与皮鞋的颜色_____。
A．不同　　　　B．匹配　　　　C．一致　　　　D．反差

5. 策划提案人的"颜色"有一种是中庸灰色，他们缺乏"红色"的火热和"蓝色"的

敏锐，他们宁可平庸也不要冒险以免使自己看起来很笨，但"灰色"提案人_____。

  A．令人不容易冲突   B．使人感觉聪明

  C．会被人容易接受   D．很容易被人遗忘

6．竞争产品就是_____的产品在市场上打开了销路、未来还有更广阔的市场前景而策划的产品。

  A．有竞争力   B．竞争优势明显

  C．有竞争属性   D．针对竞争对手

7．广播广告最显著的特点是目标受众仅仅凭听觉来接受广告里的信息，就能给人以最为广阔的联想空间，而联想是引发人类_____的神奇武器，所以，广播是一种高情感媒介，它可以运用声情并茂的广播语言，深深拨动听众的心弦，而不会因为缺少画面而失色。

  A．好奇求知   B．先睹为快   C．审美情趣   D．刨根问底

8．广播广告策划创意的技巧之一：锁定针对性栏目或节目。当今广播的发展已由"广播"变为"窄播"，听众对自己喜欢的栏目或节目进行了_____，不同的节目和时段有不同的听众群，而不是只锁定一个广播频率即可。

  A．理性选择   B．随机选择   C．细分选择   D．广泛接受

9．口碑广告是指通过关注者或购买者以_____的方式将有关商品的广告信息传递给家人、朋友和交往的人，从而促使更多的人产生购买的一种广告传播方式。

  A．口口相传   B．试用体验   C．文件传播   D．树碑立传

10．整合传播广告是指综合协调和利用_____媒介的广告形式，在不同形式的媒介上，不同的广告应该以统一的目标和统一的传播形象，传递一致的产品信息，实现与消费者的双向沟通。

  A．小众   B．各种

  C．大众   D．一切可以成为

11．日益增多的企业把它们的价格建立在_____的基础上，即认知价值定价法（Perceive Value Priceing）。他们明白，作为定价的关键，不是卖方的成本，而是买方对价值的认知。企业利用营销组合中的非价格因素在购买者心目中建立的认知价值将是价格建立在捕捉到的认知价值上的。

  A．产品   B．名牌   C．品牌   D．商品

12．卡特彼勒公司首席执行官费德斯说："顾客购买的是我们的产品，但他得到的却是_____。"

  A．我们的真诚   B．我们的一颗心   C．整个企业   D．品牌

13．消费者也可能形成某种购买意图而偏向购买他们喜爱的品牌，但是，在_____之间，会受到其他人的态度和未预期到的情况因素的影响。

  A．认知需求和收集信息   B．收集信息与选择评估

  C．品牌评估与购买选择   D．购买意图与购买决策

14．消费者进行信息搜寻会找出一组品牌，有时称做购买者的_____（或考虑组合），它们是消费者最喜欢的选择。

  A．唤起组合   B．喜悦组合   C．偏好组合   D．忠诚组合

8.6 训练总结篇

训练任务 1 《毛嘉衣架品牌故事》60 分钟实务训练

时间：60 分钟练习

目标：在全程"游泳训练"实训任务中，同学们针对毛嘉衣架品牌采集了相关市场资讯和企业资料，有了一定的认知和分析，请同学们以团队为单位，用 60 分钟为该品牌创意一个品牌故事。

内容：教材中有 3 种讲品牌故事的形式，都分别尝试一下，然后挑选一种形式来讲故事。

组织形式：请每个团队按照以下流程完成任务：

（1）用 20 分钟通过网络去挖掘素材；
（2）用 20 分钟开展头脑风暴设计故事；
（3）用 20 分钟写出故事的提纲；
（4）老师安排每个团队上台分享他们创意的品牌故事。

要求：每个团队必须参与练习。

训练总结：

_____

_____

训练任务 2 《品牌拟人化》案例训练

仍然针对本章全程"游泳训练"实训任务，同学们再进一步阅读下面相关信息，然后完成练习。

桂林毛嘉工艺品有限公司坐落在风景秀丽的桂林荔浦，中国商务部授予荔浦"中国衣架生产基地"称号，全世界大部分的衣架都产于这里。桂林毛嘉工艺品有限公司（以下简称毛嘉）正是这个衣架生产基地中建立最早、规模最大、产品最齐全的衣架厂家。毛嘉拥有 23 000 平方米的先进厂房、680 名熟练工人和超过百名的技师。这些雇员经过长期培训，技术高超。毛嘉生产超过 600 种衣架和百余种服装模特。其中，衣架分金属、原木、铝、浸塑和包布等大类，模特则用玻璃纤维制造。经过多年的不断追求和改良，毛嘉衣架已经超越了衣架悬挂衣物笔挺不变形、防滑不脱落等传统功能，而且形式更为多样，更为环保。为保证一流品质，毛嘉的衣架都是精选最好的符合环保要求的原材料精心设计制作的。

参考答案 8-2

毛嘉是集产品设计、生产、销售于一体的衣架生产厂家，可以接纳大批量的、持续供货时间较长的大订单。毛嘉是世界多家知名连锁大型超市及知名服饰品牌衣架的长期供应商，90%的产品销往世界 30 多个国家和地区，在衣架生产和销售领域享有盛誉。与此同时，毛嘉超强的设计能力可以为世界著名的服装品牌提供专业的衣架设计服务，个性化的衣架更能突出服装的品牌和个性。毛嘉衣架三大品牌系列：MAOS、锦衣卫、三角演艺。

请各学生团队经过头脑风暴和研究讨论，写出毛嘉衣架品牌的拟人化策划文字，老师抽取团队代表上台分享。

训练总结：
_____
_____

训练任务 3 《"螺蛳粉先生"品牌电商策划》案例作业

  螺蛳粉是广西柳州当地大街小巷的特色小吃，其汤料由螺蛳熬制而成，因此得名螺蛳粉。早在 2010 年，柳州市政府就提出要将特色美食螺蛳粉打造成城市名片，但螺蛳粉产业真正成为"网红"而井喷，是在 2014 年，这一年米粉制作工艺、物理杀菌等食品生产及包装技术大大提升，柳州速食袋装螺蛳粉研发取得突破。这一供给侧改革刺激了消费需求，加上互联网推动，螺蛳粉变身为一种"可以快递的乡愁"，开始畅销世界各地。2017 年，柳州袋装螺蛳粉产值达到 30 亿元，日销 80 万袋。

参考答案8-3

  在许许多多螺蛳粉电商中，有一家淘宝店名为"螺蛳粉先生"，曾经 13 天卖出 1 万袋，它的故事是这样的。

  "螺蛳粉先生"的创业者是生活在北京的广西柳州人，喜爱美食，尤其是螺蛳粉，离开家乡后常常怀念。于是，在北京开了一家实体店就叫螺蛳粉先生，店铺虽然简陋，但生意迅速红火，平均一天能卖出 400 碗，三个月内就收回了前期投入的 10 万元成本。

  但当他在 2011 年开第二家螺蛳粉店时，因临时建筑不到一年被拆迁而损失二十多万元，开实体连锁店的想法遭到很大打击，于是就冒出了开淘宝店的想法，并开始和朋友研究怎么改装产品。

  2013 年，他的淘宝店开张了，延续了实体店"螺蛳粉先生"店名，销售真空包装的螺蛳粉和各种配料。结果，淘宝店一开就非常火爆，13 天卖了 1 万袋，且在半年时间里做到了两皇冠，在螺蛳粉行业里排名第一，到 2018 年 8 月，平均每年的销售额已达千万元以上。

  这位创业者还有另外一个身份：青年作家、第七届全国新概念作文大赛一等奖得主、中国作家协会会员。他将螺蛳粉的客户群定位为不爱做饭的年轻人，利用自己的特长采用微博进行营销。他细心观察每一个来到店里的顾客，在微博上开办了"螺蛳粉先生家的顾客"栏目；他用微博做了一系列的促销活动，如赠送话剧演出票、发微博截图就可参与团购优惠、鼓励顾客拍下店里的螺蛳粉成品照放到微博参加互动等。甚至有一年端午节的时候，他家人包的粽子，都统统送给了顾客。

【案例作业】

1. 电商开店应该如何定位才能成功？请用马斯洛需求理论分析螺蛳粉先生的定位。
2. 为什么螺蛳粉先生总结自己从产品做起才会成功？请用产品五层次理论进行分析。
3. 螺蛳粉先生利用微博营销产生了很好的效果，请用购买行为理论和销售沟通模型进行分析。
4. 他采用"螺蛳粉先生"作为品牌有什么好处？请用品牌概念简要分析。

作业总结：
_____
_____

训练任务 4 《铁皮石斛的供给侧品牌策划》案例作业

铁皮石斛的供给侧品牌策划

胡重九是湖北鄂州人，2011年硕士毕业于浙江农林大学林木遗传育种专业。毕业后，在母校老师的支持下，胡重九和师兄陈相涛合作在浙江农林大学所在的浙江临安市成立了杭州木木生物科技有限公司，从事铁皮石斛、蓝莓、金线莲、白芨等多个品种的研发，其中铁皮石斛最为热门。

在研制新产品之前，胡重九和团队将新产品定位为日用品。作为遗传育种专业的硕士研究生，胡重九认为铁皮石斛的有效成分是多糖、维生素和氨基酸，这些营养物质在保健方面具有神奇功效，如果将铁皮石斛中的有效成分运用到牙膏、沐浴乳等产品中，开发出铁皮石斛日用品，一定能取得意想不到的效果，而且也可以进一步提升铁皮石斛的附加值。

说干就干，通过一年多时间的科研攻关，胡重九和他的团队发现，铁皮石斛内含石斛多糖、维生素、氨基酸等营养物质，可以起到为牙齿、牙龈提供营养，改善口腔环境的作用；铁皮石斛萃取液有极强的黏性，刷牙漱口后依然长时间附着在牙齿和口腔黏膜上，具有抑菌、祛火、消炎、促进溃疡愈合等作用……铁皮石斛的这些神奇功效运用到牙膏上正是最好的。

随后，胡重九利用铁皮石斛的这些特性，并根据早晚人体口腔环境的特点，有针对性地研发出了早、晚型牙膏。这款牙膏开发出来后，胡重九和公司的员工都成为试用者。让胡重九自己也觉得不可思议的是，用了这款牙膏后，自己口腔溃疡的老毛病竟然再也没有发作。很多试用的员工也纷纷表示，铁皮石斛牙膏具有清热祛火、修复口腔溃疡、清新口气等作用。

【案例作业】

1. 在淘宝上搜索"木木铁皮石斛牙膏"，胡重九的"木木生物官方店铺"有200多个产品，销量在前面的是生物实验室用品和物品，木木铁皮石斛牙膏为0销量，说明急需营销策划，请首先为这款产品进行品牌形象化的策划。

2. 在品牌营销的全过程中，始终保持品牌拟人化很重要，让品牌像一个有温度、有情感的"人"，消费者愿意靠近它、拥有它。请谈谈如何对这款产品进行品牌拟人化策划。

作业总结：

项目 9 公关策划创意实训

【学做一体作业】公关策划创意全程"游泳训练"任务

修正药业公关策划

任务目标：

处方药产品的客户关系管理和公共关系活动在营销策划中的地位是非常重要的，因为在药品广告宣传、降价促销、人员推销方面，我国都有比较严格的政策法规。那么，如何通过公益活动、公关活动、客户关系管理等公关手段来达到营销目标呢？同学们可以通过实训活动掌握其中的规律和技巧。

任务内容：

修正药业集团是集科研、生产、营销于一体的大型现代化民营企业，集团总部设在长春，营销总部设在北京。产业布局已从医药名城通化，延伸到柳河、双阳、长春、北京、四川、南昌等地区。集团总部总占地面积117万平方米，总建筑面积39万平方米。集团下辖66个全资子公司，有员工80 000余人，资产总额达75亿元人民币。

请同学们通过网络了解修正药业集团的企业情况和市场现状，为该企业在本校所在的城市区域开展公关策划进行创意。

任务要求：

1. 为修正药业集团区域市场的公共关系进行策划创意。
2. 每个学生团队必须通过市场调查（至少自行设计并完成100份调查问卷）完成市场定位。
3. 创意必须有新意、合逻辑，并且可行。
4. 注意分析需求、分析对手、分析市场。
5. 注意分析企业特点、创新公关手段。

实训步骤：

学生模拟公司应按照工作流程开展实训。

成果评价：

两周后提案竞标，以文案和PPT形式提交，现场讲解、答辩，特邀当地经销商、代理商或厂家的专家、代表参与评分、评价。

9.1 学习导航篇

1. 知识能力

通过本项目实训，掌握公关策划创意的真实工作过程和技巧，深刻理解公关策划在企业经营、品牌营销中的重要作用，掌握典型公关策划创意的技巧。

2. 方法能力

学生团队应掌握社会公众环境的市场调查方法，养成团队分工、协力合作的工作习惯，能够熟练运用PPT完成演讲与答辩。

3. 社会能力

学生团队深入市场、企业内部调研，每个成员的工作目标、内容、时间等任务指标都应形成明确的计划清单，形成熟练的团队配合能力。

4. 学习导航

公关策划创意实训	基本概念	【定义】公关策划创意是根据企业或产品品牌形象的现状和目标要求，分析企业内部和市场外部环境的现有条件，创造性构想并设计公共关系战略目标、营销策略、活动方案的过程
	品牌策划创意流程	包括7个环节：公关环境调查分析，公关战略确定，汇集创意，创意确定，创意文案和提案制作，创意评价，自我总结
	任务内容	【公关环境调查分析】企业背景资料和市场环境资料收集、客户需求调查分析、目标市场定位、产品定位 【公关战略确定】按照经营战略目标，明确公关战略目标 【汇集创意】头脑风暴，汇集公关策划创意 【创意确定】确定公关策划内容，包括公关诉求、传播工具、媒体计划、信息传播、公关资源整合、公关管理、活动组织、效果评估、费用预算等内容 【创意文案和提案制作】文案写作、提案制作、演讲与答辩 【创意评价】客户评价、专家评价、教师点评 【自我总结】团队对照老师点评及专家评价进行检查和反思
	典型公关策划创意的技巧	建设型公关策划创意的技巧 维系型公关策划创意的技巧 防御型公关策划创意的技巧 进攻型公关策划创意的技巧 矫正型公关策划创意的技巧

《导入案例》

百年全聚德的公关策划

全聚德集团有限公司是一家具有悠久历史和文化传统的京城老字号餐饮企业（参见图 9.1）。面对改革开放和市场经济的浪潮，全聚德集团进行了重组，成为"全聚德"商标的唯一持有者，并在国内外进行了商标注册。截至 1999 年年初，集团已在国内注册 11 个商标，涵盖 25 大类 124 种商品和服务项目，同时在世界 31 个重点国家和地区注册了"全聚德"商标。1999 年 1 月 1 日，经权威资产评估机构评估，"全聚德"品牌价值 7 亿元人民币。在此基础上，全聚德集团开始全面实施公关战略工程，确定了公关目标：形成全而无缺、聚而不散、仁德至上的企业形象。

图 9.1 全聚德烤鸭店

1. 大型社会公关

"全聚德"135 周年店庆大型活动从策划、筹备、实施和提升历时近一年，涵盖"全聚德杯"新春有奖征联活动、首届全聚德烤鸭美食文化节、全聚德品牌发展战略研讨会三项大型活动。"全聚德"针对不同目标公众，巧妙设计公关活动，并与传播手段相结合，取得了良好的公关效果。为确保项目的顺利实施，集团总裁亲自挂帅，相关部门分工负责，按计划逐一落实。

2. 大型事件公关

第 1 亿只全聚德烤鸭出炉及片鸭仪式是本次大型活动中最吸引人、最具新闻价值的公关事件，全聚德抓住这一亮点大做文章，而北京众多媒体记者抢新闻的劲头，说明活动创意策划到位，这是本案例画龙点睛之处。

3. 大型宣传公关

全聚德集团对大众媒体的宣传非常重视，就"全聚德 135 周年店庆暨首届全聚德烤鸭美食文化节开幕式"一项活动就有 24 家媒体参与报道，报道量达 56 次之多；另外，《北京晚报》对"新春征联"活动互动式的追踪报道，将征联活动不断推向高潮。

全聚德 135 周年公关目标既考虑公众对全聚德品牌的爱好和继续发扬传统的要求，又考虑全聚德不断发展壮大的利益，为此选择了企业利益与公众利益的相交点，塑造了企业形象。在公关活动的具体内容和目标上则明确了具体、可行、可控的指标,形成体系,这样既有利于实施,又便于监测。

案例思考:全聚德的公关策划重点是什么?

分析提示:全聚德作为百年老店,形象是非常重要的,任何疏忽都有可能将其百年品牌毁于一旦。因此,其公关活动既要展现大气、恢弘、厚重的时代感,又要能够通过与众不同的创意影响主流媒体记者的眼球,因此,创造社会影响、创造新闻事件、创造宣传数量成为全聚德135周年庆的公关策划重点。

9.2 基础知识篇

9.2.1 公关策划创意的基本概念

公关策划创意是指围绕品牌与公众环境之间的沟通和传播关系进行策划创意,为改善品牌与社会公众关系而成功策划一系列公共活动。

公共策划创意的目标是促进公众对品牌的认识、理解及支持,达到树立良好品牌形象、促进产品销售的目的。

9.2.2 公关策划创意的特点

① 求实性。实事求是是公关策划创意的一条基本原则。公关策划创意必须建立在对事实的真实把握基础上,公关活动应该以诚恳的态度向公众如实传递信息,并根据实际情况的变化创新策略和调整时机。

② 系统性。这是指在公关策划创意中,应将公共关系管理作为一个系统工程来认识,按照系统的观点和方法进行创造性谋划、统筹。

③ 创新性。公共关系策划创意必须打破传统、刻意求新、别出心裁,使公关活动生动有趣,体现品牌的个性形象,从而给公众留下深刻而美好的印象。

④ 效益性。创新构思如何以更少的公关费用,取得更佳的公关效果,达到企业的公关目标。

⑤ 弹性。在公共关系处理的过程中涉及的不可控因素很多,任何人都难以全面把握,因此,策划创意应留有余地才可进退自如。

⑥ 道德。公共关系管理中将会涉及社会不同区域的各阶层群体,因此,要求在策划创意过程中注意文化、宗教、民族以及伦理道德等约束。

⑦ 心理。公关策划很大程度上是针对公众心理反应的应对策划,要掌握心理学原理在公关策划中的创新运用,正确把握公众心理,因势利导化解矛盾,实现品牌增值。

《全球最好的工作》案例阅读

2009年年初,一条号称"全球最好的工作"的招聘信息使人们眼前一亮:成为澳大利亚昆士兰州大堡礁的护岛人(参见图9.2),每月工作不超过12小时,不仅可饱览海景风光,还可在半年内拿到约合 65 万元人民币的工资。消息一出，来自全球 200 多个国家和地区的 3 万多报名者一度使昆士兰州旅游局官方网站陷入瘫痪。

当地旅游局承认活动旨在提升大堡礁的国际知名度。这次活动预计投入 170 万澳元，但目前这项活动带来的公关价值已经超过 7 000 万美元，咨询当地旅游的旅客也络绎不绝。

这次活动为什么如此成功呢？首先，它抓住了经济危机中人们对于好工作的渴望心理；其次，在具体的活动组织上还运用了一些小技巧，这可供经济危机环境下的企业营销参考。

第一，将宣传的主战场转向更好观测消费者反应的渠道，如搜索引擎广告、BBS 等 SNS 社区。在这次活动中，人们口口相传的力量在其中起到了重要作用，通过 YouTube 及各类专门针对比赛的 BBS、博客，旅游局能迅速了解到人们的反应，并且旅游局通过不同版本的申请网站对目标客户市场的反应进行监测。这样就可以随时调整、改进自己的方案。

第二，宣传的娱乐性和新闻性很重要，但更要与产品相联系。以"全球最好的工作"为题的确吸引眼球，连 BBC、福克斯、中国中央电视台都开辟专栏介绍该项目。

第三，重视市场细分，抓住核心消费者的同时，也要扩大消费者的参与面。"全球最好的工作"的职位竞聘要求没有学历、年龄、地区等限制，仅仅要求有热情、有娱乐性、有展示能力的欲望、一年相关经验，并且申请职位只需要拍摄 60 秒的自我介绍视频。这样宽泛的条件在增加了挑选人才范围的同时，也起到了免费广告宣传的效果。

第四，宣传既具备长期性，也兼具灵活性。以组织活动为形式的营销往往热了一阵就过去，而"全球最好的工作"不仅选拔期和工作合同期都是 6 个月，他们从未承诺这是一个长期的职位，而且这种方式也给旅游局留下了余地，这意味着在 6 个月选拔期结束后可根据市场反应决定是否进行下一轮选拔，而且旅游局今后可以持续不断地开展选拔活动。

图 9.2　美丽的大堡礁

全球最好的工作

9.2.3　公关策划创意的真实工作流程

公关策划创意的真实工作流程包括下列内容：

1. 市场调查分析

明确公关的机会与挑战，明确目标市场定位，确定公关策划创意的方向。

2. 明确公关战略

确定短期、中期、长期的公关战略。

3. 公关策划目标

在公关美誉度、公关排名等方面有一个量化的要求。

4. 公关策略创意

按照公关战略和公关策划目标的导向，开展头脑风暴和逻辑推演，汇集创意，选定创意。

9.3 实训操作篇

9.3.1 概述

以真实工作过程为导向，经过对系统化知识与技能的解构，采用七步法，按课程建设的需要，对公关策划创意实训流程进行重构，如表9.1所示。

表9.1 公关策划创意实训流程

实训流程	内容要求
公关环境调查分析	企业背景资料和市场环境资料收集，消费者分析，竞争对手分析，目标市场定位，企业现状和经营目标分析
公关战略确定	按照企业经营战略目标，明确企业公关战略目标
汇集创意	头脑风暴，汇集公关策划创意
创意确定	确定公关策划内容，包括公关诉求、传播工具、媒体计划、信息传播、公关资源整合、公关管理、活动组织、效果评估、费用预算等内容
创意文案和提案制作	撰写文案，制作提案，并面对项目委托方及专家讲解创意提案
创意评价	项目委托方评价，其他企业和行业专家评价
自我总结	在提案过程中，对照老师点评及专家评价进行检查和反思

《公关策划书样本》案例阅读

（1）背景分析

这部分主要就公关传播中存在的问题进行陈述与分析，并阐明公关计划的首要目标。这部分陈述是制定项目策划案和实施计划的基础。

背景分析中可以包括多个方面，如目标受众、最新调查结果、企业立场、行业发展历史，以及要实现既定目标需要克服的障碍等。在公关策划书中，可以将最终的公关传播目标分成几个小目标，每个小目标都要能够回答同一个问题：我们希望获得什么样的结果？

（2）策划内容

策划书的第二部分就是准备制定公关项目策划书，这将为我们有效解决问题提供一个大的框架。这部分主要是从战略角度对策划方案进行阐述，内容包括实现传播目标所必须采取的方法和手段。

虽然每一份公关策划案的内容都不尽相同，但通常情况下，它应该包括以下几个部分。
- 任务实施范围和目标：这就是对任务性质的描述，须明确项目要实现的目标是什么。
- 目标受众：明确目标受众群体，并根据某一标准将其分成几组，以便于管理。
- 调研方法：明确将采用的具体调查手段。
- 主要信息：明确主要诉求。在确定诉求之前，不妨先问自己这样几个问题：我们想向受众传达什么信息？我们希望他们对我们产生什么样的看法？如果他们收到了我们的信息，我们期望他们做出什么样的反应？
- 传播工具：从战术意义上，明确计划采用的传播工具，包括散发宣传资料、演讲、巡展、开设专栏、开辟网络聊天室等。
- 项目组成员：明确参加本项目的主要管理人员和工作人员名单。
- 计时与收费标准：项目进展阶段划分和完成日期，以及每阶段所涉及的成本预算。

（3）实施方案

公关策划书的第三部分主要是将前面的战术进行激活处理。这里涉及对每个相关活动实施情况的具体描述，其中也包括所有参与其中的人员名单和工作安排，尤其是最终期限和活动目标。

至关重要的是，这部分要对每个活动的时间要求和预算进行最真实而详尽的监控及评估，为后期跟踪提供参考依据。在项目进行过程中，如果有突发事件发生，也应该随时对相关因素进行更正与补充。

（4）效果评估

这是最关键的部分，即根据事先的预测，对整个公关过程进行绩效评估。这时，我们的主要任务就是为下面的问题提供答案：
- 本项目是否有效？
- 哪部分获得的效果最佳？哪部分效果最差？
- 活动的实施是否严格按照策划书的内容进行？
- 受众对我们工作的认可度是否令人满意？
- 最重要的是，活动结束后，社区、消费者、管理层或广泛意义上的公众，是否像我们最初策划时所期望的那样，对我们的态度有所改观？

9.3.2 公关环境调查分析

这是公关策划创意的第 1 个环节，表 9.2 为公关环境调查分析的任务内容与实施、自检要求。

表9.2 公关环境调查分析的任务内容与实施、自检要求

内 容	操作步骤	操作方法	注意事项	自 检
企业内部资料收集	1. 直接沟通	（1）与客户进行各种方式的沟通，并深入企业现场，收集有关企业的资料	必须能与公关经理、项目经理、企业领导等进行沟通，使资料具有权威性	● 收集资料表格和清单 ● 沟通问题
企业外部资料采集	2. 间接采集 3. 直接采集	（2）通过商场、卖场、门店和网络、报刊、书籍，以及政府公布的数据，进行第二手资料收集 （3）确定调查目标、调查内容、调查问卷、样本窗、抽样数量、抽样方法、调查计划 （4）亲赴真实市场，在政府、机构、合作单位、上/下游商家、顾客中，以公关形象为目标开展市场调查	① 开展资料收集之前，需明确项目产品及其企业，做好人员分工，落实调查分析的工具，如计算机、纸笔、计算器等 ② 复习之前学过的市场调查分析知识与工具	● 调查问卷 ● 抽样数量 ● 抽样方法 ● 调查计划 ● 调查分工
资料消化	4. 数据统计 5. 图表描绘	（5）问卷数据输入计算机，统计输出结果 （6）根据公关形象分析需要，绘制柱状图、饼图等	① 团队成员分工，共同协调、协作完成 ② 注意图形标注合理，色彩搭配美观	● 统计结果 ● 绘制图形
公关形象现状调查	6. 美誉度调查 7. 知名度调查 8. 竞争力分析	（7）知名度=知晓人数÷被调查人数×100% （8）美誉度=赞美人数÷知晓人数×100% （9）通过PEST、SWOT进行竞争力分析	① 知名度表示社会公众对一个企业的知晓和了解程度 ② 美誉度表示社会公众对一个企业的好感和赞美的程度	● 知名度 ● 美誉度 ● 竞争力 ● SWOT矩阵分析表
目标市场分析	9. 细分市场 10. 目标市场	（10）分析客户需求、行为和特征，根据客户的消费态度、行为习惯、人口变量、心理变量和消费习惯细分市场 （11）分析和选择企业的市场覆盖策略：单一市场、产品专门化、市场专门化、有选择的专门化、完全覆盖 （12）分析和选择企业的目标市场策略：无差别性市场、差别性市场、集中性市场	① 注意产品、品牌现状分析，学会运用单变量、二变量、三变量、多变量细分市场 ② 必须与客户进行沟通	● 是否符合市场细分的"五性"要求 ● 目标市场描述文档
品牌定位分析	11. 品牌定位步骤 12. 品牌定位方法	（13）定位是头脑之战，寻找消费者的心理空间占位，按照定位方法一步一步练习 （14）确定选用8种定位方法之一	① 在创意中注意避免过度定位、混乱定位、过窄定位、过宽定位 ② 确定品牌独特卖点	● 品牌定位 ● 定位步骤 ● 定位策略 ● 独特卖点

1. 公关形象

公关形象又称为组织形象或公众形象，是指企业在公众心目中相对稳定的地位和印象，具体表现为公众对企业的看法、评价和要求。需要注意的是，公关形象表现为公众的评价，但并不是说它可以和公众评价画等号，只有公众评价中所包含的相对稳定的趋势和特征才能反映公关形象的状况。

2. 公关环境

公关环境是指公关活动所处的公众环境,从不同的角度反映出不同的属性特点,如:
① 经济环境。企业公关活动的目标是经济利益,所以要注意分析经济环境。
② 政治环境。公关活动要被政府机关允许和采纳,就必须与当前政治环境相适应。
③ 文化环境。公关形象是一种文化形象,因此公关活动是建立在一定文化环境基础上的。
④ 心理环境。公共关系活动是与公众沟通、协调和信息传播的过程,公众对这个过程的心理接受程度决定了公关活动的成效。

《公关部的工作》案例阅读

有一家宾馆新设了公共关系部,开办伊始,该部就配备了豪华的办公室、漂亮迷人的公关小姐、现代化的通信设备……但该部部长却发现无事可做。后来,这个部长请来了一位公共关系顾问,向他请教"怎么办"。于是这位顾问一连问了他几个问题:"该地共有多少家宾馆?总铺位有多少?""旅游旺季时,本地的外国游客每月有多少人?港澳游客有多少人?国内的外地游客有多少人?""贵宾馆的'知名度'如何?在过去3年中花在宣传上的经费共有多少?""贵宾馆最大的竞争对手是谁?贵宾馆潜在的竞争对手是谁?""过去一年中因服务不周引起房客不满的事件有多少起?服务不周的症结何在?"对这样一些极为普通而又极为重要的问题,这位公共关系部部长竟张口结舌、无言以对。于是,那位公共关系顾问这样说道:"先搞清楚这些问题再开始你们的公共关系工作吧。"

9.3.3 公关战略确定

这是公关策划创意的第2个环节,表9.3为公关战略确定的任务内容与实施、自检要求。

表9.3 公关战略确定的任务内容与实施、自检要求

内 容	操作步骤	操作方法	注意事项	自 检
公关战略	13. 明确营销战略 14. 明确公关战略	(15)从定位提升到战略,以自身优势瞄准市场空白点或市场差异 (16)对宏观环境、市场、行业、本企业状况等进行分析,以期准确、动态地把握市场机会 (17)描述营销战略:企业经营的理念、方针,未来要达到的营销目标 (18)描述公关战略:公共关系活动所要达到的目标	营销战略是公关战略的前提	● 营销战略 ● 公关战略

9.3.4 汇集创意

这是品牌策划创意的第3个环节,表9.4为汇集创意的任务内容与实施、自检要求。

表 9.4　汇集创意的任务内容与实施、自检要求

内　容	操作步骤	操作方法	注意事项	自　检
汇集创意	15．头脑风暴	（19）团队按头脑风暴法进行公关策划创意汇集	每个成员均应事先练习创意思维方法和创意工具运用	● 头脑风暴
明确公关策略	16．明确公关策略的内容 17．明确公关活动的战略策划和战术策划	（20）明确公关形象 （21）明确公关战略策划 （22）明确公关战术策划	公关策略必须在营销战略的框架下统一行动	● 公关战略策划 ● 公关战术策划

1. 公关战略策划

公关战略策划是指公关整体形象的规划和设计，因为这个整体形象将会在相当长一段时间内连续使用，关系到长远利益。离开了战略策划的目标，公关的战术活动就失去了灵魂，变成了一种效益低下的盲目投资，有时甚至会产生负面的效果。

公关战略策划的要求是分析未来 5 年企业面对的公众结构，以及公众需求将会发生什么样的变化，确定未来公关形象将相应如何发展，确定未来最终将达到一个什么公关目标。公关形象的战略策划意义重大，必须慎重。

2. 公关战术策划

公关战术策划是对具体公关活动的策划与安排，是实现公关战略目标的一个个具体战役。公关战术策划的要求如下：

（1）确定主题

（2）确定目标公众

由于不同的目标公众有不同的需求，公关活动必须有针对性。

（3）选择公关活动类型

① 宣传型公关：主要利用各种传播媒介直接向公众传播信息。

② 交际型公关：利用人与人的直接接触来策划公关活动，如招待会、座谈会、宴会等。交际型公关特别适用于少数重点公众。

③ 服务型公关：为目标公众提供各种服务来树立公关形象，如售后服务、便民服务、义务咨询等。

④ 社会型公关：通过公益性的公关活动树立公关形象，如公益晚会、救灾扶贫等。

《"公关"与"攻关"》案例阅读

公关和推销都是非常重要的促销组合（另外两项是营业推广和广告宣传），公关的主要功能是沟通与传播，推销的主要功能是销售产品，前者的主要目标是社会效益，后者的主要目标是经济效益，但这些都是企业追求的利益。

长期以来，人们是把公关作为产品促销的一个有力工具来使用的，它对企业来讲代表了一个重要的发言机会。公关不仅可以让消费者听见企业的有效信息，也可以在消费者心中留下较深印象。可见，公关除了要进入"高壁垒"的封闭型、保护型市场这一点

与"攻关"有相似的意味外，其他均与"攻关"无关。显然，公关的作用是"让消费者听见企业的有效信息，在消费者心中留下较深印象"。领会这一点，我们就理解了"攻关"其实是推销，我们就不会过度神化或过分小瞧公关的作用了，就不会以"攻关"手段来代替"公关"手段。

9.3.5 创意确定

这是公关策划创意的第 4 个环节，表 9.5 为创意确定的任务内容与实施、自检要求。

表 9.5 创意确定的任务内容与实施、自检要求

内　　容	操作步骤	操作方法	注意事项	自　　检
创意确定	18. 创意验证 19. 优选创意 20. 修正创意	（23）运用市场检验、客户沟通、专家评价来验证创意的效果 （24）根据创意验证效果的评分和综合考虑，由团队投票决定选择哪个创意 （25）进一步对照营销战略、公关策划目标，对公关策划创意做出更完善的修正	特别考察创意在公关策略中的构思	● 创意描述 ● 创意评分表 ● 创意修正要点
预算与预测	21. 实施计划 22. 预算与预测	（26）为实现公关策略创意所做的实施计划安排，并做效果预测 （27）费用预算与效果预测	① 费用预算和效果预测是论证、审定活动方案的重要依据 ② 特别注意各项费用测算必须实际搜集市场信息来完成，必须符合当前实际	● 实施计划 ● 效果预测 ● 费用预算

1. 公关活动的预算方法

公关活动经费预算一般采用"目标作业法"，即根据公关目标和任务的难易程度来确定公关活动经费。

① 行政开支。行政开支包括劳动力成本、管理费用和设施材料费。

② 项目支出。项目支出即每一个具体项目所需的费用，如场地费、广告费、赞助费、咨询费、调研费等。

③ 机动经费。在预算总额已定的情况下，应当计提一定比例（如 5%～10%）的机动经费，以备计划不周或出现偶然事件而造成经费紧张。

2. 公关活动效果的预测方法

公关活动效果预测通常在公关策划方案中采用，即对公关活动方案实施的预期结果进行综合效益评估，主要是为下面的问题寻找答案：

① 本方案中各活动项目是否能够顺利开展？

② 活动开展后，能否使目标公众和其他公众在接受组织信息的基础上，记忆和认同这

些信息，形成有利于组织的看法、态度或行动？

③ 活动开展后，对组织的工作会有什么促进？会使组织的公关状态在哪些方面有所改善？

④ 本次公关活动在社会上会产生什么影响？

⑤ 大众传媒和社会各界对本次公关活动会有什么样的评价和看法？

9.3.6 创意文案和提案制作

这是公关策划创意的第 5 个环节，表 9.6 为创意文案和提案制作的任务内容与实施、自检要求。

表 9.6 创意文案和提案制作的任务内容与实施、自检要求

内　容	操作步骤	操作方法	注意事项	自　检
创意文案撰写	23. 策划创意说明书 24. 公关策划建议书	（28）解释公关策划创意思路和创意的独特亮点 （29）根据公关策略及其计划实施的需要，编写公关策划建议书	① 注意独特亮点的表达要同样吸引读者 ② 脚本文案的文字以清晰、明白为原则，要求图文并茂	● 创意说明书 ● 创意文案
创意提案制作	25. 提案构思 26. 提案制作	（30）在整体风格、美学效果、时间把握方面首先进行构思 （31）使用最新版 PPT 工具进行电子幻灯片提案制作	注意团队中至少有一个成员对 PPT 工具的运用比较熟练	● PPT 提案
演讲与答辩	27. 预演练习 28. 正式演讲与答辩	（32）练习背诵、解读、时间控制，与计算机操作的组员配合 （33）商务礼仪展现、职业能力体现、专业能力展示	① 预演，预演，再预演，是成功的基础 ② 现场氛围控制非常重要，这是通过礼仪和能力来把握的	● 预演 3 次 ● 演讲 ● 礼仪 ● 预备问题

9.3.7 创意评价

这是公关策划创意的第 6 个环节，表 9.7 为创意评价的任务内容与实施、自检要求。

表 9.7 创意评价的任务内容与实施、自检要求

内　容	操作步骤	操作方法	注意事项	自　检
客户评价	29. 客户意见和建议	（34）在投标演讲答辩中，客户会很直接地提出意见和建议	详细记录客户所说的每一句话，诚恳地解释自己的创意	● 客户评价
专家评价	30. 专家提问和点评	（35）在评标中，邀请的行业专家会从专业的角度提出问题，并点评提案演讲和回答问题的表现	详细记录专家所说的每一句话	● 专家评价
教师点评	31. 教师点评	（36）模拟投标 PK 活动结束后，指导老师要进行综合点评和评分排名，向中标者宣布中标名单和中标内容	详细记录指导老师所说的每一句话	● 教师点评

9.3.8 自我总结

这是公关策划创意的最后一个环节，表 9.8 为自我总结的任务内容与实施、自检要求。

表 9.8 自我总结的任务内容与实施、自检要求

内容	操作步骤	操作方法	注意事项	自检
完善创意	32. 完善创意	（37）在文案和提案制作过程中，根据最新资料的分析、客户意图的理解、公关环境变化的分析、市场目标和营销战略的调整等，在投标演讲前，可以做进一步的完善	客户的要求和市场的状况是对立统一的关系，以客户为中心是工作的重点，务必注意协调处理好客户关系	● 完善的内容
自我总结	33. 自我总结	（38）每个团队均应在项目结束后，专门组织撰写自我总结报告，召开总结会议，会上要进行充分讨论，畅所欲言，以达到总结提高的目的	人人都必须提交自我总结报告并在小组会上发言，无论是遗憾的体会，或是欣喜的收获，都是一次难得的促进	● 总结笔记 ● 总结报告

《公关事件营销》案例阅读

1. 要找准品牌与事件的联结点

如果找不准品牌与事件的联结点，或者联结过于牵强，就难以让消费者对事件的关注热情转移到品牌和产品上，甚至会引起消费者的逆反心理。2003 年蒙牛成功制造"神五"飞天事件营销，并围绕该事件做了大量宣传，包括户外宣传海报、媒体新闻、新浪专题、网站竞猜等多种途径，从此蒙牛与航天建立了品牌联想的关联。

2. 要为塑造整体品牌服务

事件营销必须见树又见林，而不能脱离品牌的核心理念。事件是一棵树，必须放在品牌战略的森林里考虑，过分突兀的事件未必对品牌有益，甚至会降低品牌的可信度和美誉度。2003 年伊拉克战争期间，统一润滑油成功推出的让世界"多一些润滑，少一些摩擦"系列广告，赢得市场、公众及媒体的满堂彩。

3. 要保证公益原则的底线

实施事件营销要尽可能地把商业目的蕴藏在公益活动之中，也只有这样，才能收到最好的营销效果。如果不能保证公益原则的底线，事件营销的效果必将大打折扣。腾讯网在 2008 年大暴雪中的反应非常快捷，迅速推出了相关的板块和系列报道，包含新闻、专题、图片、视频、手机彩信、日记、故事、家书等多种形式，既体现了一个企业的社会责任，也大大地提升了腾讯的品牌美誉度。

9.4 改进提升篇

9.4.1 建设型公关策划创意

在公关策划实施初期，公关形象还没有在公众的头脑中留下什么印象，此时，公关策略应当以正面传播为主，建设具有较大气势的"第一印象"。

建设型公关策划创意在形式上应学会创造"事件"，可以运用举办专题活动、建立长期客户关系、举行公共宣传活动等形式，在策划创意中一定要懂得选择有利时机，重点在"新"上，掌握好与公众信息沟通的分寸。

9.4.2 维系型公关策划创意

在公关策划实施中期，维系已享有的公关声誉，稳定已建立的公关形象，其特点是采取较低姿态，持续不断地向公众传递信息，使良好的公关形象长期保存在公众的记忆中。建设型公关活动是拓荒性的基础工作，常需花大钱；而维系型公关活动常常只要花小钱就可以了。

维系型公关策划应以渐进而持久的方式，针对公众的心理因素精心设计活动，潜移默化地在公众中产生作用，追求水到渠成的效果。在策划创意中要始终抓准公众心理，渐进性地加强企业与公众之间的关系。

9.4.3 防御型公关策划创意

当公共关系出现不协调，或者即将出现不协调时，应及时采取以防御为主的公关活动，将问题消灭在萌芽状态。

防御型公关策划在形式上常采取开展公共宣传活动、举办研讨会、鉴定会、售后服务、同行联谊会等，加强信息交流与协作，创造和谐的外部环境。

在策划创意的技巧上以防为主，居安思危，防患于未然；要洞察一切、见微知著，避免矛盾尖锐化；要积极防御，加强疏导，防御与引导相结合；要有较明确的解决问题的步骤；要重视信息反馈，及时调整自身的政策或行为；要重视调查与预测。

9.4.4 进攻型公关策划创意

进攻型公关策划是当公关形象受到影响时，为了摆脱被动局面，采取"出奇制胜、以攻为守"的公关策略，争取主动，力争创造一种新的公关环境。

在策划公关活动时要注意研究环境变化，把握有利时机。同时，以创新、创造为主，发挥主观能动性以适应局面变化，还要适可而止，把握进攻分寸。此外，不要忽略公众利益，要坚持伦理道德原则。

进攻型公关策划创意应积极采用以下策略：
① 改变策略。改变组织对环境的依赖关系。
② 交流策略。想方设法加强沟通，形成支持组织的社会舆论，既减少公众对组织的对抗情绪，又减少组织与环境的摩擦。
③ 回避策略。为避免环境等消极因素的影响，可以采用回避策略。

9.4.5 矫正型公关策划创意

当公关形象严重受损时采取矫正型公关策略很重要，可逐步稳定舆论，挽回影响，重塑公关形象。矫正型公关策划创意属于危机公关的主要内容，它是公共关系的最后一道防线，着重研究如何着手采取各项有效公关措施，做好善后或修正工作，以挽回声誉，重建形象。

公关形象受损的原因有企业主观因素造成也有非企业主观因素可以控制的，比如因产品质量下降、服务不周、工作失误、环境污染等问题所引起公众对组织的不满是由于企业自身主观原因造成的；但如果是由于公众的误解或少数人蓄意制造事端而引起的，则是非企业主观因素可以控制的，此时应该积极查明事实真相及问题的症结，制定积极有效的措施，采取主动的进攻行动。

黄尧教授讲解公关活动类型

《麦当劳315公关》案例阅读

2012年，亿万消费者瞩目的央视3·15晚会曝光了麦当劳北京三里屯门店供应的鸡翅、吉士片、甜品派存在超时存放问题，并有过期食品或掉落地面食品再销售的情况。

据央视3·15晚会报道，麦当劳存在以下食品安全问题：

1. 对每种食材均有在保温箱内存放时间的限制，并规定食材在保温箱中存放超过规定时间就要扔掉。但央视记者暗访的结果却是，在北京三里屯麦当劳店内，食材已经在保温箱中存放超过规定时间，但并没有被扔掉，而是被重新放回了保温箱。

2. 麦当劳的派在包装上都有一个数字，它是这个派的过期时间。央视记者却发现，这些数字可以被员工随意更改，原本只有一个半小时保质期的派，可能三四个小时之后仍在待售。

3. 记者在暗访中还发现，有些麦当劳员工会把掉在地上的牛肉饼、过期变硬的吉士片、已经过期的鸡翅当作正常的原料使用。

在晚会进行大约两小时后，北京市卫生监督局及朝阳分局的工作人员赶到了麦当劳北京三里屯门店。据称，他们也是通过央视3·15晚会了解到这一情况，在检查之后，宣布问题基本属实。随后，有关部门介入了调查。麦当劳也在第一时间称曝光事件仅是"个案"。

2012年3月16日上午9点，麦当劳（中国）公关部翁晓萌经理告诉记者，麦当劳已在15日第一时间对三里屯门店进行了停业整顿和全面整改，并对涉及整个事件的员工做了详细调查。

翁晓萌还表示，将对有问题的员工进行处理，关于整个事件的相应结论和报道将很快公布。对于事件所带来的不良影响，翁晓萌称，麦当劳向公众表示歉意，"麦当劳一直是大家喜爱的品牌，不愿因为一家门店引发的问题而被公众认为是群体现象。这件事情给我们敲了个警钟，也是一个很好的提醒和教训。"

（资料来源：2012年03月16日《法制晚报》）

【思考提示】

麦当劳并没有因此而陷入"翻船"境地，反而因央视的免费广告又"火"了一把，化险为夷，还占尽好处，说明麦当劳公关团队训练有素，迅速启动矫正型公关策划，采取恰当的手段，完成了防守公共关系最后一道防线的任务。

9.5 巩固练习篇

一、问答题

1. 公共关系的目标是什么？
2. 公关战略策划与公关战术策划有什么不同？
3. 防御型公关策划与矫正型公关策划有什么不同？
4. 为什么说"公关形象是公众心目中相对稳定的地位和印象"？

二、判断题

1. 一个品牌是否成功取决于公共关系处理得如何。（   ）
2. 公关形象表现为公众的评价，就是说它应该遵从公众评价。（   ）
3. 离开了战略策划的目标，公关的战术活动就失去了灵魂。（   ）
4. 当公关形象受到影响，为了摆脱被动局面，应采取进攻型公关策略。（   ）

三、多选题

1. 公关战术策划的四种类型：（   ）。
   A．宣传型
   B．交际型
   C．服务型
   D．营销型
   E．社会型
   F．创意型

2. 公关策略的五种类型：（   ）。
   A．建设型
   B．维系型
   C．怀旧型
   D．自我型
   E．防御型
   F．矫正型
   G．进攻型

四、单选题

1. 整合传播广告策划创意的一致性不仅可以降低不同传播过程中的自我消耗，而且在减少传播成本的同时还能够使得品牌信息更加清晰。一致性首先要做到_____，所有传播媒介和所有的广告接触点都必须达成一致；其次要做到信息连续，在传播过程中所有传播媒介和所有广告接触点要有连贯性，不能前后不一。

    A．信息统一   B．内容一致   C．文字一样   D．媒介一致

2. 整合传播广告要更有效，必须筛选_____，即在消费者的心智深处的确存在着的一个"关键时刻"。消费者不会糊里糊涂地喜欢一个品牌，也不会糊里糊涂地不喜欢一个品牌，他们不会因为接触广告而贸然做出购买决策，一定是在某个"关键时刻"接触广告才做出购买决策。

A．关键时刻　　　　　　　　　　B．重要节点
C．最关键的接触点　　　　　　　D．一念消费

3. 视频广告策划创意的技巧之一：强调_____，越简单越尖锐，越简单越容易记住，简单是第一标准。

A．多个诉求　　B．高大上　　C．单点诉求　　D．情节精彩

4. 平面广告策划创意的技巧之一：采用夸张想象的创意手法，对USP（独特销售主张）进行相当明显的夸大，赋予一种新奇与变化的趣味，鲜明地强调USP为消费者提供的利益，突出USP的_____。

A．离奇性、怪诞性　　　　　　　B．唯一性、第一性
C．震撼力、冲击力　　　　　　　D．差异化、美学性

5. 标识符号也非常重要，它是受众可感知的企业形象化信息符号，如_____、标识性的物体、图案、字体、色彩等。

A．产品销售超市　　　　　　　　B．明星代言
C．老板喜欢的音乐　　　　　　　D．公司驻地大楼

6. 广告受众的受传心态是指广告受众在接触、接收和阅读广告作品时所具有的特殊心态，决定他是否对广告文案所传达的信息产生关注、发生兴趣，是否欣然接受广告信息、产生广告者所_____的一个重要因素。

A．接受行为　　B．排斥行为　　C．期待行为　　D．抵触行为

7. 广告受传心态有七种典型的类型：①认知不调；②知觉相差；③_____；④完形心态；⑤境联效应；⑥主体权威性；⑦逆反效应。

A．对意见领袖的跟从　　　　　　B．风暴反应
C．冲突心态　　　　　　　　　　D．对抗效应

8. 千人成本计算公式是：千人成本=（广告费用÷_____）×1 000。

A．广告受众人数　B．到达人数　C．广告牌面积　D．广告时间

9. _____，即以理性手法传达科学而严谨的信息，以感性技巧拨动消费者的心弦，从而达到最佳的广告效果。黄尧教授总结了这么一条成功的营销策划创意诉求规律："以感性解除防备，以理性征服消费。"

A．理性加感性诉求　　　　　　　B．理实一体化的诉求
C．知行合一的诉求　　　　　　　D．理想加现实的诉求

10. _____是为了说服消费者购买而创造广告作品时需遵从的某一个与众不同的差异化销售主张，也就是USP（独特的销售主张），通常是一段阐释性的广告中心思想，用于指导广告策划、广告设计、广告活动所需要的创意，其受众是广告团队。

A．广告重点　　B．广告概念　　C．广告思想　　D．广告中心

11. 广告目标的提醒购买在产品的_____十分重要，目的在于保持消费者对该产品的记忆。

A．入市期　　　　B．成熟期　　　　C．上升期　　　　D．衰退期

12．广告目标的通知购买主要用于_____，其目的在于激发初次购买需求。

A．入市期　　　　B．成熟期　　　　C．上升期　　　　D．衰退期

13．广告目标的说服购买主要用于_____，刺激消费者转向购买我们的产品。

A．入市期　　　　B．成熟期　　　　C．上升期　　　　D．衰退期

14．企业的_____和广告宣传活动与其他促销工具不同，它并不是直接进行产品的销售，而是通过宣传树立企业的良好形象，在消费者心目中建立信誉，以间接地促进产品的销售。

A．路演活动　　　B．公共关系　　　C．展会活动　　　D．客户关系

9.6　训练总结篇

训练任务1　《本校公关形象设计》60分钟实务训练

时间：60分钟练习

目标：公关策划创意是非常重要又会经常遇到的，假设我们采用建设型公关策划创意为我们学校进行策划，请以团队为单位，用20分钟为本校提交一份策划创意提纲。

内容：从本校的校训和定位入手，了解学校的发展战略，为学校设计公关形象，然后展开公关策划的创意。

组织形式：请每个团队按照以下流程完成任务。

（1）用5分钟讨论学校的校训和定位、发展战略。

（2）用5分钟设计公关形象。

（3）用10分钟列出公关策划创意提纲。

（4）老师抽选部分团队上台分享他们创意的品牌故事。

要求：每个团队必须参与练习。

训练总结：

_____

_____

训练任务2　《"我是品酒师"》案例作业

2018年9月17日，权威机构发布茅台集团习酒公司品牌价值以382.29亿元排名行业第九，进入中国白酒行业十强品牌，比上年260.75亿元增长了46.9%，其中习酒公司策划的"我是品酒师·醉爱酱香酒"品牌推广活动为推动品牌增值带来很好的效应。

"我是品酒师"公关活动预算结果

2018年第二季度，某省级代理商在开展该活动前，通过市场调研获取了如下相关资讯，请帮助代理商据此进行活动预算和效果预测，以便向厂家申请活动经费。

项目名称	边际价格	用途	备注
活动场地租金	2 000元/次	举办小型品酒活动	圆桌会议形式
评委费用	1 000元/人	邀请国家级品酒师3人	
VIP客户成本	100元/人	用品、纪念品	品酒师评出率80%

续表

项目名称	边际价格	用途	备注
工作人员成本	300 元/人	劳务费，3 人	
物料耗材成本	500 元/人	品酒嘉宾用酒、用料、现场布置等	用酒成本占 80%
纸质媒体费用	2 000 元/次	当地三家主流媒体发通讯稿	总发行 20 万份，留置阅读 3 次
新媒体费用	2 000 元/次	当地三家主流网媒发通讯稿	总点击率 50 万次 初次转发率 50% 再次转发率 20% 平均转发后点击 10 次
直接销售率	50%	平均销售酒品 1 000 元/人	
品牌价值贡献率	10 场可贡献万分之一	通过意见领袖、传统与新媒体等延伸效果综合计算	

【案例作业】

1. 计划举办 20 场活动，平均每场评选出 10 个品酒师资格证书，共需要多少邀请嘉宾费用（不含评委）？
2. 计算活动总费用。
3. 计算广告宣传的千人成本。
4. 需耗费多少酒水成本？
5. 预测活动产生的直接效果（直接销售和品牌价值贡献）。

作业总结：

_____

_____

训练任务 3 《五粮液+苏宁的 O2O 营销策划》案例作业

2016～2020 年白酒行业深度分析及"十三五"发展规划指导报告显示，针对国内白酒市场而言，产品本身及产品体验的"被同质化"无疑削弱了产品本身的竞争力，消费者已经很难在产品上找到兴奋点。在这样的情况下，线下渠道的高度参与感就是拓展产品体验的新途径。

五粮液与苏宁合作的 O2O 策略建议

因此，苏宁成都双楠云店五粮液线下旗舰店的建设标志着苏宁与五粮液合作的进一步深化。未来在苏宁成都双楠云店五粮液旗舰店内，消费者可通过 AR、VR 等高科技产品，从嗅觉、味觉、触觉、视觉等多角度体验五粮液白酒的酿造工艺、实际口感，了解五粮液酒文化等。不仅如此，该旗舰店还将设置五粮液历史文化体验区、互动交流区、酒具区等多业态体验式消费空间，从而改变年轻消费群体对白酒文化的刻板印象，提升五粮液品牌对年轻人的吸引力。

为抓住中秋大促机会，五粮液还将同步在全国 4 300 个户外载体、182 家 4S 店、13.5 万家影院等渠道投放广告，为"五粮中秋&乐享苏宁"活动大规模造势。

【案例作业】

1. 苏宁的渠道为五粮液提供了线下终端的体验场所，可以从嗅觉、味觉、触觉、视觉等寻找兴奋点，请为线下体验提出具体实施的策划方案。

2. 五粮液与苏宁合作线下旗舰店的目的不是直接消费，而是带动更多的现场体验，换取更多线上流量，实现O2O战略，为此，线上消费的体验非常重要，应该注意哪些问题？

作业总结：
_____
_____

训练任务4 《梅赛德斯-奔驰CLA上市公关活动》案例作业

活动名称：释放狼性 彰显不羁
梅赛德斯-奔驰CLA上市活动
活动时间：6月8日晚19：00～21：00。
活动地点：梅赛德斯-奔驰汽车4S店销售展厅。
客户邀请：全新梅赛德斯-奔驰CLA运动轿车潜在客户、保有客户、主流媒体。
活动构成：上市发布、互动节目、产品销售、德国风味茶歇。
活动基调：尊贵的名流氛围、浓郁的德国风格、热烈的活动现场。
服务线——至尊高雅的活动体验——融于迎宾、接待、演出、赏车等相关环节。
产品线——愉悦惊喜的购车体验——融于赏车、品车、订车等相关环节。
具体安排如表9.9所示。

表9.9 活动时间安排表

TIME		TOPIC	NOTES
19：00-19：30	30 min	签到，茶歇，乐队德国音乐DJ热场	来宾挑选喜欢的面具，礼仪小姐引导客户至座位，自由取用茶点
19：30-19：35	5min	影子舞开场秀	
19：30	8 min	主持人开场	主持人开场，介绍活动及到场领导嘉宾
19：38	5 min	奔驰厂家领导或经销商代表致辞	
19：43	5 min	新车上市启动仪式	主持人邀请嘉宾举杯共饮红酒，为新车揭幕倒计时
19：48	6min	新车揭幕，惊艳登场	德国重金属音乐推向高潮，灯光配合
		模特走秀	时装秀+珠宝秀
19：54	8min	播放全新CLA广告片	主持人公布新车价格
20：02	5min	内训师对新车亮点进行讲解	主持人宣布当日活动促销政策
		抽奖环节	面具抽奖
20：07	3min	交车仪式	领导给首位订车车主颁发交车钥匙和鲜花（主持人采访车主选择奔驰品牌的理由和选择这款车的理由）
20：10	10min	花式调酒表演	
20：40	8min	互动游戏一	吸管运输
		舞蹈	
20：48	6min	互动游戏二	爱的抱抱
		抽奖	

续表

TIME		TOPIC	NOTES
21：14	5 min	主持人致感谢辞，自由赏车订车，享用酒水与餐点	乐队德国音乐助兴延续

【案例作业】

1. 本方案各活动项目能否顺利开展的关键在哪里？为什么？

2. 通过公关活动，目标公众能记忆和认同哪些重要的信息？能否形成有利于奔驰品牌的看法、态度或行动？请说明。

3. 活动过后，预期公关状态在哪些方面会有所改善？

4. 本次公关活动可以在社会上产生什么影响？请为奔驰通过大众传媒向社会各界传递对本次公关活动的评价和看法草拟一段100字左右的新闻通稿。

作业总结：
_____
_____

奔驰 CLA 上市
活动策划建议

项目 10　整合营销策划创意实训

【学做一体作业】整合营销策划创意全程"游泳训练"任务

图书馆整合营销策划创意

任务目标：

每个城市都至少有一个图书馆，每个图书馆都面临移动互联网等电子信息的冲击，利用整合营销策划为图书馆提出创意方案，可以让同学们体会到一项产品或服务经过整合营销后焕发的青春魅力，在这种任务的挑战中将获得更多的职业能力。

任务内容：

1. 完成图书馆的市场定位（着重需求和对手分析）、品牌战略、整合营销策略创意（品牌策略、产品策略、促销策略）；
2. 在整合营销策略中对项目各要素要作出规划布局图、功能描述、传播策略等，注意可行性分析；
3. 尤其注意进行投入产出分析和营销效果预测。

实训步骤：

学生模拟公司应按照工作流程开展实训。

成果评价：

三周后提案，以文案和PPT形式提交，现场讲解、答辩，特邀当地图书馆代表、专家参与评分、评价。

首都图书馆读书的智慧

10.1　学习导航篇

1. 知识能力

通过本项目实训，掌握整合营销策划创意的真实工作过程和技巧，了解近年来在中国发展起来的整合营销策划理论和实践，掌握整合营销策划创意的相关知识。

2. 能力目标

学生团队应掌握移动互联和传统产业两类典型的整合营销策划创意方法,掌握O2O和在线支付在当代整合营销策划工作中的重要作用,较好地完成项目过程实训任务。

3. 社会能力

学生团队深入市场、深入企业内部调研,每个成员的工作目标、内容、时间等任务指标都应形成明确的计划清单,形成熟练的团队配合能力。

4. 学习导航

整合营销策划创意实训	基本概念	【定义】整合营销策划是为了整合各种能够成为营销手段的资源而策划,使之为了共同的营销目标而结成一个协调的系统整体,获得低成本、高回报的营销效率
	整合营销策划创意流程	包括7个环节:市场调查分析、营销战略确定、汇集创意、创意确定、创意文案和提案制作、创意评价、自我总结
	任务内容	【市场调查分析】企业背景资料和市场环境资料收集,进行需求分析、对手分析,完成市场定位 【营销战略确定】确定营销战略目标,明确品牌和产品的独特销售主张、营销目标 【汇集创意】头脑风暴,汇集整合营销策划创意 【创意确定】确定整合营销策略的创意,确定赢利模式、资源整合模式、传播模式 【创意文案和提案制作】文案写作、提案制作、演讲与答辩 【创意评价】客户评价、专家评价、教师点评 【自我总结】团队对照老师点评和专家评价进行检查及反思
	典型整合营销策划创意的技巧	互联网整合营销策划创意的技巧 传统产业整合营销策划创意的技巧

《导入案例》

如何整合

坐拥本土饮料行业老大地位多年的娃哈哈,2014年整体销售额不但没有增长,反而下降了7%左右。综合分析当年娃哈哈业绩下滑的主要原因,应该是过度的新品开发和盲目的多元化发展。多年来娃哈哈凭借强大的销售渠道,不断推出新品,其中包括乳饮料、瓶装水、碳酸饮料、茶饮料、果汁饮料、罐头食品等,基本上涵盖了饮料市场的各个品类,但是纵观这些产品,多数生命周期都较短,同时缺乏明星产品。

这与娃哈哈的整合营销采取一贯的"线性跟进"策略不无关系,从早年"跟进"可口可乐、百事可乐推出非常可乐,到后来"跟进"乐百氏做纯净水,再到后来"跟进"汇源做柠檬饮料,直到最近两年进军格瓦斯市场,可以说"跟进"已成为娃哈哈摆脱不了的一个基因。

从表面上看,娃哈哈的多元化道路走得如火如荼,但实际上并非真正意义上的整合营销,它只不过是简单地利用"娃哈哈"品牌影响力,将饮料行业的"线性跟进"策略运用到其他行业而已,其结果是效果依然不佳。2002年娃哈哈童装创立,如今已上市18年,年销售额不到2亿元;2010年,娃哈哈与荷兰皇家乳品公司合作推出爱迪生奶粉,高调进军婴儿奶粉领域,但几年过去,爱迪生奶粉的销售并不理想,如今在中国大陆的市场份额还不到 1%；2012 年娃哈哈又高调进军城市商业综合体，在杭州设立首个试点——娃哈哈娃欧商城，但如今娃欧已关门大吉；2013 年，娃哈哈斥巨资进入白酒业，推出领酱国酒，仅半年就销声匿迹……

曾经，"线性跟进"策略的确为娃哈哈创造过销售奇迹，但同时也造成了这么多年来娃哈哈在这么多品类和品牌中几乎没有一个叫得响的明星产品。我们曾经做过一个调查：娃哈哈第一提及的产品是什么？几乎都回答是"纯净水"，但这个产品已经很薄利了。参见图 10.1。

图 10.1　娃哈哈童装

【分析提示】整合的目的是使企业掌握的资源价值能够得到最大效益的运用，但如果只是简单地采用前向或后向延伸的方式开发新品牌、新产品，就很容易造成每一个品类的发展能形成互相支撑，但又无法形成如 P&G 公司那样的多品牌项目建设模式。

10.2　基础知识篇

10.2.1　整合营销策划创意的基本概念

整合营销理论产生和流行于 20 世纪 90 年代，是由美国西北大学市场营销学教授唐·舒尔茨（Don Schultz）提出的，当时提出的整合营销理论是"根据企业的目标设计战略，并支配企业各种资源以达到战略目标"。而整合营销策划的理论则是我们国家近年来在营销策划实践中发展起来的理论，强调了从"以营销者为中心"到"以消费者为中心"的营销策划模式的战略转移，比舒尔茨教授提出的理论更进一步，实现"支配市场各种资源以达到战略目标"，明确指出不仅产品和服务的对象是消费者，营销的渠道和终端也是消费者。

整合营销的理论基础是 4C，即：

忘掉产品 P（Product），考虑消费者的需要和欲求 C（Consumer wants and needs）；

忘掉定价 P（Price），考虑消费者为满足其需求愿意付出多少 C（Cost）；

忘掉渠道 P（Place），考虑如何让消费者方便 C（Convenience）；

忘掉促销 P（Promotion），考虑如何同消费者进行双向沟通 C（Communication）。

10.2.2 整合营销策划创意的特点

① "整合营销"不是针对社会公众的所有人,而是针对具有共同消费需求的目标人群,"量体裁衣"的做法使得消费者的需求满足感最大化。

② "整合营销"需要全面地观察消费者,消费者的消费观念日趋复杂,很可能消费是为了配合其他消费,也可能消费是为了获得盈利等,已经超越了传统营销的理念。

③ "整合营销"考虑如何与消费者建立新型沟通,与消费者之间有更多的"连点"或"触点",而不是单靠媒介宣传,促使消费者之间产生"病毒传播"的营销效果。

10.2.3 整合营销策划创意的真实工作流程

整合营销策划创意的真实工作流程包括下列内容:

1. 市场调查分析
明确整合营销的机会与挑战,明确目标市场定位,确定整合营销策划创意的方向。

2. 明确整合营销战略
确定短期、中期、长期的整合营销发展战略。

3. 整合营销目标
整合营销目标是一定时间的整合营销活动后能达到的营销目标,通常是量化的要求。

4. 整合营销策略创意
根据整合营销战略和整合营销目标的导向,开展头脑风暴和逻辑推演,确定能行之有效的整合营销策略。

黄尧教授讲解整合营销的商业模式画布

10.3 实训操作篇

10.3.1 概述

以真实工作过程为导向,经过对系统化知识与技能的解构,采用七步法,按课程建设的需要,建构整合营销策划创意实训流程,如表 10.1 所示。

表 10.1 整合营销策划创意实训流程

实训流程	内容要求
市场调查分析	企业背景资料和市场环境资料收集,进行需求分析、对手分析,完成市场定位
营销战略确定	确定营销战略目标,明确品牌和产品的独特销售主张、营销目标
汇集创意	头脑风暴,汇集整合营销策划创意
创意确定	确定整合营销策略的创意,确定赢利模式、资源整合模式、传播模式
创意文案和提案制作	撰写文案,制作提案,进行演讲和答辩
创意评价	项目委托方代表、行业专家参与提案评分、评价
自我总结	召开团队总结会,对照老师点评和专家评价进行总结及反思

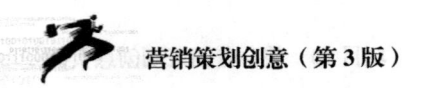

10.3.2 市场调查分析

这是整合营销策划创意的第 1 个环节，如表 10.2 所示为市场调查分析的任务内容与实施、自检要求。

表 10.2　市场调查分析的任务内容与实施、自检要求

内　容	操作步骤	操作方法	注意事项	自　检
企业内部资料收集	1. 直接沟通	（1）与客户进行各种方式的沟通，并深入企业现场，收集有关企业资料和产品资料	必须能与产品经理、销售经理、项目经理、企业领导等进行沟通，以使资料具有权威性	● 资料收集表格和清单 ● 沟通问题
环境资料收集	2. 间接采集 3. 直接采集	（2）通过商场、卖场、门店和网络、报刊、书籍，以及政府公布的数据，进行第二手资料收集 （3）确定调查目标、调查内容、调查问卷、样本窗、抽样数量、抽样方法、调查计划 （4）亲赴真实市场，以标的产品为对象开展市场调查	① 开展资料采集之前，需明确项目产品及其企业，做好人员分工，落实调查分析的工具，如计算机、纸笔、计算器等 ② 复习之前学过的市场调查分析知识与工具	● 调查问卷 ● 抽样数量 ● 抽样方法 ● 调查计划 ● 调查分工
环境资料消化	4. 数据统计 5. 图表描绘	（5）问卷数据输入计算机，统计输出结果 （6）根据产品定位分析需要，绘制柱状图、饼图等	① 团队成员分工，共同协调、协作完成 ② 注意图形标注合理，色彩搭配美观	● 统计结果 ● 绘制图形
企业资源现状调查	6. 产品及品牌资源调查 7. 外部资源分析	（7）完成基本信息调查，包括产品名称、特征、特性、预期价值、品牌等 （8）进行市场进入优势和竞争对手比较优势分析 （9）进行 SWOT 分析	① 产品是否有差异化独特优势 ② 运用 SWOT 工具进行分析	● 品牌价值 ● 品牌竞争力 ● SWOT 矩阵分析表
目标市场分析	8. 细分市场 9. 确定目标市场	（10）分析客户需求、行为和特征，根据客户对品牌的态度、行为习惯、人口变量、心理变量和消费习惯细分市场 （11）分析和选择企业的市场覆盖战略：单一市场、产品专门化、市场专门化、有选择的专门化、完全覆盖 （12）分析和选择企业的目标市场策略：无差别性市场、差别性市场、集中性市场	① 注意产品、品牌现状分析，学会运用单变量、二变量、三变量、多变量细分市场 ② 必须与客户进行沟通	● 是否符合市场细分的"五性"要求 ● 目标市场描述文档
品牌与产品分析	10. 品牌定位 11. 产品定位	（13）定位是头脑之战，寻找消费者的心理空间占位，按照定位方法一步一步练习 （14）确定选用的定位方法	在创意中注意避免过度定位、混乱定位、过窄定位、过宽定位	● 品牌定位 ● 产品定位 ● 定位步骤 ● 定位策略 ● 独特卖点

10.3.3 营销战略确定

这是整合营销策划创意的第 2 个环节,如表 10.3 所示为营销战略确定的任务内容与实施、自检要求。

表 10.3 营销战略确定的任务内容与实施、自检要求

内容	操作步骤	操作方法	注意事项	自检
营销战略	12. 营销战略 13. 独特销售主张	(15)从定位提升到战略,以自身优势瞄准市场空白点或市场差异,确定产品独特销售主张 (16)对宏观环境、市场、行业、本企业状况等进行分析,以期准确、动态地把握市场机会 (17)描述营销战略:提出营销的基本指导思想,明确企业和产品的定位,确定采取怎样的竞争态势和渠道系统规划,指出需要达到的营销目标	经营理念、方针、企业战略、市场营销目标等,是企业制定市场营销战略的前提条件	● 独特销售主张 ● 营销目标

1. 赢利模式

赢利模式是企业赖以赢利的经营模式和商业模式,是企业经营的关键获利方式。赢利模式应该具有清晰性、针对性、相对稳定性等特征。

赢利模式有以下五要素:

① 赢利源。这是指目标消费群。

② 赢利点。这是能够帮助消费者实现消费价值最大化的独特销售主张,是撬动赢利杠杆的支点。

③ 赢利杠杆。这是赢利模式的关键,杠杆的左边是企业提供的核心价值(独特销售主张),右边是目标消费群的消费需求,中间是客户关系管理。

④ 赢利门槛。这是指其他企业若想采用相似赢利模式所需要跨过的门槛,通常在市场上表现为核心资源独占程度、核心价值差异化程度和忠诚客户规模化。

⑤ 赢利策划。这是如何创新运用赢利杠杆、发挥赢利点效益的系统性构思,是企业的核心竞争力。

2. 资源整合

资源整合是通过一定的手段组织和协调企业内外部资源,既把企业内部彼此相关但却彼此分离的资源,又把企业外部具有独立经济利益但却有共同目标的资源,整合成一个能够实现发展战略的系统整体。

资源整合是企业对不同来源、不同层次、不同结构、不同内容的资源进行识别与选择、汲取与配置、激活和融合,使其具有较强的柔性、条理性、系统性和价值性,并创造出新的资源的一个复杂的动态过程。

资源整合是企业战略调整的手段,也是企业经营管理的日常工作。整合就是要优化资源配置,就是要有进有退、有取有舍,获得整体的最优。

10.3.4 汇集创意

这是整合营销策划创意的第 3 个环节，如表 10.4 所示为汇集创意的任务内容与实施、自检要求。

表 10.4 汇集创意的任务内容与实施、自检要求

内容	操作步骤	操作方法	注意事项	自检
汇集创意	14. 头脑风暴	（18）每个成员发挥灵感创意，团队按头脑风暴法进行创意活动，汇集创意	每个成员均应事先练习创意思维方法和创意工具运用	● 会议记录
明确整合营销策略	15. 确定整合营销目标 16. 明确整合营销策略	（19）确定整合营销的目标 （20）明确整合营销策略的内容	整合营销策略必须符合发展战略	● 整合营销目标 ● 整合营销策略

1. 整合营销手段

整合营销在整合资源过程中所需要利用的主要营销手段如下：

（1）广告

广告（advertising）是指为了某种特定的需要，通过一定形式的媒体，并消耗一定的费用，公开而广泛地向公众传递信息的宣传手段。广告的英文原意为"注意""诱导"，即"广泛告知"的意思。

（2）促销

促销是指企业利用各种有效的方法和手段，使消费者了解和注意企业的产品，激发消费者的购买欲望，并促使其实现最终的购买行为。

（3）赞助

赞助是指企业为了实现自己的目标（获得宣传效果或品牌增值）而向某些活动主办方提供支持的一种投资行为。这项投资需要为赞助者带来相应的商业回报。赞助可以采用资金，也可以采用物质资料，甚至是提供人力资源等多种形式。

（4）展览展销

展览展销是指通过现场展架和产品实物，并辅以文字、图形、视频、音频等手段的形式，以提高品牌形象、促进产品销售的活动。

（5）包装

包装是指在流通过程中为保护产品、方便储存、促进销售，按一定技术方法而采用的容器、材料及辅助物等的总称，包装还可以起到传播媒介的作用。

（6）网络营销

网络营销是 21 世纪最有代表性的一种低成本、高效率的全新商业形式，是以互联网为核心平台，以网络用户为中心，以市场需求和认知为导向，利用各种网络应用手段去实现企业营销目的的一系列行为。

（7）体验营销

体验营销是围绕"眼耳鼻舌身意"六感官，通过充分刺激和调动消费者的情感、思维、行动等感性因素和理性因素，实现以体验带动销售的营销方法。这种思考方式突破了传统

"理性消费者"的假设，针对消费升级后的消费者感性优先的特点，明确了消费的感性体验才是消费行为的关键。

《HP 数码相机整合营销策略》案例阅读

HP 数码相机整合营销策略

整合营销被形容为营销策划的一枚核武器，然而常常也会出现"想得美却做不好"的尴尬局面。不过，HP 数码相机的整合营销案例则成为业界经典，他们在仅两个月的时间内，组织客户及不同部门的 20 多人团队，运用"电视广告+平面广告+户外广告+在线广告+广播广告+事件+商场体验中心+产品宣传公交车+影院展示+新闻发布会"矩阵式大幅度整合营销策略，通过线上、线下、事件、公关、新闻发布会和互动载体，创造了丰富多彩的整合营销事件，引发公众对产品极大的关注。

他们还突出了体验营销模块在整合营销中的核心作用，在北京的东方广场和上海的港汇广场精心策划了精彩的体验路演。活动现场设立了两个区域：影像体验区和家庭影院区，成功吸引到众多目标消费者到现场，亲自体验 HP 的数码产品带来的娱乐享受。

在体验区内，还设置了礼品制作区，消费者可以用 HP 数码影像产品亲自制作个性化的 T 恤、相架、DVD 等，充分体验 HP 数码产品的神奇和魅力。DIY 概念是非常有吸引力的，这个区域常常被挤得水泄不通。同期多种形式的广告传播媒体支持也成为这次体验营销活动成功的关键。

据调查，整合营销策略实施后，"HP 数码相机技术领先厂商"的广告形象提升了 10 倍，"数字照片打印技术领先厂商"广告形象提升了 49%（平均值），HP 数码相机的知名度平均提升了 78%，而品牌知名度提升了 11%。

2. 整合营销的操作思路

（1）强调消费体验为中心

以消费体验为整合中心，综合利用企业所有资源，实现企业一体化营销。

（2）强调系统化管理

整合调动企业各层次、各部门，以及渠道各层次、各商家，协调行动，系统化管理。

（3）强调营销环境协调

整合营销的协调性，不仅是企业系统协调一致，而且也强调企业与营销环境协调一致。

（4）注重规模化与现代化

整合营销依赖于现代科学技术、现代化的管理手段，现代化也可为企业实施整合营销提供效益保障。

10.3.5 创意确定

这是整合营销策划创意的第 4 个环节，如表 10.5 所示为创意确定的任务内容与实施、自检要求。

表 10.5　创意确定的任务内容与实施、自检要求

内　容	操作步骤	操作方法	注意事项	自　检
创意确定	17. 创意验证 18. 优选创意 19. 修正创意	（21）运用市场检验、客户沟通、专家评价来验证创意的效果 （22）根据创意验证效果的评分和综合考虑，由团队投票决定选择哪个创意 （23）进一步对照企业营销战略、市场目标，对整合营销策划创意做出更完善的修正	特别考察创意在整合营销策略中的构思	● 创意描述 ● 创意评分表 ● 创意修正要点
整合营销策略实施计划与预算	20. 实施计划 21. 费用估算与效果预测	（24）为实现整合营销策划创意所做的实施计划安排，并做效果预测 （25）费用预算与效果预测	① 费用预算和效果预测是论证、审定活动方案的重要依据 ② 特别注意各项费用测算必须实际搜集市场信息来完成，必须符合当前实际	● 实施计划 ● 效果预测 ● 费用预算

10.3.6　创意文案和提案制作

这是整合营销策划创意的第 5 个环节，如表 10.6 所示为创意文案和提案制作的任务内容与实施、自检要求。

表 10.6　创意文案和提案制作的任务内容与实施、自检要求

内　容	操作步骤	操作方法	注意事项	自　检
创意文案撰写	22. 策划创意说明书 23. 整合策划建议书	（26）描述整合营销策划创意思路和创意的独特亮点 （27）根据整合营销策划及其计划实施的需要，编写整合营销策划建议书	① 注意独特亮点的表达要同样能吸引读者 ② 脚本文案的文字以清晰、明白为原则，要求图文并茂	● 创意说明书 ● 创意文案
创意提案制作	24. 提案构思 25. 提案制作	（28）在整体风格、美学效果、时间把握方面首先进行构思 （29）使用最新版 PPT 工具进行电子幻灯片提案制作	注意团队中至少有一个成员对 PPT 工具的运用比较熟练	● PPT 提案
演讲与答辩	26. 预演练习 27. 正式演讲与答辩	（30）练习背诵、解读、时间控制，与计算机操作的组员配合 （31）商务礼仪展现、职业能力体现、专业能力展示	① 预演，预演，再预演，是成功的基础 ② 现场氛围控制非常重要，这是通过礼仪和能力来把握的	● 预演 3 次 ● 演讲 ● 礼仪 ● 预备问题

10.3.7　创意评价

这是整合营销策划创意的第 6 个环节，如表 10.7 所示为创意评价的任务内容与实施、自检要求。

表 10.7　创意评价任务内容与实施、自检要求

内　容	操作步骤	操作方法	注意事项	自　检
客户评价	28．客户意见和建议	（32）在投标讲演答辩中，客户会很直接地提出意见和建议	详细记录客户所说的每一句话，诚恳地解释自己的创意	● 客户评价
专家评价	29．专家提问和点评	（33）在评标中，邀请的行业专家会从专业的角度提出问题，并点评提案演讲和回答问题的表现	详细记录专家所说的每一句话	● 专家评价
教师点评	30．教师点评	（34）模拟投标 PK 活动结束后，指导老师要进行综合点评和评分排名，向中标者宣布中标名单和中标内容	详细记录指导老师所说的每一句话	● 教师点评

10.3.8　自我总结

这是整合营销策划创意的最后一个环节，如表 10.8 所示为自我总结的任务内容与实施、自检要求。

表 10.8　自我总结的任务内容与实施、自检要求

内　容	操作步骤	操作方法	注意事项	自　检
修正完善创意	31．修正完善创意	（35）在文案和提案制作过程中，根据最新资料的分析、客户意图的理解、市场环境变化的分析、市场目标和营销战略的调整等，在投标演讲前，可以做进一步的修正和完善	客户的要求和市场的状况是对立统一的关系，以客户为中心是工作的重点，务必注意协调处理好客户关系	● 完善活动的纪要
自我总结	32．自我总结	（36）每个团队均应在项目结束后，专门组织撰写自我总结报告，召开总结会议，会上要进行充分讨论，畅所欲言，以达到总结提高的目的	人人都必须提交自我总结报告和在小组会上发言，无论是遗憾的体会，或是欣喜的收获，都是一次难得的促进	● 总结笔记 ● 总结报告

10.4　改进提升篇

10.4.1　互联网整合营销策划创意

互联网整合营销是一种对互联网各种营销工具和手段资源进行系统化利用的营销方法。

1. 整合"大集市"营销资源

在传统媒体时代，信息传播是"教堂式"的，信息自上而下、单向线性流动，消费者只能被动接受。这种情况下，只需简单"出招"就可以"俘获"目标消费者。

而在新媒体时代，信息传播是"集市式"的，信息多向、互动式流动，每个消费者都有了自己的"嘴巴"和"耳朵"，他们不会再被动接受传媒信息，而是主动收集多元化的声音，他们还张开了"嘴巴"生产并传播内容，他们汇集成巨大的"集市式"传播，可以左右市场的购买行为。

2. 改变"狩猎"营销为"垂钓"营销

面对这些"起义的长尾",传统的营销方式显然不可能再适用。传统营销方式像"狩猎",通过硬性的媒介购买,直接用"广告信息子弹"激烈地"打击、围猎"消费者,消费者对品牌广告信息的接受是被动、痛苦的。在传统"教堂式"传播环境下,消费者只有招架之力,没有还手之功,"狩猎"似乎是行得通的。但在网络营销中,"狩猎"式传播可以"隐退江湖"了,它叱咤风云的光辉岁月已经宣告落幕。

"威逼不成,只能利诱",硬气功失效,软太极才是王道,称霸网络营销江湖的将是"垂钓"营销。营销人需要学会运用"创意真火"煨炖出诱人"香饵",而品牌信息作为"鱼钩"巧妙包裹在其中,"鱼儿"闻香而来,愿者上钩,大块朵颐之时也心甘情愿将鱼钩快乐地吞下肚子。但要切记:"取之有道"的"道"是"利他","鱼钩"不是害人的"钩",而是消费者真正想得到的利益。

3. 互联网整合营销的原则

（1）趣味原则（Interesting）

中国互联网的本质是娱乐属性的,在互联网这个"娱乐圈"中混,广告、营销也必须是娱乐化、趣味性的,制造一些趣味、娱乐的"糖衣"香饵,将营销信息的鱼钩巧妙包裹在趣味的情节当中。

（2）利益原则（Interests）

在市场营销中,"天下熙熙,皆为利来；天下攘攘,皆为利往"。这"利"是成就消费者美好生活的利益,是帮助消费者成长的利益。网络是一个信息与服务泛滥的江湖,如果营销活动不能为消费者提供利益,必然寸步难行。将自己变身一个消费者,设身处地、扪心自问一句,"我要参加这个营销活动,为什么呢？"

但这里想跟大家强调的是,网络营销中提供给消费者的"利益"外延更加广泛,我们头脑中的第一映射"物质实利"只是其中的一部分,还可能包括以下内容：

① 信息资讯。消费者抗拒广告,但消费者需要了解其需求产品的相关信息与资讯。直接推销类的广告吃闭门羹,但化身为消费者急需的资讯是免费的福利,消费者接受度自然会大增。

② 解决痛点。消费者的生活中必然有很多迫切需要解决的"痛点",直接宣称自己是"万能的神"必然会被怀疑,但若有300个消费者说这就是"万能的神",必然有人会来试试功效。若你的产品果然不俗,虽然不至于是"万能的神",但好心的消费者一定会给你好评。

③ 心理满足。心理满足比生理满足更满足,因为它带有社会性。也许物质利益的放大还有那么一点算计,但心理利益的放大可以没有成本,星星、月亮、皇冠、钻石等"加冕"多多益善,比起在传统营销渠道上看黑脸、受冷遇舒服多了。

（3）互动原则（Interaction）

网络媒体区别于传统媒体的重要特征是其互动性,如果不能充分地挖掘、运用这个资源,直接沿用传统广告的手法,无异于"买椟还珠"。再加上网络媒体在传播层面上失去了传统媒体的"强制性",如此的"扬短避长"、单向布告式的营销,肯定不是网络营销的前途所在。只有充分挖掘网络的交互性,充分地利用网络的特性与消费者交流,才能扬长避短，让网络营销的功能发挥至极致。

让消费者完全参与到网络营销的互动与创造中来，犹如在陶艺吧中亲手捏制陶器，因为融入自己的汗水而弥足珍贵，会在大脑皮层回沟中刻下更深的品牌印记。

（4）个性原则（Individuality）

对比"大街上人人都在穿"和"全北京独此一件，专属于你"，你就明白专属、个性显然更容易俘获消费者的心。因为个性，所以精准；因为个性，所以诱人；因为个性，所以最适合互联网的垂直营销。

个性化的营销，让消费者心理产生"焦点关注"的满足感，个性化营销更能投消费者所好，更容易引发互动与购买行动。但是在传统营销环境中，做到"个性化营销"成本非常之高，因此很难推而广之，仅有极少数品牌品尝极少次的豪门盛宴。但在网络媒体中，大数据分析、云计算、数字流的特征让这一切变得简单、便宜，通过海量的流量数据细分出足够规模的一类人，甚至一个人，做到一对一行销都成为可能。这一点在移动营销中尤为突出，可谓天赐良机。

10.4.2 传统产业整合营销策划创意

传统产业（如食品、服装、汽车等）离不开生产厂家、实体渠道、当面服务等亲身体验方式，但可以通过O2O和在线支付整合网下与网上（线下与线上）的营销资源。

1. O2O

O2O即Online To Offline（从线上到线下），意思是线下体验产品、线上交易产品，将线下的商务机会与互联网结合，让互联网成为线下交易的前台，这个概念最早来源于美国。美国主流商业管理课程均对O2O这种新型的商业模式有所介绍及关注。2013年O2O进入高速发展阶段，开始了本地化以及与移动设备的整合，于是O2O商业模式横空出世，成为O2O模式的本地化分支。

2. 在线支付

互联网营销和O2O模式的核心是在线支付。表面上看，O2O的关键似乎是网络上的信息发布，因为只有互联网才能把商家信息传播得更快、更远、更广，可以瞬间整合强大的营销能力。但实际上，如果没有在线支付，O2O中的online不过是替他人做嫁衣罢了。比如团购，如果没有能力提供在线支付，仅凭网购后统计团购的数量去与商家结算，双方根本无法就实际购买的人数达成精确的统一而陷入纠纷，这在没有在线支付之前是有真实案例的。

因此，在线支付不仅是支付本身的完成，更是某次消费得以最终形成的唯一标志，也是消费数据唯一可靠的评价标准和大数据分析依据。无论B2C，还是C2C，均是在实现消费者能够在线支付后，才形成了完整的商业形态。而在以提供产品与服务性消费为主（不以广告收入为主）的O2O中，在线支付更是举足轻重。

10.5 巩固练习篇

一、问答题

1. 整合营销策划的重要意义是什么？

2. 赢利模式五要素是什么？
3. 整合营销要解决哪三个方面的问题？
4. 解释移动互联整合营销策划创意技巧的重点是什么。

二、判断题

1. O2O 即 Online To Offline（从线上到线下），意思是线下体验、线上交易产品。（　　）
2. "垂钓"营销就是将产品信息作为"鱼钩"巧妙包裹在"香饵"中，"鱼儿"闻香而来，愿者上钩，大块朵颐之时也心甘情愿将鱼钩快乐地吞下肚子。（　　）
3. 离开了战略策划的目标，公关的战术活动就失去了灵魂。（　　）
4. 赢利模式是企业赖以赢利的经营模式和商业模式。（　　）

三、多选题

1. 4C 是指：（　　）。
   A．需要和欲求
   B．营销渠道
   C．价格定位
   D．让消费者方便
   E．同消费者进行双向沟通
   F．愿意付出多少
2. 4I 是指：（　　）。
   A．趣味原则
   B．国际原则
   C．利益原则
   D．尊重原则
   E．互动原则
   F．个性原则
   G．满意原则

四、单选题

1. 企业营销的宏观环境（Macroenvironment）因素主要包括：政治环境与法律环境、经济环境、_____、社会文化环境、人口环境和自然环境。
   A．市场环境　　　　B．科学环境　　　　C．技术环境　　　　D．生态环境
2. 消费者收入的变化直接影响消费者支出模式的变化，这个问题可用"恩格尔定律"来描述，这是德国统计学家恩格尔根据多国许多工人家庭收支预算的调查研究后，发现了工人收入变化与各方面支出变化之间的_____。
   A．规律性　　　　B．科学性　　　　C．对称性　　　　D．合理性
3. _____是指人们对生活、工作和社会实践的一种评价标准，即区分客观事物的好与坏、对与错、美与丑、可行与不可行的观念。
   A．思想观念　　　　B．价值观念　　　　C．道德观念　　　　D．文化观念
4. 一定时期由社会各方面用于购买产品的货币支付能力称为_____，市场规模归根结底要取决于购买力的大小。

A．市场购买力   B．社会购买力
C．市场消费能力   D．社会消费能力

5．市场营销环境对企业营销的影响是通过_____表现出来的。
   A．优势和劣势   B．优势和机会
   C．机会和威胁   D．劣势和威胁

6．如果不了解一种文化，企业是_____在其中销售产品的。例如，宝洁企业的佳美（Camay）香皂在日本的电视广告中出现男士直接恭维女士外表的场景，与日本男士的传统做法相悖，其结果是这种香皂在日本滞销。
   A．不可能   B．无法   C．没有多少机会   D．不需要

7．_____是指所有直接或间接影响消费者个人购买行为的正式或非正式群体。消费者可以通过产品或品牌来认同某一群体或成为其中的一员。
   A．参照群体   B．向往群体
   C．目标群体   D．厌恶群体

8．人类的行为很大程度上取决于自我观念，因为消费者想保护_____，所以他们购买的产品、他们光顾的商店、他们携带的信用卡都符合他们的自我观念。
   A．个人的身份   B．尊贵的身份   C．私密的身份   D．相应的身份

9．个性和自我观念是通过_____反映出来的。
   A．生活方式   B．文化观点   C．思想意识   D．行为举止

10．动机是使人采取行动满足某种需求的_____，它能够及时引导人们去探求满足需要的目标。
   A．刺激因素   B．价值期望   C．驱动力量   D．行为方式

11．相当多的消费者对从营销控制的信息源得到的信息存有戒心，认为大多数企业强调产品的特性而不提它的不足之处，这在_____的人群中表现得更为明显。
   A．受教育程度高、收入低   B．受教育程度低、收入低
   C．受教育程度高、收入高   D．受教育程度低、收入高

12．_____是消费者对其购买对象不断缩小范围，有关概念不断清晰的过程。
   A．选择   B．决策   C．评估   D．权衡

13．消费者也可能形成某种购买意图而偏向购买他们喜爱的品牌，但是，在_____之间，会受到其他人的态度和未预期到的情况因素的影响。
   A．认知需求和收集信息   B．收集信息与选择评估
   C．品牌评估与购买选择   D．购买意图与购买决策

14．经销商提出了一项价格保护计划：如果新车价格下调了，则在此之前30天内购车的人，可以找回差价。这种做法是为了能够_____。
   A．减少消费者的抱怨   B．增强品牌的形象
   C．增加消费者的满意度   D．快速销售产品

15．整合营销传播是一种从_____角度考虑营销过程的方法。企业必须与各关系方和公众沟通，每个企业都不可避免地担当起传播者和促销者的角色。
   A．宣传   B．赢利   C．顾客   D．多赢

10.6 训练总结篇

训练任务 1 《抖商整合营销策划》60 分钟实务训练

时间：60 分钟练习

目标：移动互联整合营销成为迅猛发展的一种趋势，继淘宝、天猫、京东、微商后，抖商迅速崛起，比如，"悠悠"抖商账户一天可以销售 20 多万件育儿家居类消费品，成为新媒体+新零售最具代表性的整合营销策划案例。请各团队利用 60 分钟为孕妇产品的抖商店进行整合营销策划的创意。

内容：为孕妇产品抖商店制订发展战略，列出可用于整合的营销资源，创新营销策略。

组织形式：请每个团队按照以下流程完成任务。

（1）用 20 分钟讨论孕妇产品抖商店的发展战略。

（2）用 20 分钟头脑风暴，讨论可以利用的整合营销资源。

（3）用 20 分钟列出创新的整合营销策略。

（4）老师抽选部分团队上台分享他们的创意，并给予点评。

要求：每个团队必须参与练习。

训练总结：

训练任务 2 《景区如何刺激游客二次消费》案例作业

景区单纯靠门票赚钱越来越难了。

面对逐年上升的营销指标和运营成本，景区如果过于依赖门票收入，必然要求门票上涨，而这一举动又会阻碍游客的脚步，造成恶性循环。

要想跳出这一"怪圈"，势必要挖掘景区收入中的其他部分，即"二次消费"。

数据显示，国内大部分景区的二次消费仅占景区收入的 10%以下，而国外许多景区的主要收入都是由二次消费构成的，巨大的差异说明了国内景区挖掘二次消费的巨大潜力。

与此同时，二次消费也被纳入了 4A 景区的评定标准，在评分细则中"旅游商品"这一项最多可得 15 分。相较于其他需要大量资金投入的项目，在这一项上拿高分的投入无疑要小得多。

尽管刺激二次消费的迫切性和重要性不言而喻，但是景区在实际操作中依然存在一些困难。景区促进二次消费的难点在何处？

1. 游客停留时间短——没时间买。
2. 纪念品同质化、缺乏吸引力——不想买。
3. 景区文创产品的开发需大量前期投入——风险高。

【案例作业】

1. 二次消费的难点会如何影响旅游消费者的购买决策？请分析消费者购买决策过程。

2. 某个以瀑布为主要景观的景区，请为其做出刺激二次消费的策划。

游客二次消费的营销策略

作业总结：
_____
_____

训练任务 3 《格力三类白电年度发展策略》案例作业

格力电器聚焦白色家电市场，有三个事业部分别从事空调、冰箱、热水器的生产和销售，在这三类产品市场上，最大竞争对手分别是海尔和美的。

格力和海尔、美的 2017 年有关产品的市场数据如下：

空调全国市场总规模 1 987 亿元，其中，格力 585 亿元，美的 487 亿元，较上一年的市场增长率均为 6%。

冰箱全国市场总规模 4 500 亿元，其中，格力 706 亿元，海尔 783 亿元，较上一年的市场增长率均为 13%。

热水器全国市场总规模 654 亿元，其中，格力 135 亿元，美的 159 亿元，较上一年的市场增长率均为 1%。

【案例作业】

1. 计算格力三类产品相对最大竞争对手的市场份额。
2. 根据上面计算的结果进一步计算并画出波士顿矩阵。
3. 根据波士顿矩阵，分析格力三类产品分别属于何种业务？有什么特点？
4. 格力对冰箱、空调这两类产品应分别采取什么投资策略和什么营销策略？为什么？
5. 格力热水器应如何发展市场？为什么？

作业总结：
_____
_____

白色家电市场的头部竞争趋势

项目 11　创业策划创意实训

【学做一体作业】训练任务1　创业策划创意全程"游泳训练"任务

家乡农副产品创业策划创意

任务目标：

国家对农副产品采取免税的支持，对大学生创业也同样给予更多减免税费的支持，大学生创业从自己的家乡入手，因为熟悉产品、掌握资源，既能够尽快创业成功，也能够帮助家乡父老脱贫致富，是一个非常不错的创业方向。通过实训，同学们应掌握农产品创业策划的方法和流程。

任务内容：

在本团队的同学家乡中选择一款大家都感兴趣的农副产品作为创业项目，然后完成以下工作：

1. 开展市场分析和产品分析；
2. 确定商业模式、赢利模式和融资模式设计；
3. 创业策划；
4. 制订经营计划和组织机构；
5. 撰写创业计划书。

实训步骤：

学生模拟公司按照工作流程开展实训。

成果评价：

四周后提案，以文案和PPT形式提交，现场讲解、答辩，特邀创业专家参与评分、评价。

名词解释：农副产品是指由农业生产所带来的副产品，包括农、林、牧、副、渔五业产品，分为粮食、经济作物、竹木材、工业用油及漆胶、禽畜产品、蚕茧蚕丝、干鲜果、干鲜菜及调味品、药材、土副产品、水产品等若干大类，每个大类又分若干小类。

> 传统的农副产品一般是自产自销，没有品牌。但是近年来，一些农副产品生产者已经意识到品牌对产品的重要性，因此，这些生产者开始致力于为自己的农副产品树立品牌，务求以优良的品质和实惠的价格打入市场。

11.1 学习导航篇

1. 知识能力

掌握创业策划创意的概念、流程和技巧，学会创业策划创意的分析工具和创新方法，学会投入产出预算和经营计划，学会撰写创业策划方案。

2. 能力目标

掌握如何结合自身优势利用现有资源与机会的能力，能够组建创业团队，能够建立创业项目的赢利模式，能够设计融资方案，较好地完成创业项目的策划创意。

3. 社会能力

学生团队深入市场、企业内部调研，每个成员的工作目标、内容、时间等任务指标都应形成明确的计划清单，形成熟练的团队配合能力。

4. 学习导航

创业策划创意实训	基本概念	【定义】创业策划创意就是创业者对自己拥有的资源或通过努力能够拥有的资源进行优化整合，创新一个具体的商业项目，采用注册实体、持续经营的方式，为达到创业目标而不断进行构思与设计，不断发现市场机会，赢得市场竞争，创造出更大经济或社会价值的创新过程
	创业策划创意流程	包括7个环节：创业环境分析、创业战略确定、汇集创意、创意确定、创意文案和提案制作、创意评价、自我总结
	任务内容	【创业环境分析】创业环境资料收集，进行需求分析、对手分析、政策分析和创业产品分析 【创业战略确定】确定创业战略目标，明确创业公司的核心价值与形象 【汇集创意】头脑风暴，汇集创业策划创意 【创意确定】确定创新项目、商业模式、赢利模式和融资模式，确定创业公司的股份结构 【创意文案和提案制作】撰写创业策划方案和创业计划书，制作提案，进行演讲与答辩 【创意评价】邀请创业专家、投资专家参与评价、评分 【自我总结】对照老师点评和专家评价进行总结
	典型创业策划创意的技巧	淘店创业策划创意的技巧 微店创业策划创意的技巧 抖店创业策划创意的技巧 实店创业策划创意的技巧

《导入案例》

大学生小罗的创业故事

一、基本情况

小罗是某高校营销与策划专业的学生，一个内心充满强大能量的农村孩子，大学一年级下学期报名到学校的创业班尝试创业，与几个有着同样创业热血的同学进行了"校内O2O商城"的尝试，但第一次创业并不顺利，因经营不善，商城严重亏损，向家里借的八千元也很快用完，小罗心里非常着急：是继续创业，还是毕业工作后慢慢赚钱还上借款？小罗思考再三，决心还是要创业改变命运，但这次不是盲目创业，而是重回专业好好学习营销策划的技能，尤其是创业策划的能力。

回到专业经过将近一年的学习，大三的小罗终于迎来了他的第二次创业机会。小罗发现家乡的珍稀土猪拥有中国原产地地理标志，吃客越来越多。他通过专业的学习认识到土特产类好食材往往是由地理决定的，销售家乡的土猪既能为振兴家乡新农村建设贡献力量，又能拥有一个很好的创业机会。于是，小罗通过创业计划书在校园创业招商活动中获得了10万元投资启动创业项目。

二、创业过程

小罗把创业分为三步：第一步为注册公司、开发电商阶段；第二步为市场推广、打开销路阶段；第三步为"公司+养殖户"、产销联合发展阶段。

第一步，小罗和团队成员一起开展市场调查分析，包括需求分析、竞争对手分析、市场规模分析、家乡土猪市场定位和独特销售主张分析，同时确定了赢利模式、产品标准、电商开发等方案，随后小罗在学校创业指导办公室的支持下，去工商部门注册了实体公司。

第二步，小罗以电商为主打阵地，开发社群途径如微信群、QQ群、朋友圈等引流，虽然小罗销售的土猪价格并非很便宜，但过硬的品质使越来越多的客户形成了消费习惯，逐步形成了客户群。

什么时候开始第三步？小罗表示，将根据市场培育而定，当市场规模超出了目前所代理的养殖场产能，自己的创业公司也发展到了一定的规模，那时候就需要启动"公司+养殖户"的产销联合发展模式。到那个时候，也许会有更多的公司抢着来投资。

11.2 基础知识篇

11.2.1 创业策划创意的基本概念

创业策划创意就是创业者对自己拥有的资源或通过努力能够拥有的资源进行优化整合，创新一个具体的商业项目，采用注册实体、持续经营的方式，为达到创业目标而不断进行构思与设计，不断发现市场机会，赢得市场竞争，创造出更大经济或社会价值的创新过程。

创业策划创意是创业项目的创新行动，审时度势地创新产品、工艺、材料、资源、赢利模式等，帮助创业者持续经营、稳定收益。

11.2.2 创业策划创意的特点

1. 意识创新

意识创新是创业策划创意的思维基础，创业精神是创业策划创意的行为条件，具备创新意识的创新型人才才能成为创业人才。

2. 能力创新

能力创新是一种能够将创新意识转变为实际行动的能力。

3. 环境创新

环境创新是在所面对的环境中能适应、生存、改造、发展的创新过程，通过自身努力在环境中创造出新市场、新机会、新产品。

4. 实践创新

实践创新是将创意点子、创业方案、创业商业书、创业项目策划等创新构想放到真实环境去实践的创新，这样的创新才是真创业、真实践。

11.2.3 创业策划创意的真实工作流程

创业策划创意的真实工作流程包括下列内容：

1. 市场调查分析

明确创业的机会与挑战，明确目标市场定位，确定创业策划创意的方向。

2. 明确营销战略

确定短期、中期、长期的创业战略目标，明确创业项目的核心价值、品牌形象定位。

3. 创业目标

创业目标是一定时间后所达到的创业目标，通常是创业成果、创业水平等方面的量化指标。

黄尧教授讲解创业者必学的蓝海战略

4. 创业策划创意

根据创业管理的理论，按照创业战略和创业策划目标的导向，开展头脑风暴和逻辑推演，通过一系列创业策划创意后确定行之有效的创业策略。

11.3 实训操作篇

11.3.1 概述

以真实工作过程为导向，经过对创业过程解构，采用七步法，按课程建设的需要，对创业策划创意实训流程进行设计，如表 11.1 所示。

表 11.1 创业策划创意实训流程

实 训 流 程	内 容 要 求
创业环境分析	创业环境资料收集，进行需求分析、对手分析、政策分析和创业产品分析
创业战略确定	确定创业战略目标，明确创业公司的核心价值与形象
汇集创意	头脑风暴，汇集创业策划创意
创意确定	确定创新项目、商业模式、赢利模式和融资模式，确定创业公司的股份结构

续表

实训流程	内容要求
创意文案和提案制作	撰写创业策划方案和创业计划书，制作提案，进行演讲与答辩
创意评价	邀请创业专家、投资专家参与评价、评分
自我总结	对照老师点评和专家评价进行总结

11.3.2 创业环境分析

这是创业策划创意的第 1 个环节，表 11.2 为创业环境分析的任务内容与实施、自检要求。

表 11.2 创业环境分析的任务内容与实施、自检要求

内容	操作步骤	操作方法	注意事项	自检
创业环境资料收集	1. 间接收集 2. 直接收集	（1）通过网络、报刊、书籍，以及政府公布的数据，进行第二手资料收集 （2）进行市场第一手资料调查时，首先确定调查目标、调查内容、调查问卷、样本窗、抽样数量、抽样方法、调查计划 （3）然后亲赴真实市场，围绕创业项目开展市场调查	① 开展资料收集之前，需明确创业项目所处的行业和市场，做好人员分工，落实调查分析的工具，如计算机、纸笔、计算器等 ② 复习之前学过的市场调查分析知识与工具	● 调查问卷 ● 抽样数量 ● 抽样方法 ● 调查计划 ● 调查分工
创业环境资料消化	3. 数据统计 4. 图表描绘	（4）问卷数据输入计算机，统计输出结果 （5）根据产品定位分析需要，绘制柱状图、饼图等	① 团队成员分工，共同协调、协作完成 ② 注意图形标注合理，色彩搭配美观	● 统计结果 ● 绘制图形
创业环境分析	5. PEST 分析 6. 新产品需求分析 7. 竞争对手分析 8. 创业产品分析 9. 创业资源分析	（6）创业所处的政治、社会、经济、科技四个方面的条件分析很重要 （7）创新的创业产品进入新市场，要进行波特五力分析 （8）进行 SWOT 分析，着重分析 SO，即优势针对机会的策略分析 （9）分析创业所需资金、团队、渠道、客户、公关等资源	① 创建或代理的产品和品牌应该有清晰的基本信息 ② 全面分析，重点突破，调查优势资源	● PEST 分析 ● 波特五力分析 ● SWOT 分析
市场分析	10. 细分市场 11. 确定目标市场	（10）分析客户需求、行为和特征，根据客户对品牌的态度、行为习惯、人口变量、心理变量和消费习惯细分市场 （11）分析和选择企业的市场覆盖战略：单一市场、产品专门化、市场专门化、有选择的专门化、完全覆盖 （12）分析和选择企业的目标市场策略：无差别性市场、差别性市场、集中性市场	注意产品、品牌现状分析，学会运用单变量、二变量、三变量、多变量细分市场	● 是否符合市场细分的"五性"要求 ● 目标市场描述文档

续表

内容	操作步骤	操作方法	注意事项	自检
产品分析	12. 品牌与产品定位步骤 13. 品牌与产品定位方法	（13）定位是头脑之战，寻找消费者的心理空间占位，按照定位方法一步一步练习 （14）确定选用的定位方法	① 在创意中注意避免过度定位、混乱定位、过窄定位、过宽定位 ② 确定产品独特卖点	● 产品定位 ● 独特卖点

1. 创业资源

创业资源是指创业项目在创造价值的过程中需要的特定资源，包括有形与无形资产，它是企业创立和运营的必要条件。创业者获取创业资源的最终目的是为了组织这些资源赢得创业机会，提高创业绩效，获得创业成功。无论是要素资源还是环境资源，无论它们是否直接参与企业的生产，它们的存在都会对创业绩效产生积极的影响。

① 起码资源。要求创业者有进入一个行业的起码资源，如资金、团队、注册公司、营运的场地等。

② 差异化资源。它是帮助创业公司在某行业创业能够取得市场竞争胜利和不断赢利的资源，如创新产品、创新市场机会、创新商业模式、创新赢利模式等。

2. 创新工作内容

（1）创新是从发散到集中的思维

创新的问题在于，当创意产生时很容易变成一场发散思维的混战，很难达成共识，这时候需要集中思维。因此，当召开创业的创意会议时，应该明确"这是一个发散性思维还是一个集中思维会议"，这对决策效率的影响很大。

（2）创新制度化

采用一个结构化的方法来创新，即召开周一公司例会，进行头脑风暴，解决公司 KPI 问题（关键业绩指标问题）。没有什么事是不能在这时谈的，大家会积极发表自己的看法，彼此会产生思维碰撞，这时就是真正的头脑风暴。这时通常会产生愚蠢或者"认为不可能"的想法，但大多数都是非常宝贵的想法。

（3）业绩增长的创新

业绩增长的创新并不是直接去思考如何做一些增加收入的事，而是分析业绩增长因素。如何为客户提供更多的利益？他们更多的需求是什么？一旦找到了这个答案，就找到了创新产品、创新服务的机会。

（4）市场创新

创业项目就是找到一个人们愿意花钱消费的好创意，即市场创新。怎样才能知道人们是否愿意为这个创意买单呢？可以通过针对淘宝网、京东商城的一些抓取数据分析软件来分析，分析一下人们愿意把钱花在哪些服务或产品上。

比如，可以分析某类消费者对某种产品的价格预期是多少，这样就可以知道每个客户的价值，将每个顾客的价值乘以市场的大小就是创新产品的总体市场价值，即市场规模。如果这个数字是非常可观的，就可以开展市场创新的创意了。

《破船如何变豪船》案例阅读

破船如何变豪船

丹尼尔·洛维格白手起家创业，完全凭借自己的创意和勤劳创立了一个极为庞大而复杂的、令人不可思议的企业王国，它包括遍布世界的一系列独资或控股公司，覆盖众多产业：金融、旅馆饭店、房地产、钢铁、煤炭、石油化工，等等。此外，他还拥有一支总吨位达500万吨的庞大船队。

最初，洛维格就是采用抵押方式贷款的创意开创了美国银行界贷款方式的先河，并迅速发展起来。当时，运油比运输普通货物赚钱，而买普通货船又比买油轮便宜。洛维格就想买一条货船，再将其改装成油轮，从事石油运输。但当他向大通银行申请贷款时，银行职员告诉他说："贷款可以，但你必须保证将来能够还本付息。"洛维格当然满口答应。但银行却不管他的信誓旦旦，坚持要他提供贷款抵押物。

洛维格只有一条破烂不堪但勉强能航行的老式油轮，其价值连新式货轮的一半也没有，根本不可能指望用它去抵押。但洛维格没有放弃，他想如果将这条轮船租借给一家信誉好的石油公司，用它的租借费用偿还银行的本息数目，这样银行因为石油公司的关系，也许会给他贷款。

他找到大通银行，试探地问："我现在有一条船，正在被西方石油公司租用，如果把这条船先过户到银行名下，你们直接跟石油公司收取租金，以此来偿还我每月贷款的本息，如何？"

这种银行贷款的担保方式在当时的银行业还是新鲜事，经过一番争论，大通银行决定给洛维格一次机会。虽然洛维格谈不上有多少财富，缺乏足够的信用，但是西方石油公司却是响当当的牌子。

洛维格借用石油公司的牌子，提高了自己的信用等级，很快借到一笔巨款。不久这笔钱换成了一艘货轮，洛维格将其改造成油轮，航行于中东和美国之间。之后，他又用这条船做抵押，买了另一条船，循环往复，财源滚滚而来。

（摘自美国船王丹尼尔·洛维格的故事）

11.3.3 创业战略确定

这是创业策划创意的第2个环节，表11.3为创业战略确定的任务内容与实施、自检要求。

表11.3 创业战略确定的任务内容与实施、自检要求

内 容	操作步骤	操作方法	注意事项	自 检
创业战略	14. 明确核心价值和自身定位 15. 明确创业目标 16. 拟订创业的战略和规划	（15）分析自身优势，瞄准市场空白点或市场蓝海，明确自身定位 （16）进行资源分析，把握创业机会，明确创业目标 （17）制定创业管理制度，拟订创业的战略，分阶段拟订创业的规划	资金、人才、技术、市场机会、行业经验等资源，是创业者制定创业战略的前提条件	● 创业目标 ● 创业管理 ● 产品定位 ● 创业战略 ● 资源分析 ● 创业规划

1. 创业战略

创业战略是在创业资源的基础上，描述未来发展的总体构想和目标，决定着未来的成长轨道及资源配置。创业战略并不是指较短时间段的行动准则或具体的行动方法，它是一个全局的布置，是在较长的时间内，创业者利用资源，通过合理的战术手法达到自己的战略目的。

2. 创业规划的一般阶段

① 生存阶段。利用产品、技术、渠道等优势获得创业初期的生存空间。

② 稳定阶段。通过规范的周期性运营，建立一套持续稳定的运作系统，建立稳定的现金流，形成可持续发展、能增值造血的赢利模式，让企业不再依赖于创业者的个人能力和资源背景而获得发展。

③ 发展阶段。形成产业化核心竞争力，创业企业成长为产业平台，创始人公司治理成长为公司经营机制治理，产品销售成长为市场营销。

④ 成熟扩张阶段。集团总部的产业平台和子公司的营销系统形成有机的体系，整合总部品牌核心竞争力（软实力）和子公司营销核心竞争力（硬实力）所形成的发展合力，是任何一个个人或子公司单兵作战都无法比拟的，因此取得成熟的市场扩张和发展速度。

《白手起家成为大富翁》案例阅读

有个日本人，名叫中山洋介。刚开始时，中山洋介和别人一样，手中既无资金，也无技术。但他和别人不一样的是，他有一股不服输的志气，当他跟别人说起准备创业时，大家都不相信。可他不但成了一个成功的商人，而且经营的还是资本量很大的房地产。

经营房地产，利润很大，但是风险也很大，要有雄厚的资本做后盾，对于一般人而言，恐怕只能看别人赚钱了。但中山洋介没有悲观，他有白手起家的妙计。

中山洋介经过考察发现，在日本，土地十分宝贵，不少人想开工厂，但资本金连土地都买不起，更谈不上建筑厂房了。与此相反，许多土地却在闲置。如果不买土地，只租用土地，那些企业主就可以负担得起，而且肯定能受到欢迎。

有了这样一个构思，中山洋介立即行动起来。他首先打听哪些是闲置的土地，这些土地往往比较偏僻，多是卖不出去的。他同这些土地的所有者商谈，提出改造利用土地的计划。土地所有者正为这些土地没有买主着急，现在有一个开发的方法，真是雪中送炭，他们纷纷愿意出让土地，有的甚至还拿出一定的资金充做股份。

有了土地，中山洋介组建洋介土地开发公司，组织人员上门推销土地。这些工厂主正为没有资金兴建工厂着急，现在看到可以不用巨额资金，又有土地可以出租，当然十分高兴，于是乎上门和中山洋介签约的厂主络绎不绝。

中山洋介的做法是，从租用厂房者收取租金后，扣除代办费用和厂房分摊偿还金，所剩的钱归土地所有者。厂房租金和土地租金之间的差额，除去修建厂房的费用，便是中山洋介的赢利。企业主、土地所有者、中山洋介三方达成协议后，中山洋介就向银行贷款、建房，然后按分期还款的方式归还银行的费用。

11.3.4 汇集创意

这是创业策划创意的第3个环节，表11.4为汇集创意的任务内容与实施、自检要求。

表11.4 汇集创意的任务内容与实施、自检要求

内 容	操作步骤	操作方法	注意事项	自 检
头脑风暴	17. 头脑风暴	(18) 每个成员发挥灵感创意，团队按头脑风暴法进行创意活动，创意的目标是商业模式和创业策略	每个成员均应事先练习创意思维方法和创意工具运用	● 头脑风暴会议记录
汇集创意	18. 商业模式创意 19. 创业策略创意	(19) 以价值链为核心线索，整合创业要素和创业资源，形成可持续发展的、具有自我造血功能的商业模式 (20) 进行创业策划创意	商业模式和创业策略必须在创业战略的框架下进行设计	● 商业模式描述 ● 创业策略内容

1. 商业模式

商业模式是指一个完整的产品、服务和信息流体系，包括每一个参与者和其在其中起到的作用，以及每一个参与者的潜在利益和相应的收益来源及方式。成功的商业模式具有3个特点：

① 成功的商业模式要能提供独特价值；
② 成功的商业模式是难以模仿的；
③ 成功的商业模式是脚踏实地的。

《"机场免费车"商业模式》案例阅读

"机场免费车"商业模式

相信不少人都有过搭乘飞机的经验，通常下了飞机以后还要再搭乘另一种接驳交通工具才能到达目的地。在成都双流机场有一个很特别的景象，当你下了飞机以后，你会看到机场外停了上百辆崭新的7座高级商务面包车。

你若想从双流机场去市区平均要花150元搭出租车，但是如果你乘坐的是四川航空公司（以下简称川航）的飞机就可以搭乘这些黄色的7座高级商务面包车，只要一辆车坐满，司机就会发车送乘客去市区的任何一个地方，关键是完全免费！

居然有这样的好事？它的商业模式其实是这样的：

1. 川航一次性从风行公司订购了150辆风行菱智MPV汽车，原价14.8万元/辆，川航要价9万元/辆，理由是：会指令司机在车上帮风行公司推销汽车。

2. 川航顺利征召了150个司机，原因是有很多人想当出租车司机却没钱没车，川航承诺为他们担保零首付分期购买风行汽车并签订五年载客合同，汽车价格是17.8万元/辆，只要他们每载一个川航乘客就会付给他们25元，算下来每个司机只需三年就可以支付完车款而完全拥有汽车，剩下的都是净赚。比起普通的出租车到处揽客的辛苦和不确定，这个模式吸引了很多人来当司机。此时川航的账面已经进账1 320万元：（17.8-9）×150=1 320。

3. 川航推出"只要购买5折票价以上的机票就可以免费乘车到市区"活动，吸引了大批稳定的乘客，川航只需从每人的机票款中支出25元乘车即可。

4. 商业模式就此成型，关键是多赢的链条。

（1）乘客不仅省下了150元的车费，也省下了解决机场到市区之间的交通问题。

（2）风行汽车公司虽然以低价出售汽车，却多出了150名推销员帮卖汽车，还省下了一笔广告预算，换得一个稳定的广告渠道。

（3）司机开出租不如成为川航专线司机，有稳定的上班时间，有稳定的收入来源，只需三年就能拥有自己的汽车。

（4）川航拥有150辆汽车，既是川航的宣传车，又是优质的免费服务，还是机票客户引流的入口，与汽车公司广告合作到期后还可收广告费（包含车体广告）。此外，川航还进账1 320万元，每天多卖一万张机票。而在其中，川航利用了平台的资源优势，并没有付出任何成本。

"找到更多的人帮你的顾客付钱，找到更多人帮你付成本"，这就是川航商业模式整合资源盈利的核心价值。

（资料来源：http://blog.sina.com.cn/linweixien）

2. 商业模式的特征

商业模式必须具有以下两个特征：

① 商业模式是一个整体的、系统的概念，是多个价值资源模块的整合，而不仅仅是一个单一的组成因素。

② 商业模式的组成部分之间必须有内在联系，这个内在联系把各组成部分有机地关联起来，使它们互相支持、共同作用，从而形成一个良性的循环。

3. 商业模式的要素

客户价值最大化、整合、高效、系统、持续赢利、核心竞争力、整体解决，这7个关键词构成了商业模式的7个要素，缺一不可。其中，整合、高效、系统是基础或先决条件，核心竞争力是手段，客户价值最大化是主观追求目标，持续赢利是客观结果。

4. 创业策略

① 改进策略。一般而言，从已有的商业模式中重新改进，创建一个全新的商业模式会容易一些，风险也更小些。因此，很多创业者都是从自己曾经任职的公司发现产品的需求未能满足某些市场需求，或产品未能完善，或产品生产流程不科学等而选择离职创业。

② 新兴策略。当一个新兴产业出现时，必定能产生出以围绕该产业而出现的创业机会，引发创业潮。

③ 链条策略。围绕核心产品的产业链上下游存在大量创业机会，把握那些产业成长时机、利润挖掘时机、投资创业时机，就可以成功创业。

④ 灵感策略。创业者在平时生活中培养出对环境的敏锐观察力，当周边环境发生变化时能做出判定而捕捉创业的灵感。例如，李维公司创办人在旧金山淘金热时期，捕捉到"销售坚固耐用的帆布裤子"灵感而成功。

11.3.5 创意确定

这是创业策划创意的第 4 个环节,表 11.5 为创意确定的任务内容与实施、自检要求。

表 11.5　创意确定的任务内容与实施、自检要求

内　　容	操作步骤	操作方法	注意事项	自　　检
创意确定	20. 创意验证 21. 优选创意 22. 修正创意	(21)运用市场检验、客户沟通、专家评价来验证创意的效果 (22)根据创意验证效果的评分和综合考虑,由团队投票决定选择哪个创意 (23)进一步对照创业战略、创业目标,对创意做出更完善的修正	特别考察创意在创业策略中的作用	● 创意描述 ● 创意评分表 ● 创意修正要点
投入产出规划及投资预算	23. 投入产出规划 24. 投资预算	(24)创业投入产出的规划及创业效果预测 (25)收支平衡点测算 (26)投资预算	① 投资预算和效果预测是论证、审定创业计划和方案的重要依据 ② 特别注意收支平衡点和各项投资测算必须实际搜集市场信息来完成,必须符合当前实际	● 创业计划 ● 效果预测 ● 投资预算 ● 收支平衡点

1. 创业计划

创业计划是创业者叩响投资者大门的"敲门砖",一份优秀的创业计划往往会使创业者达到事半功倍的效果。一般来说,在创业计划中应该包括三个主要问题和六大关注点。

① 三个主要问题:可操作性、可赢利性、可持续性。

② 六大关注重点:独特优势、问题及对策、赢利预测、商业模式、风险应变策略、最佳创业团队。

2. 收支平衡点

世界五百强京瓷公司是从 28 人的小企业创业而来的,创始人稻盛和夫说"定价就是经营",说明定价决定了收支平衡点和利润。京瓷始终保持两位数以上的利润率,正是这个经营哲学的体现。

事实上每年都有数不清的创业公司倒闭,为什么呢?一个重要的原因就是不清楚创业最重要的问题:需完成多少产品的销售才能达到收支平衡点?如果不知道收支平衡点,那就是在盲目创业。

企业收支平衡点是收入与开支的平衡点,企业的开支分成固定成本与变动成本两部分,固定成本与产品销售的增减无关,变动成本则是随产品销售的增减而发生变化的,以下是较简易的计算方式:

$$B = T \div (S-V)$$

其中,B 是收支平衡点,T 是总固定成本,V 是单位变动成本,S 是单位产品价格。

计算结果 B 表明销售多少单位产品后可以达到收支平衡。

任何企业都可以将上述公式融入自己的价格政策中，不论企业是提供服务，还是销售产品，都必须充分了解自己的直接和间接成本，了解它们如何影响定价和赢利，它还可能会决定这一年是赢利年还是亏损年。

怎样定价才能获得更大的利润呢？并非仅仅考虑成本加上利润率来定价，这其中有一个营销杠杆起作用的原理，可参看黄尧教授的营销杠杆理论。

黄尧教授的营销杠杆理论

《实体店创业如何控制成本》案例阅读

为实现实体店经营的合理化及资金的合理运用，创业者应注意节约经营费用，咬紧牙关将每一分钱都用在刀刃上。

（1）固定费用

管理费用：如薪金、津贴、加班费、退职准备金、福利金等。

设备费用：如装潢费、设备折旧、保险费、租金等。

维持费用：如水电费、事务费、杂项费等。

（2）变动费用

变动费用包括维修费、广告宣传费、包装费、盘损、营业税等。

（3）管理费用分析举例

店铺的管理费用究竟要控制在什么范围内才算合理？下面是一家连锁店铺的损益分析。假设店铺的月营业额为180万元，而毛利为25%，其营业总费用与销售总额比例，要控制在18%之内才行。具体如下。

装潢折旧：以投资36万元分5年分摊计算，每月需分摊0.6万元，占销售总额的0.33%。

设备折旧：以投资1 685万元分5年分摊计算，每月需分摊28万元，占销售总额的15.6%。

人员薪金：24小时营业约需7人，费用控制在12万元之内，占销售总额的6.66%。

水电费：每月控制在3万元内，占销售总额的1.66%。

租金：租金在97万元内，占销售总额的53.8%。

维修费：维修费为0.5万元，占销售总额的0.27%。

营业税：营业税为23万元，占销售总额的12.7%。

盘损：盘损为0.9万元，占销售总额的0.5%。

杂费：杂费为1万元，占销售总额的0.6%。

邮费：邮费为0.2万元，占销售总额的0.11%。

以上总费用包括固定费用与变动费用，只要将总费用控制在18%之内，就有可观的利润。

另外，管理控制由每月管理分析来实施，店主应考虑下列5项基本原则：

① 店员薪金总额不得超过总经费的一半。

② 人事费用占销售总额比例需小于7%。

③ 总费用占销售总额的比例要在18%以内。

④ 固定费用占总费用的比例应为85%。

⑤ 变动费用占总费用的比例应为15%。

店铺经营遵循上述 5 项原则,就能取得可观效益。

11.3.6 创意文案和提案制作

这是创业策划创意的第 5 个环节,表 11.6 为创意文案和提案制作的任务内容与实施、自检要求。

表 11.6 创意文案和提案制作的任务内容与实施、自检要求

内　　容	操作步骤	操作方法	注意事项	自　　检
创意文案撰写	25. 策划创意说明书 26. 创业计划书	(27)描述创业策划创意思路和创意的独特亮点 (28)根据创业目标及创业融资的需要,编写创业计划书	① 注意独特亮点的表达要同样可以吸引读者 ② 创业计划书的文字以清晰、明白、说服力强为原则,要求图文并茂	● 创意说明书 ● 创业计划书
创意提案制作	27. 提案构思 28. 提案制作	(29)在整体风格、美学效果、时间把握方面首先进行构思 (30)使用最新版 PPT 工具进行电子幻灯片提案制作	注意团队中至少有一个成员对 PPT 工具的运用比较熟练	● PPT 提案
演讲与答辩	29. 预演练习 30. 正式演讲与答辩	(31)练习背诵、解读、时间控制,与计算机操作的组员配合 (32)商务礼仪展现、职业能力体现、专业能力展示	① 预演,预演,再预演,是成功的基础 ② 现场氛围控制非常重要,这是通过礼仪和能力来把握的	● 预演 3 次 ● 演讲 ● 礼仪 ● 预备问题

1. 写好创业计划书需要考虑的问题

① 关注产品。
② 敢于竞争。
③ 了解市场。
④ 表明行动的方针。
⑤ 展示你的管理队伍。
⑥ 出色的计划摘要。

2. 创业计划书的内容

(1)封面

一个好的封面会使阅读者产生最初的好感,形成良好的第一印象。

(2)摘要

涵盖计划书的要点,以求一目了然,使读者能在最短的时间内评估创业计划并做出判断。

（3）行业分析

在行业分析中，应该正确评价所选行业的基本特点、竞争状况及未来的发展趋势等内容。典型问题如下：

① 该行业发展程度如何？现在的发展动态如何？
② 创新和技术进步在该行业扮演着一个怎样的角色？
③ 该行业的总销售额（市场规模）有多少？发展趋势怎样？
④ 价格趋向如何？
⑤ 经济发展对该行业的影响程度如何？政府是如何影响该行业的？
⑥ 是什么因素决定着它的发展？
⑦ 竞争的本质是什么？将采取什么样的战略？
⑧ 进入该行业的障碍是什么？将如何克服？该行业典型的回报率有多少？

（4）产品介绍

产品介绍应包括以下内容：产品概念、性能及特性；市场竞争力；产品研究开发过程；新产品计划和成本分析；市场前景预测；产品的品牌和专利等。

（5）组织结构

对主要管理团队加以说明，介绍他们的能力、职务和责任、过去的履历及背景。

此外，还应对公司结构做一个简要介绍，包括组织结构图、各部门的功能与责任、各部门的负责人及主要成员、薪酬体系、股东名单、董事会成员等。

（6）营销策略

市场定位、价格策略、渠道选择、促销计划、营销管理等。

（7）生产计划

产品生产技术和设备现状，新产品投产计划，技术提升和设备更新的要求，质量控制和质量改进计划等。

（8）财务规划

现金流量表、资产负债表及损益表等财务三大表的规划是必须的。

3. 提升创业计划书的融资能力

审视并充实以下方面可以提升创业计划书的融资能力：

① 是否显示出具有管理公司的能力。
② 是否显示了有能力偿还借款。
③ 是否显示出已进行过完整的市场分析。
④ 是否容易让投资者领会。创业计划应该备有索引和目录，以便投资者可以较容易地查阅各个章节，还应保证目录中的信息是有逻辑和真实的。
⑤ 是否有摘要并放在了最前面。摘要相当于企业创业计划的封面，投资者首先会看它。为了提高投资者的兴趣，摘要应写得引人入胜。
⑥ 是否在文法上全部正确。
⑦ 能否打消投资者对创业产品的疑虑。

《马云自述创业故事》案例阅读

马云自述创业故事

1. 不平凡的少年

12岁时,中国已经逐渐对外开放,许多外国游客到杭州旅游观光。我经常为他们充当免费导游,带他们四处浏览的同时练习英语,这8年的学习深深改变了我。外国游客带给我的知识和从老师、书本学到的很不一样,我开始比大多数人更具有全球化的视野。

2. 屡遭挫折

我高考考了3次,才被杭州师范大学录取,还有幸当上了学生会主席,后来还成为杭州大学生联合会主席。毕业时,我成为500多名毕业生中唯一一位在大学教书的教师。

1995年,我作为一个贸易代表团的翻译前往西雅图。一个朋友在那儿首次向我展示了互联网,我们在雅虎上搜索"啤酒"这个单词,但却没有搜索到任何关于中国的资料,我们决定创建一个网站,并注册了"中国黄页"这个名称。

我借了2 000美元,创建了这个公司,但当时我对PC和电子邮件一窍不通,甚至没接触过键盘。后来,中国电信出资18.5万美元和我们重组"中国黄页"公司,我还从来没见过那么多钱,遗憾的是中国电信在董事会占5个席位,我们只有2个席位,我们建议的每件事他们都拒绝,就像蚂蚁和大象博弈,根本没有任何机会,我决定辞职单干。

3. 创业梦想

1999年,我召集了18个人,在我的公寓里开会。我对他们讲述了我的构想,两个小时后,每个人都开始掏腰包,我们一共凑了6万美元,这就是创建阿里巴巴的第一桶金。

我想建立一家全球性的企业,因此选择了一个全球性的名字。阿里巴巴很容易拼写,而且《一千零一夜》里"芝麻开门"的故事家喻户晓,很容易被人记住。

当时,阿里巴巴基本上是一个"三无"企业,无资金、无技术、无计划,但我们最终存活了下来。我们每一分钱都用得非常谨慎,公司的办公地点就选在了我的公寓里。我们1999年从高盛获得了资金注入,2000年又从软银获得了投资,公司的规模开始扩张。

我们能取得地位是因为我相信一件事:全球视野,本土能赢。

我们自己设计业务模式,我们主要关注如何帮助中小企业赚钱。我们不像许多中国的互联网企业那样从美国复制经营模式,我们关注产品质量,我们一定要实现"点击、得到",如果不能得到,那就是垃圾。

一开始,阿里巴巴网站的许多用户都在免费使用服务,我们不知道如何获利。于是我们开发了一款产品,为中国的出口商和美国的买家牵线,这个业务模式拯救了我们。到2002年年底,我们实现了1美元净利润,终于跨过了盈亏平衡点。

从此,公司的经营业绩每年都在提高。

(选编自2004年马云的创业回忆录)

11.3.7 创意评价

这是创业策划创意的第 6 个环节，表 11.7 为创意评价的任务内容与实施、自检要求。

表 11.7 创意评价的任务内容与实施、自检要求

内 容	操 作 步 骤	操 作 方 法	注 意 事 项	自 检
客户评价	31．客户意见和建议	（33）在投标讲演答辩中，客户会很直接地提出意见和建议	详细记录客户所说的每一句话，诚恳地解释自己的创意	● 客户评价
专家评价	32．专家提问和点评	（34）在评标中，邀请的行业专家会从专业的角度提出问题，并点评提案演讲和回答问题的表现	详细记录专家所说的每一句话	● 专家评价
教师点评	33．教师点评	（35）模拟投标 PK 活动结束后，指导老师要进行综合点评和评分排名，向中标者宣布中标名单和中标内容	详细记录指导老师所说的每一句话	● 教师点评

11.3.8 自我总结

这是创业策划创意的最后一个环节，表 11.8 为自我总结的任务内容与实施、自检要求。

表 11.8 自我总结的任务内容与实施、自检要求

内 容	操 作 步 骤	操 作 方 法	注 意 事 项	自 检
修正完善创意	34．修正完善创意	（36）在文案和提案制作过程中，根据最新资料的分析、创业意图的理解、创业环境与资源变化的分析、创业目标和战略的调整等，在投标讲演前，可以做进一步的修正和完善	客户的要求和市场的状况是对立统一的关系，以客户为中心是工作的重点，务必注意协调处理好客户关系	● 完善活动的纪要
自我总结	35．自我总结	（37）每个团队均应在项目结束后，专门组织撰写自我总结报告，召开总结会议，会上要进行充分讨论，畅所欲言，以达到总结提高的目的	人人都必须提交自我总结报告并在小组会上发言，无论是遗憾的体会，或是欣喜的收获，都是一次难得的促进	● 总结笔记 ● 总结报告

11.4 改进提升篇

11.4.1 淘店创业策划创意

1．新手如何开淘店

第一步要有网上银行；第二步要有淘宝账号；第三步要下载阿里旺旺卖家版；第四步是支付宝认证，实名认证身份证年龄要满十八周岁；最后一步进入"我的淘宝"卖家中心，点击免费开店。

2. 做爆款产品

爆款产品是新店引流的关键，没有流量就无法卖更多的货，这就是黄尧教授提出的"低价引流，高价盈利"定律。爆款产品至少要达到转化率 20%以上才能形成爆款，所以一开始要从其他平台，如微信、微博、QQ、抖音等平台引流，当产品的流量达到一定的数值，淘宝系统会自动为你引流。但千万不要采用虚假刷单，否则会被封账号甚至永远不得开店。

3. 流量提升

有了基础流量，除了淘宝平台的引流，还要进一步提升流量，没有持续流量，产品就没有人买。此时的技巧是分析流量来源，也就是大多数卖家从哪里进来的，我们就想办法提升这个流量入口的流量。例如，如果是通过手机端关键词进来的，我们就提升手机端的该关键词的频率；如果是从直接的链接进来的，我们就直接提升该链接的后续文章引流能力。

4. 提升爆款产品点击率

通过优化产品主图来提升点击率是关键，要认真分析一下以前优化主图的工作是用心做好的吗，然后就是围绕这个主图做好促销、客情等提升转化率的工作。

"做爆款产品""提升爆款产品点击率"这两个方面在以下其他类型创业技巧中可提供参照，此后不再赘述。

11.4.2 微店创业策划创意

1. 新手如何开微店

首先，申请微信公众号，完成微信认证。有了公众号才能开始搭建微商城。公众号分为订阅号和服务号两种，但只有服务号可以开通微信支付。其次，搭建微信商城系统。大部分个人或企业都会选择腾讯公司或其他第三方为自己搭建微商城。然后，将微信商城与公众号进行绑定即可正常使用、运营。再次，配置微信商城并开通支付方式。设置好公众号的回复消息类型、自定义菜单、客服接口等，还需在微信公众平台申请开通微信支付方式。最后，搭建商城店面主图及上架产品信息，开店就完成了。

2. 流量提升

大力推广自己的微店（即微商城）爆款产品，爆款产品形成虹吸效应，好友愿意为你分享转发该产品而形成流量放大的效果；经常对朋友圈进行维护，多增加好友间的互动；积极拓宽自己的社会人脉资源，挖掘潜在流量；注意不触碰或尝试危险的营销方式，比如分销不能超过三级，否则触犯禁止传销的法规。

11.4.3 抖店创业策划创意

抖音 2016 年 9 月上线，到 2019 年 6 月，据统计，短视频日活 3.2 亿。2018 年年底，抖音陆续开放商品橱窗、抖音小店卖货接口，与其说抖音是一款短视频社交软件，不如说它已经成为电商的新宠。

1. 新手如何开抖店

当你的粉丝群体相对比较精准，又达到一定数量（目前是 3 000 粉丝以上）时，你就可以开抖店了。首先申请入驻，规范命名店铺名，填写营业执照，上传身份证件照，提交等待审核；审核通过后，后台扫码支付保证金，保证金金额 10 000 元。然后，根据系统提示填写相应合同信息，下载后盖章寄回，完成纸质合同签订。最后，系统提示完成合同签约流程后，就可以正式上线运营抖店了。

2. 流量提升

抖店流量提升的关键是抖音号的粉丝数、点赞数流量提升，而前提是短视频的完播率和粉丝转化率，所以流量提升的关键是短视频内容制作，抖店流量转化的关键是抖音账号的精准定位，总而言之是"精准定位，内容为王"。

这里介绍制作抖音短视频的一些技巧。短视频有很多种展现方式，有的是图片一张张闪过去，有的是几个字几个字跳出来，有的是做报告讲知识，有的是电视情境剧，或电影、电视、新闻的片段，或是随手拍的视频片段。具体来说主要是四种展现形式：图片卡片式短视频、跳字式短视频、拍录式短视频、"搬运式"短视频。

11.4.4 实店创业策划创意

传统实体店并不会因为网购的发展而真正消失，因为人类天生具备的社交属性和"眼耳鼻舌身意"需求，促使人们渴望面对面交流，无论是现在还是将来，都依然会存在。

1. 新手如何开实体店

在开实体店之前，做好充足的市场分析和策划创意是非常重要的，主要内容有三：一是爆款产品是什么；二是用什么方式开店，加盟还是创新、个人还是合伙等；三是店铺的地段位置好不好；四是根据实体公司注册的政策要求，选择恰当的方式到当地政府有关部门取得营业执照。

2. 流量提升

开实体店最痛苦的情况是进店的人越来越少，主要原因是实体店引流能力不足造成的，该怎么办呢？

首先，要坚持做爆款产品引流，爆款单品可以不挣钱，但不能没有流量；其次，要做超级赠品引流，超级赠品比一般赠品更具稀缺性和独特性，可以通过与其他资源的交换而来，比如开餐饮实体店，可以用一批餐饮 VIP 卡交换某视频网站的 VIP 卡，再将视频卡赠送给年轻人，他们既喜欢看视频也喜欢聚餐，就实现了引流；第三，可以流量共享，比如餐饮实体店可以与其他行业如建材、电器、眼镜、鲜花等互补类型实体店之间共建"跨行业合作活动"，共同举办引流活动，在引流规模上可以形成更强烈的效果。此外，还可以探索免费体验引流、本地红包群引流、顾客转发引流等。

11.5 巩固练习篇

一、问答题

1. 什么是创业策划创意？

2. 创业策划创意的四项原则是什么？
3. 创业公司必须做的七项创新工作是什么？
4. 怎样才能知道人们是否愿意为这个新产品创意买单呢？

二、判断题

1. 创业公司的资金有限，时间更是宝贵，绝不能将时间和资源花在一个无法销售出去、没有市场的产品上。（   ）
2. 基于客户消费习惯细分的大数据，会让创业公司在开发新产品前了解到该产品的成功率有多大。（   ）
3. 建立可持续发展的、能增值造血的商业模式和赢利模式，让企业不再依赖于创业者的个人能力和背景获得发展，这是创业公司生存阶段的关键。（   ）
4. 创业时，最关心的问题是投入资金后，需达到多少业绩才能损益平衡。（   ）

三、多选题

1. 创业的差异化资源是指：（   ）。
   A．创新产品
   B．创新市场机会
   C．创新价格
   D．创新赢利模式
   E．创新商业模式
   F．创新需求
2. 商业模式的七个要素是指：（   ）。
   A．客户价值最大化
   B．整合
   C．高效
   D．客户关系
   E．系统
   F．持续赢利
   G．核心竞争力
   H．整体解决

四、单选题

1. 广告概念创意的方法有如下5种：①_____；②高档概念；③情调概念；④比附概念；⑤消费概念。
   A．人文概念   B．功效概念   C．家乡概念   D．城市概念
2. 一个职业策划人在工作岗位上能够胜任、称职，需要具备3个条件：①具备全局观；②具备能力观；③_____。
   A．具备品牌观   B．具备品质观   C．具备价值观   D．具备人生观
3. 创意思维是突破常规、不落俗套、与众不同的思维活动，只有对事物本质及其内在联系_____，并创造出前所未有的思维成果，才能称为创意思维。
   A．找到关键内容   B．发现新的思路

C．获得新的解释　　　　　　　　　D．解决根本问题

4．品牌是一个以_____为中心的概念，没有消费者，就没有品牌。品牌形象的价值体现在品牌与消费者的关系之中。

A．需求　　　　B．市场　　　　C．消费者　　　　D．发展

5．根据营销策划的规律，我们通常只需从提升销售业绩、提高市场占比、提升品牌形象等三个方面的_____来预测效果。

A．基本要求　　B．营销战略　　C．营销目标　　D．上一年成果

6．_____是指未来特定时间周期内某产品的销售目标（销售量或销售额）较基数有多大提升的预测。

A．提升销售基数的预测　　　　　　B．提升销售目标的预测
C．提升产品销售量的预测　　　　　D．提升销售业绩的预测

7．_____就是市场占有率，所谓市场占有率是指某种产品的销售量或销售额与市场上同类产品的全部销售量或销售额之间的比率。

A．市场占比　　B．市场所得　　C．市场定位　　D．市场比重

8．营销的行动计划必须有明确的营销目标，一般从提升销售业绩、_____、提高市场占比三个方面来设计营销目标。

A．提高客户忠诚度　　　　　　　　B．扩大渠道网络
C．提高营销管理效率　　　　　　　D．提升品牌形象

9．蓝海战略理论表明，即使竞争再激烈的市场也一样会有市场空白存在，我们应该善于发现市场空白并第一时间介入，这是非常重要的_____的创新思维。

A．占领市场　　B．开创市场　　C．打击对手　　D．分析对手

10．"马太效应"：任何个体、群体或地区，一旦在某一个方面（如金钱、名誉、地位等）获得成功和进步，就会产生一种_____，就会有更多的机会取得更大的成功和进步。"马太效应"的名字来自圣经《新约　马太福音》中的一则寓言。

A．垄断优势　　B．资源强势　　C．积累优势　　D．老大优势

11．我国学者王永贵（2004）认为，关系营销是_____企业与顾客及其他利益相关者之间关系的一系列活动，并且通过企业努力，以诚实的交换方式及履行承诺的方式，使双方的利益和目标在营销活动中得以实现。

A．识别、建立、维护和巩固　　　　B．挖掘、强调、针对和建设
C．评价、平衡、建立和持续　　　　D．突出、强化、培养和育成

12．企业战略是追求_____竞争优势的，有关企业发展方向和活动范围的决策。

A．核心　　　　B．显著　　　　C．强大　　　　D．可持续

13．美国哈佛大学教授李维特曾在《哈佛商业评论》中发表了题为《营销近视症》的文章，指出企业营销最大的危险是把企业的使命定得_____，即"营销近视症"。

A．太庸俗　　　B．太短视　　　C．太仓促　　　D．太狭窄

14．在波士顿矩阵模型中，瘦狗类业务是指_____的企业业务。

A．市场增长率高、相对市场份额低　　B．市场增长率高、市场份额也高
C．市场增长率低缓、相对市场份额也低　D．市场增长率低缓、相对市场份额高

15．企业的市场营销过程是指在已确定的业务经营范围内，企业的市场营销部门按照

企业总体战略、规定的任务目标、产品投资组合特点和增长战略模式，分析企业业务和市场机会，研究与选择_____，设计营销战略，计划营销方案，以及组织、计划和控制营销活动。

A．目标市场　　　　B．重点市场　　　　C．主打市场　　　　D．蓝海市场

11.6　训练总结篇

训练任务1　《抖商整合营销策划》60分钟实务训练

时间：60分钟练习

目标：所有的行业都可以创业，不局限有形的产品还是无形的服务，只要能够产生赢利的现金流，能够超过盈亏平衡点，创业就能成功地生存与发展。请各团队利用60分钟为"大学生兼职换购"项目进行创业策划的创意。

内容：为"大学生兼职换购"制定创业战略和创业规划，分析可以利用的创意资源，创意有关的创业策略。

组织形式：请每个团队按照以下流程完成任务。

（1）用15分钟分析该项目的创业资源。

（2）用25分钟头脑风暴，讨论该项目的服务内容，包括如何提供换购产品和兼职岗位等。

（3）用20分钟写出创业战略和创业规划提纲。

（4）老师抽选部分团队上台分享训练成果，并给予点评。

要求：每个团队必须参与训练。

训练总结：
_____
_____

训练任务2　《开书店创业年赚400万》案例作业

史超，1991年出生，是一个江苏男孩，他在江苏省北部的宿迁市宿迁区长大。虽然父母平均收入高，但文化水平不高，所以一直给史超买书，"我的父母非常简单，他们从不给我任何压力。他们培养了我读书的兴趣，学到了知识和学说。我读了1 000多本从小学到高中毕业的书籍。"史超说。

高考暑假过后，史超开始在家中整理书籍。"有一些东西需要学习，所以我打算在我的房子里出售一些书，所以我去了靠近房子的广场放置一个摊位，两三百本旧书在不到一周的时间内就卖光了。我认为销量还不错，我去书市买了三四百本书，新旧书都是我认为的好书，暑假期间每天可以挣到70元左右。"这也是他人生中赚到的第一桶金。

2011年来到成都后，史超并没有放弃他的书籍销售。史超依靠卖书摊位，在大二时已经攒下近10万元，开书店的理想终于实现了，他说："学校考虑到了学生的创业精神，并为我提供了超过80平方米的面积。书店开张后，人气仍然非常强劲。有一个外语学校的学生，经常去书店读书，并逐渐成为朋友，经常分享我们读的好书。后来他告诉我为什么喜欢我的书店。首先，书店里的书都是很好的东西。接下来，第二个是书店提供免费茶水，无线上网等，阅读环境非常好。"

史超说，实体书店不赚钱。为了保持书店的运作，史超开始在成都销售高中课外阅读材料。史超首先向出版商付了钱，学生拿到了这些书，然后付给他，随着中学、大学辅助教材和课外书籍的销售，24岁的史超获得了200万元的收入，他在大三购买了他的第一辆车。"自从我上大学后，我没有再花家里任何钱，我每年会给我父母两万到三万元，这全由我自己赚了。"

史超认为，能够养活自己是值得自豪的，他希望做到年赚400万元。

【案例作业】

1. 书店与超市销售的商品最大不同是什么？请用 STP 理论为史超的书店细分市场。

2. 分析市场竞争的趋势，请用恰当的营销理论为史超提升业绩拟订进一步的策划。

史超书店创业的 STP 分析

作业总结：

___

训练任务3 《鲜榨营养汁创业》30分钟实务训练

时间： 30分钟练习

任务要求： 假如你们模拟公司即将创业，拟开设一家鲜榨营养汁小店，现为创业做些准备。

训练步骤：

1. 选择一批当地的特色食材，如水果、坚果仁、蔬菜类。

2. 进行 STP 分析，找出目标市场，完成市场定位，写出一句 USP 广告口号，策划一个广告作品。

3. 进行投入产出分析和一年之后的经营效果预测。

成果提交：

在课堂上练习，30分钟后进行分享，重点是 STP 和 USP 分析。

训练总结：

___

参 考 文 献

[1] 科特勒. 营销革命 3.0：从产品到顾客，再到人文精神[M]. 北京：机械工业出版社，2012.

[2] 科特勒. 营销革命 4.0：从传统到数字[M]. 北京：机械工业出版社，2018.

[3] 李胜，黄尧，等. 营销策划路径、方法与文案设计[M]. 北京：北京大学出版社，2018.

[4] 黄尧. 营销策划创意训练教程（第 2 版）[M]. 北京：电子工业出版社，2007.

[5] 黄尧，等. 校企双主体育人实践与探索[M]. 南宁：广西科学技术出版社，2013.

[6] 黄尧，等. 实战营销策划创意理论体系研究[M]. 南宁：广西科学技术出版社，2013.

[7] 黄尧. 营销策划[M]. 北京：高等教育出版社，2015.

[8] 余明阳，陈先红. 广告策划创意学[M]. 上海：复旦大学出版社，2008.

[9] 朱华锋. 营销策划理论与实践[M]. 合肥：中国科学技术大学出版社，2010.

[10] 程宇宁. 整合营销传播[M]. 北京：中国人民大学出版社，2014.

[11] 〔美〕艾伦. 活动策划完全手册[M]. 王向宁，等，译. 北京：旅游教育出版社，2006.

[12] 杨明刚. 营销策划创意案例解读[M]. 上海：上海人民出版社，2010.

[13] 叶茂中. 谁的生意被策划照亮[M]. 北京：中国人民大学出版社，2008.

[14] 陈勤. 全媒体创意策划攻略[M]. 北京：中国编译出版社，2011.

[15] 吴粲. 策划学[M]. 北京：北京师范大学出版社，2008.

[16] 余宜芳. 奥美的创意解码[M]. 北京：中信出版社，2009.

[17] 陈放. 创意学[M]. 北京：金城出版社，2007.

[18] 周培玉. 策划思维与创意方法[M]. 北京：中国经济出版社，2007.

欢迎广大院校师生**免费**注册应用

华信SPOC官方公众号

www.hxspoc.cn

华信SPOC在线学习平台
专注教学

- 数百门精品课
- 数万种教学资源
- 教学课件 师生实时同步
- 电脑端和手机端（微信）使用
- 多种在线工具 轻松翻转课堂
- 测试、讨论、投票、弹幕…… 互动手段多样
- 一键引用，快捷开课 自主上传，个性建课
- 教学数据全记录 专业分析，便捷导出

登录 www.hxspoc.cn 检索 华信SPOC 使用教程 获取更多

华信SPOC宣传片

教学服务QQ群： 1042940196
教学服务电话： 010-88254578/010-88254481
教学服务邮箱： hxspoc@phei.com.cn

电子工业出版社 华信教育研究所
PUBLISHING HOUSE OF ELECTRONICS INDUSTRY

反侵权盗版声明

电子工业出版社依法对本作品享有专有出版权。任何未经权利人书面许可，复制、销售或通过信息网络传播本作品的行为，歪曲、篡改、剽窃本作品的行为，均违反《中华人民共和国著作权法》，其行为人应承担相应的民事责任和行政责任，构成犯罪的，将被依法追究刑事责任。

为了维护市场秩序，保护权利人的合法权益，我社将依法查处和打击侵权盗版的单位和个人。欢迎社会各界人士积极举报侵权盗版行为，本社将奖励举报有功人员，并保证举报人的信息不被泄露。

举报电话：（010）88254396；（010）88258888
传　　真：（010）88254397
E-mail：　dbqq@phei.com.cn
通信地址：北京市海淀区万寿路173信箱
　　　　　电子工业出版社总编办公室
邮　　编：100036